法律解读书系

行为无价值论与结果无价值论

张明楷 著

图书在版编目(CIP)数据

行为无价值论与结果无价值论/张明楷著.—北京:北京大学出版社,2012.4
(法律解读书系)
ISBN 978-7-301-20547-1

Ⅰ.①行…　Ⅱ.①张…　Ⅲ.①刑法-法哲学　Ⅳ.①D914.01

中国版本图书馆 CIP 数据核字(2012)第 070272 号

书　　　名:	行为无价值论与结果无价值论
著作责任者:	张明楷　著
责 任 编 辑:	白丽丽
标 准 书 号:	ISBN 978-7-301-20547-1/D·3106
出 版 发 行:	北京大学出版社
地　　　址:	北京市海淀区成府路 205 号　100871
网　　　址:	http://www.pup.cn
电　　　话:	邮购部 62752015　发行部 62750672　编辑部 62752027
	出版部 62754962
电 子 邮 箱:	编辑部 law@pup.cn　总编室 zpup@pup.cn
印　刷　者:	河北博文科技印务有限公司
经　销　者:	新华书店
	965 毫米×1300 毫米　16 开本　18 印张　257 千字
	2012 年 4 月第 1 版　2024 年 10 月第 11 次印刷
定　　　价:	48.00 元

未经许可,不得以任何方式复制或抄袭本书之部分或全部内容。
版权所有,侵权必究
举报电话:010-62752024　电子邮箱:fd@pup.cn

前　言

行为无价值论与结果无价值论原本是在违法性领域的争论,但现在已经遍及犯罪论、刑罚论与许多具体犯罪的各个方面。

行为无价值论与结果无价值论之争,可谓当今刑法理论中的学派之争。学派之争可以将理论研究引向深入。一方面,刑法理论对诸多具体问题的不同看法,源于基本立场的不同。如果一位研究者没有学派意识,便可能忽视自己的具体观点与基本立场的关系,进而导致二者之间的矛盾与冲突。学派的形成会迫使研究者思考自己采取了何种立场、属于哪种学派,从而保持理论的一致性、协调性。另一方面,学派之争可以使各种观点不断完善。学派之争必然意味着有学术批判。学术批判不仅可以促使对方完善自己的观点乃至放弃不合理的观点,也能促进批判者反思自己的观点、完善自己的理论。

学派之争离不开学术批判。真正的学术批判,既包括批判对方的观点,也包括自我反思,亦即,应当是批判性思考。根据美国学者文森特·鲁吉罗的观点,批判性思考与非批判性思考具有以下不同的特性:(1)批判性思考质疑所有的想法,提出探索性问题,并寻找恰当的答案;非批判性思考接受自己最初的想法和他人陈述的表面价值。(2)批判性思考以诚待己,承认自己所不知道的事情,认识自己的局限性,能看到自己的缺点;非批判性思考假装自己知道的比做的多,无视自己的局限性,认为自己的观点无差错。(3)批判性思考把问题和有争议的议题视为令人兴奋的挑战;非批判性思考把问题和有争议的议题视为对自我的损害或威胁。

(4)批判性思考尽力领会复杂性,对其保持好奇心和耐心,并准备花时间去解释难题;非批判性思考对复杂性缺乏耐心,宁可困惑不解也不努力搞明白。(5)批判性思考把判断建立在证据而不是个人喜好上,只要证据不充分就推迟判断,当新证据揭示出错误时,他们就修改判断;非批判性思考把判断建立在第一印象和直觉反应上,不关心证据的数量和质量,并且顽固地坚持自己的观点。(6)批判性思考对他人的思想感兴趣,因而愿意专心地阅读和倾听,即使他们往往不同意他人的观点;非批判性思考只关注自身和自己的观点,因而不愿意关注他人的观点,一看到不同意见,往往会想"我怎么能够反驳它"。(7)批判性思考认识到极端的观点(无论是保守的还是自由派的)很少正确,所以避免极端的观点,践行公正性并且寻求平衡的观点;非批判性思考忽视平衡的必要性,优先考虑支持他们既成观点的看法。(8)批判性思考践行克制,控制自己的感情而不是受感情所控制,三思而后行;非批判性思考容易遵从自己的感情和冲动地行动。撰写本书的目的,既是为了理清行为无价值论与结果无价值论的分歧,也是为了践行批判性思考,当然很可能是不成功的。

  行为无价值论与结果无价值论原本是在三阶层体系下展开的,本书在三阶层的语境下进行讨论,但这并不意味着关于行为无价值与结果无价值的讨论,不适用于两阶层体系与四要件体系。三阶层体系与两阶层体系都是以违法和责任为支柱建立起来的。因此,在违法领域,两阶层体系与三阶层体系面临着完全相同的问题。质言之,两阶层体系中也必然存在行为无价值论与结果无价值论的争论;主张两阶层体系的学者与采取三阶层体系的学者,同样可以就行为无价值论与结果无价值论展开争论。在我国传统的四要件体系中,如果采取客观的违法性论,就必然面临着违法性的根据与实质问题,亦即,社会危害性的实质是法益侵害还是规范违反抑或伦理违反?或者说,是因为行为侵害或者威胁了法益才具有社会危害性,还是因为行为违反了规范或者伦理才具有社会危害性?这也是采取四要件体系的学者需要回答的问题。如若采取主观的违法性论,认为社会危害性是客观危害与主观罪过的统一,依然需要说明客观危害的实质与根据是什么,以及客观危害与主观罪过究竟是什么关系。此外,不管采取何种违法性论,都面临着如何解释构成要件、如何判断违法阻却事由(排除社会危害性的事由)的问题。所以,行为无价值论与结果无价值论的争论,在传统的四要件体系中同样具有重要意义。

本书的基本观点如下:刑法的目的不是保护社会伦理(生活)秩序,也不是维护规范的效力,而是保护法益。罪刑法定主义旨在限制国家机关权力,而不是规制国民行为;罪刑法定主义既要贯彻在违法性领域,也要落实于有责性领域;结果无价值论与罪刑法定主义的宗旨相吻合。刑法在防止过度干预、采取自由主义原则的同时,要将违反刑法目的的事态作为禁止的对象;刑法的目的是保护法益,所以,引起法益侵害及其危险(结果无价值),就是刑法禁止的对象,违法性的实质就是引起结果无价值(法益侵害);行为是否侵害法益,是一种客观事实,不取决于行为人的主观内容,因此,原则上应当否认主观的违法要素。构成要件是违法类型,只有表明法益侵害的客观要素,才能成为构成要件要素。利益阙如与保护优越或者至少同等的法益是违法阻却事由的根据;主观的正当化要素不是违法阻却事由的成立条件,偶然防卫(故意的偶然防卫、过失的偶然防卫、意外的偶然防卫)都是正当防卫。责任要素既是限制刑罚的要素,也是为刑罚提供根据的要素,因此,责任具有轻重之分;故意、过失是两种责任形式,而不是违法要素;没有履行结果回避义务是过失犯的违法构成要件,对结果具有预见可能性是过失犯的主观要素。之所以处罚未遂犯,是因为其具有造成法益侵害的紧迫危险;因此,只有当行为造成了法益侵害的紧迫危险时,才能认定为着手;行为是否具有侵害法益的危险,应当以事后查明的全部客观事实为基础,以科学的一般人为基准作出判断。共同犯罪是违法形态,所解决的问题是将违法事实归咎于哪些参与人的行为;就具体案件而言,司法机关认定二人以上的行为是否成立共同犯罪,只是解决二人以上的客观归责问题,并不解决二人以上的主观责任问题;对共同正犯应当采取行为共同说,行为共同说能够合理地全面认定共同犯罪,也没有扩大处罚范围,而且符合我国刑法的规定;通过正犯的行为惹起法益侵害结果,是共犯的处罚根据;共犯对正犯具有从属性(限制从属性),但是,不要求共犯对正犯的故意具有从属性;共犯对正犯的罪名不具有从属性,亦即,共犯与正犯完全可能成立不同的罪名。刑罚的正当化根据是报应的正义性与预防犯罪目的的正当性,报应(责任刑)只是意味着刑罚不得超过责任的程度,而不意味着必须科处与罪行相当的刑罚;既不能以积极的一般预防否认消极的一般预防,也不能以积极的一般预防否认特别预防。

特别要说明的是,结果无价值论并非不讲规则,不讲法治。在通常情况下,遵守规则就意味着保护法益,所以,在这种场合,结果无价值论必然也主张遵守规则。但结果无价值论主张遵守规则,是因为遵守规则才能保护法益,而不是为了遵守规则而遵守规则。更为重要的是,结果无价值论还有一个简单的、基本的规则(指导),并且要将这种简单的、基本的规则贯彻到具体境遇中,亦即,以当下特殊的具体境遇中对法益的保护作为行为的基本规则。换言之,一个行为具有最好的结果,这一事实实际上就是一个行为指导,它能够而且经常在适当的意义上呈现在行为人头脑中。

本书虽然采取了结果无价值论,比较全面地批判了行为无价值论,但对以法规范违反说为核心内容、极力将一般预防目的贯彻于违法性领域的行为无价值论持极为尊重的态度。由于行为无价值论具有相当的合理性,故本书的许多批判可能是遵从自己的感情和冲动作出的,因而不符合批判性思考的要求。所以,特别期待各位同仁对本书的观点展开全面的声讨、深入的批判!

本书采用了《行为无价值论的疑问》一文(载《中国社会科学》2009年第1期)的框架,并将在《中国法学》、《清华法学》、《政法论坛》等刊物上发表的相关论文融入其中。真诚感谢上述刊物发表拙文!

本书是清华大学人文社科振兴基金研究项目《行为无价值论与结果无价值论》的研究成果。由衷感谢上述基金资助鄙人!

张明楷

2012年1月28日于清华园

目 录

绪论 ··· (1)
    一、语境的选择 ································ (1)
    二、概念的简释 ································ (6)
    三、争论的意义 ································ (20)

第一章　刑法目的 ·································· (24)
    一、行为无价值论的主要观点 ················ (24)
    二、结果无价值论的基本观点 ················ (46)

第二章　罪刑法定原则 ···························· (51)
    一、行为无价值论的出发点 ·················· (51)
    二、结果无价值论的出发点 ·················· (61)

第三章　构成要件论 ······························· (65)
    一、构成要件 ···································· (65)
    二、客观要素 ···································· (69)
    三、主观要素 ···································· (86)

第四章　违法性论 ·································· (100)
    一、违法性论的基础概念 ····················· (100)
    二、违法性论的哲学基础 ····················· (102)
    三、违法性的判断 ······························ (133)
    四、违法阻却事由 ······························ (150)

第五章　责任论 ····································· (202)
    一、责任的地位 ································· (202)
    二、过失犯论 ···································· (206)

第六章　未遂犯论 ……………………………………………（210）
　　一、处罚的根据 …………………………………………（210）
　　二、着手的认定 …………………………………………（214）
　　三、危险的判断 …………………………………………（219）

第七章　共犯论 ……………………………………………（226）
　　一、共同犯罪的特点 ……………………………………（226）
　　二、共同正犯的本质 ……………………………………（230）
　　三、间接正犯的范围 ……………………………………（234）
　　四、共犯的处罚根据 ……………………………………（236）
　　五、故意的从属性 ………………………………………（241）

第八章　刑罚论 ……………………………………………（259）
　　一、刑罚的正当化根据 …………………………………（259）
　　二、刑罚论与犯罪论 ……………………………………（264）
　　三、规范预防论 …………………………………………（268）

结语 …………………………………………………………（274）

绪 论

在什么语境下讨论行为无价值论与结果无价值论,行为无价值与结果无价值是什么含义,讨论本课题具有什么意义,是需要事先说明的问题。

一、语境的选择

德国、日本等国刑法理论的通说采取了构成要件符合性、违法性、有责性(责任)的犯罪成立理论体系(以下简称三阶层体系)。构成要件是难以定义的、具有特别的技术性的概念。如果认为构成要件是违法有责类型,就可以说,构成要件是指刑罚法规规定的犯罪类型;如果认为构成要件只是违法类型,则可以说,构成要件是刑罚法规所规定的,作为犯罪的行为类型。但大体可以说,对刑法分则规范(刑罚法规)规定的法律要件(罪状)进行解释所得到的观念形象,就是构成要件。违法性,是指行为违反法律,即行为为法律所禁止、行为为法律所不允许。有责性是指非难可能性,即能够就符合构成要件的违法行为对行为人进行非难、谴责。[①]

[①] 在德国的三阶层体系中,第二阶层的要件被称为"违法"或"违法性"(Rechtswidrigkeit);又由于构成要件是违法类型,于是,将符合构成要件且违法的情形称为"不法"(Unrecht)。违法性概念强调的是行为的性质(价值判断),是对于对象的评价;由于符合构成要件的行为是评价对象,所以,不法概念包括了违法性的评价对象与对于对象的评价(Vgl., Claus Roxin, Strafrecht Allgemeiner Teil, Band I, 4. Aufl., C. H. Beck, 2006, S.600f)。考虑到我国刑法学上的用语习惯,本书没有严格区分这两个概念,但相信读者可以作出合理区分。

在三阶层体系中,"在违法性的标题下研究的却是排除违法性,乍一看,这是个令人迷惑的语言使用习惯。然而,我们必须意识到,构成要件该当性涉及的是违法性,是所有使得某一行为表现为违反了受刑法保护规范的行为的特征,只要允许性规定不介入,该行为就是违法的。因此,对于不法有决定性意义的事实,将会在犯罪构造里的构成要件与'违法性'这两个评价阶层进行分配。从某种程度上说,违法性本身只是构成要件该当性与缺乏阻却违法事由的结果"①。换言之,在三阶层体系中,"虽然区分了第一阶段的构成要件符合性的判断与第二阶段的违法性阻却事由存否的判断,但两个阶段都是违法性的判断。所以,可以从大的方面将实质的刑法的评价区分违法性判断与有责性判断。换言之,犯罪论体系的支柱,是不法与责任两个范畴"②。"发现不法与罪责是作为构筑刑法体系与众不同的材料,依照 Hans Welzel 的看法,这是最近这二到三代学者在释义学上最为重要的进展;Wilfried Küper 认为这个发现是刑法释义学的重大成就而无法再走回头路;此外,依西班牙法的观点来说,Santiago Mir Puig 表示这个发现也建立起 Los dos pillars basicos,也就是犯罪概念的二大支柱。"③概言之,在刑法学研究过程中,必须明确区分违法与责任,而不得将二者混为一谈。

行为无价值论与结果无价值论首先是关于违法性实质的争论,而且原本是在三阶层体系下展开的,本书也打算在三阶层的语境下进行讨论。我国虽然还没有普遍采取三阶层体系,但几乎所有刑法学者都了解三阶层体系,而且不少学者接受了三阶层体系④;我们完全能够以中国的刑事立法、刑事司法为根据,按照三阶层体系与国外学者交流,做到"中国情

---

① 〔德〕冈特·施特拉腾韦特、洛塔尔·库伦:《刑法总论 I——犯罪论》,杨萌译,法律出版社 2006 年版,第 81 页。
② 〔日〕井田良:《刑法总论の理论构造》,成文堂 2005 年版,第 1 页。大陆与台湾地区的部分学者,将德语的 Schuld(即本书所称责任)翻译为"罪责"。
③ 〔德〕许迺曼:《区分不法与罪责的功能》,彭文茂译,载许玉秀、陈志辉编:《不移不惑献身法与正义——许迺曼教授刑事法论文选辑》,台北春风和煦学术基金 2006 年版,第 416 页。
④ 参见陈兴良主编:《刑法学》,复旦大学出版社 2003 年版;李立众:《犯罪成立理论研究》,法律出版社 2006 年版;李洁:《犯罪构成的解构与结构》,法律出版社 2010 年版;付立庆:《犯罪构成理论》,法律出版社 2010 年版。

怀,国际视野"。况且,我国一些学者对行为无价值论与结果无价值论所发表的看法,基本上也是以三阶层语境为背景的①;为了展开学术讨论,本书有必要以三阶层体系为背景。

其实,在中国,不管刑法学者们采取何种犯罪论体系,都应当了解三阶层体系。"只了解一个国家的人,实际上一个国家也不了解。""因为不考察一个国家与其他国家的区别,是不可能真正了解这个国家的。"②基于同样的理由,只了解中国刑法理论的人,实际上连中国的刑法理论也不了解。因为不考察中国刑法理论与其他国家刑法理论的区别,是不可能真正了解中国刑法理论的。所以,我们需要将中国的刑法理论与外国的刑法理论进行比较。这种比较,以真正认识中国刑法理论为目的,而不是简单地描述外国的刑法理论;这种比较,以真正了解两种(中外)刑法理论为前提,而不能简单地将外国刑法理论解释为我们自己的刑法理论的投射。同样,本书在三阶层体系语境下展开讨论,与本书作者赞成何种犯罪论体系没有直接联系。

尽管如此,本书关于行为无价值与结果无价值的讨论,并非不适用于两阶层体系与四要件体系。

两阶层体系与三阶层体系并没有实质的区别。在三阶层体系中,由于构成要件是违法类型,违法要素都是构成要件要素,所以,前两个阶层所讨论的都是违法性问题,只不过给人的感觉不是在一个层面讨论构成要件与违法性。在两阶层体系中,不管是将违法阻却事由作为消极的构成要件要素,还是认为构成要件符合性是暂时的、局部的判断,进一步考察符合构成要件的行为是否具有违法阻却事由是最终的、整体的判断,实际上也没有将构成要件与违法阻却事由合而为一③,只是在同一层面讨

---

① 参见周光权:《违法性判断的基准与行为无价值论》,载《中国社会科学》2008年第4期,第123页以下。
② 〔意〕戴维·奈尔肯编:《比较刑事司法论》,张明楷等译,清华大学出版社2004年版,第222—223页。
③ 在日本,学者们既可能使用"违法性阻却事由"的概念,也可能使用"违法阻却事由"的概念。在我看来,二者并没有区别。本书一般使用"违法阻却事由"的概念,但在引用他人文献时,也可能使用"违法性阻却事由"的概念。

论构成要件符合性与违法性。所以,不能形式地看待三阶层与二阶层的区别。例如,日本的大谷实教授采取的犯罪论体系是:构成要件该当性(包括客观的构成要件要素与主观的构成要件要素)——犯罪成立阻却事由(分为违法性阻却事由与责任阻却事由)①;前田雅英教授采用的犯罪论体系为:客观的构成要件——主观的构成要件——违法性阻却事由——责任阻却事由②;平野龙一教授在《刑法概说》中采取的犯罪论体系则是:构成要件该当行为——违法阻却事由——责任要件——责任阻却事由。③ 在笔者看来,这些体系没有实质区别,只是三阶层体系的形式变化。

三阶层与两阶层的分歧主要在于是否使违法类型说彻底化以及如何处理假想防卫之类的案件。例如,根据三阶层体系的观点,构成要件是违法类型,但是,如果具有违法阻却事由,则构成要件不是违法类型。两阶层体系的基本观点是,既然构成要件是违法类型,那么,构成要件符合性的判断与是否存在违法阻却事由的判断,就是性质相同的判断。换言之,构成要件符合性与不存在违法阻却事由,属于同一层次的刑法评价,因此,构成要件符合性的判断,只不过是违法性判断的一部分;于是,存在违法阻却事由,成为消极的构成要件要素。换言之,要认定行为具有违法性,必须既肯定构成要件符合性,又否定违法阻却事由。④ 再如,三阶层体系的逻辑结论是,假想防卫是故意犯罪(因为故意是对符合构成要件事实的认识与容认,正当防卫时具有构成要件的故意,假想防卫也不例外),结局是,要么承认这种不合理的结论⑤,要么不得不在承认假想防卫具有构成要件故意的前提下,再通过其他途径说假想防卫只具有过失责任。⑥ 两阶层体系可以克服三阶层体系难以解决正当化事由的认识错误(容许性构成要件错误)的缺陷。"因为将构成要件错误的条文直接适用于容

---

① 〔日〕大谷实:《刑法讲义总论》,成文堂 2009 年第 3 版,第 138 页以下。
② 〔日〕前田雅英:《刑法总论讲义》,东京大学出版会 2011 年版,第 85 页以下。
③ 〔日〕平野龙一:《刑法概说》,东京大学出版会 1977 年版,第 25 页以下。
④ 〔日〕井田良:《讲义刑法学·总论》,有斐阁 2008 年版,第 91 页。
⑤ 参见〔日〕大谷实:《刑法讲义总论》,成文堂 2009 年第 3 版,第 296—298 页。
⑥ 参见〔日〕大塚仁:《刑法概说(总论)》,有斐阁 2008 年版,第 464 页以下。

许性构成要件错误并非只是一件华丽的装饰品,而是功能性的刑法体系藉由平等原则而进一步具体化的成熟结果。"①

不难看出,三阶层体系与两阶层体系都是以违法和责任为支柱建立起来的。因此,在违法领域,两阶层体系与三阶层体系面临着完全相同的问题。质言之,两阶层体系中也必然存在行为无价值论与结果无价值论的争论;主张两阶层体系的学者与采取三阶层体系的学者,同样可以就行为无价值论与结果无价值论展开争论。

在我国传统的四要件体系中,通说采取了主观的违法性论,亦即,犯罪的社会危害性由客观危害与主观罪过(或主观恶性)组成,因而与德国、日本的客观的违法性论存在明显区别。但是,一方面,有的学者在主张形式上维持四要件体系的同时,也采取了客观的违法性论。例如,黎宏教授主张:"在现有的犯罪构成体系上,贯彻客观优先的阶层递进理念";"树立不同意义的犯罪概念"。换言之,首先应当客观地判断行为是否符合犯罪客体与犯罪客观要件(是否具有社会危害性),然后判断犯罪主体与犯罪主观要件;符合犯罪客体与犯罪客观方面的行为,因为本质上对刑法所保护的法益造成了实际损害或者现实威胁,成为一种意义上的犯罪;完全具备四个要件的行为,成为另一种意义上的犯罪;正当防卫等正当化事由,只是在客观方面与某些犯罪相似;"从理论上讲,在说行为符合具体犯罪的犯罪构成的时候,实际上也意味着该行为不可能是正当防卫、紧急避险等排除犯罪的事由,换言之,在得出这种结论之前,已经进行了该行为不是正当防卫、紧急避险等正当行为的判断,否则就不可能作出这样的结论来"②。只要采取客观的违法性论,就必然面临着违法性的根据与实质问题,亦即,社会危害性的实质是法益侵害还是规范违反抑或伦理违反?或者说,是因为行为侵害或者威胁了法益才具有社会危害性,还是因为行为违反了规范或者伦理才具有社会危害性?这也是采取四要件体系的学者需要回答的问题。另一方面,即使认为社会危害性是客观危害与

---

① 〔德〕许迺曼:《区分不法与罪责的功能》,载许玉秀、陈志辉编:《不移不惑献身法与正义——许迺曼教授刑事法论文选辑》,台北春风煦日论坛2006年版,第434页。
② 黎宏:《我国犯罪构成体系不必重构》,载《法学研究》2006年第1期,第33—34页。

主观罪过的统一,依然需要说明客观危害的实质与根据是什么,以及客观危害与主观罪过究竟是什么关系。此外,不管采取客观的社会危害性还是主客观相统一的社会危害性论,都面临着如何解释构成要件、如何判断违法阻却事由(排除社会危害性的事由)的问题。例如,成立强制猥亵妇女罪,是否要求行为人具有刺激、满足性欲的内心倾向?成立伪证罪,是否要求行为人作出的陈述表现出不符合自己记忆的心理状态?成立正当防卫,是否要求防卫人主观上具有防卫认识与防卫意思?对这些问题的回答,必然牵涉行为无价值论与结果无价值论的分歧。所以,本书讨论的课题,在传统的四要件体系中同样具有重要意义。

总之,本书虽然在三阶层语境下展开讨论,但是,得出的结论也适合于两阶层体系与传统的四要件体系。

二、概念的简释

大体而言,对于与结果切断的行为本身的样态所作的否定评价,称为行为无价值(Handlungsunwert);行为无价值论认为,行为本身恶、行为人的内心恶是违法性的根据。对于行为现实引起的对法益的侵害或者危险所作的否定评价,称为结果无价值(Erfolgsunwert);结果无价值论认为,违法性的根据在于行为造成了法益侵害或者危险结果,即结果恶才是违法性的根据。

(一)行为无价值的含义

首先是评价基准问题,即"无价值"是什么含义?对此存在以下理解[①]:

(1)行为"无价值",是指行为违反国家的道义(如小野清一郎)、违反社会伦理秩序(如团藤重光)或者违反公序良俗(如牧野英一)。根据

---

① 参见〔日〕松原芳博:《人的不法论における行为无价值と结果无价值》,载《早稻田法学》第 78 卷(2003 年)第 3 号,第 263—264 页。

这种观点,违法性的实质是行为违反国家的道义或者违反社会伦理秩序;如果行为并没有违反国家的道义,没有违反社会伦理秩序,即使行为侵害或者威胁了法益,也不具有违法性,因而不成立犯罪。

(2) 与此大体相同的观点认为,行为"无价值",是指行为缺乏社会的相当性(如藤木英雄、福田平)。如福田平教授指出:"'历史地形成的社会生活秩序范围内的行为'(社会的相当行为),即使侵害了法益,也不是违法的。换言之,只有脱离了'社会的相当性'(soziale Adäquanz)的法益侵害才是违法的。因此,在进行违法性的判断时,不仅要考虑法益侵害的结果,而且要考虑行为的样态(行为的种类、方法、主观的要素等)。即在违法性中,作为问题的不仅是法益侵害的结果无价值,而且还有行为的无价值。"①

(3) 近年来在国内外特别有力的观点认为,行为"无价值",是指行为具有规范违反性,即行为违背行为准则、行为规范。其中的规范,是指与伦理道德无关的,维护社会秩序、保护法益所需要遵守的行为规范。如井田良教授指出:"以往的行为无价值论大多建立在如下基础上:重要的道德规范具有效力,是社会存续的基本条件,必须以刑罚手段使人们遵守这些规范。但是,行为无价值论的本质不在这里;只有人的行为才是法规范的控制对象,如果离开了规范对人的行动的控制,就不可能实现法益保护,所以,要重视在行为的时点就使违法、适法的界限得以明确的提示机能、告知机能。这便是行为无价值论的本质所在。与结果无价值论是'物的违法论'相对,行为无价值论在将人的行为的规范违反性置于评价基础这一点上是'人的违法论'。"②

(4) 行为"无价值",是指行为人具有侵害法益的志向性(如 Armin Kaufmann、D. Zielinski、增田丰)。例如,增田丰教授指出:"根据一元的人格的不法论的立场,不法的程度是由作为志向无价值的行为无价值的程度决定的。亦即,作为志向对象的结果无价值越大,作为行为无价值的不

---

① 〔日〕福田平:《全订刑法总论》,有斐阁2004年版,第141页。
② 〔日〕井田良:《刑法总论の理论构造》,成文堂2005年版,第8页。

法就越大,或者说,对结果的志向力越强,作为行为无价值的不法就越大。与此相对,即使事后发生的结果无价值再大,也不能使作为行为无价值的不法增大。"①这种观点仅考虑主观要素,认为只要行为人意图通过客观地符合构成要件的方法、形态引起结果无价值,就具有行为无价值。根据这种观点,虽然必须要求行为人实施外部的行为,但行为的意义只能由行为人的主观意图来决定。所以,主观的意思方向是违法性的评价对象(志向无价值、一元的人格的不法论、主观的一元的行为无价值论)。

（5）行为"无价值",是指行为具有侵害法益的一般危险。如野村稔教授指出:"行为无价值论与结果无价值论,虽然在各种点上得出了不同结论,但有必要区分刑法的目的、任务与违法的判断形式进行讨论。应当认为,刑法的任务在于保护生活利益,所以,后者基本上是正确的。但是,法益侵害的危险性,不是指客观的危险性或者作为结果的危险,而应解释为作为行为属性的危险,是基于行为时的一般人的判断的危险性。因此,应当将行为时的主观的、客观的事情作为判断资料。"②根据这种观点,在行为人将尸体当作活人开枪的场合,由于具有发生结果的一般危险,因而具有行为无价值,应认定为杀人未遂。

（6）将上述（4）、（5）两者结合起来考虑的见解,即行为"无价值",是指行为人具有侵害法益的志向,且行为具有侵害法益的一般危险。③

（7）行为"无价值",是指对尊重法益要求的违背(Eb. Schmidhäuser),或者动摇了社会对法益安全的信赖。如盐见淳教授指出:"使一般人感觉到对法益产生了威胁的行为,在使一般人动摇了法益的安全感这一点上,就已经是违法的,在该行为发生了个别具体的反价值结果时,动摇就进一步强烈,违法性的程度便增大。""违法性的基础就在于'使社会产生了对法益的安全的依赖的动摇'。""在引起了对法益的安全感的动摇时,社会原则上就处罚引起了动摇的行为者,以便恢复安全感。"④

---

① 〔日〕增田丰:《规范论による责任刑法の再构筑》,劲草书房2009年版,第107页。
② 〔日〕野村稔:《刑法总论》,成文堂1998年补订版,第147—148页。
③ 参见〔日〕曾根威彦:《刑法学的基础》,黎宏译,法律出版社2005年版,第89—90页。
④ 〔日〕盐见淳:《违法性·违法性阻却的一般原理（下）》,载《法学教室》第266号（2002年）,第102页、第105页。

(8) 综合的见解。如周光权教授曾经指出:"按照二元的行为无价值论的观点,评价犯罪的对象基准是:行为以及结果,其中对行为的评价是核心。二元的行为无价值论认为,对于违法性的判断,应当以结果无价值论为基础,同时,作为对结果的违法性的限定,也应当考虑行为对于社会相当性的脱离或者偏离。为了促进社会生活的发展,即使实施了某些客观上可能有害的行为,社会如果能够容忍类似行为,自然就不能认为其违法。"与此同时,周光权教授还强调故意、目的、内心倾向等主观要素,认为"行为人基于何种主观认识,实施何种行为,也左右着违法性的判断"。"没有猥亵的意思,不试图满足变态心理,强制猥亵、侮辱妇女罪的违法性不能具备。又如,出于善良动机的父母教育子女的行为,即使明显不妥当,也通常排斥虐待罪的成立。"并且认为,"完全否认违法性具有违反社会伦理规范的侧面的观点,也很难说是一种实事求是的态度。刑法规范本身包括禁止规范和命令规范两大类,前者主要针对作为犯,后者主要针对不作为犯,无论是禁止规范还是命令规范,都是对人的义务的强调。刑法为了保护法益而设置了为数较多的规范,有的规范的存在与伦理无关,取决于立法者的政策选择,大量行政犯的规定就说明了这一点。但是,在这些刑法规范中,由义务组成的规范的很大部分与道德规范重合,这是不可否认的事实。即便承认刑法规范是裁判规范,立法者在制定这样的规范时,已经吸纳了公众所认同的社会伦理规范。司法裁判必须尊重这些伦理规范"①。显然,周光权教授所称的行为无价值,综合了结果无价值、缺乏社会相当性、心情无价值、社会伦理违反的内容。②

上述第(1)种理解是在与法益侵害没有关系的伦理道德方面寻求违法性的根据(可谓传统的行为无价值论),后几种理解在不同程度地与法益侵害相关联的意义上理解行为无价值。

其次是评价对象问题,即"行为"是什么含义?"一种观点将故意犯

---

① 周光权:《违法性判断的基准与行为无价值论》,载《中国社会科学》2008 年第 4 期,第 124 页、第 128 页、第 134 页、第 129 页。
② 需要说明的是,周光权教授后来修改了原来的观点,采取了法规范违反说,不再将缺乏社会的相当性与社会伦理违反作为违法性的实质(参见周光权:《行为无价值论的法益观》,载《中外法学》2011 年第 5 期,第 944 页以下)。

罪里的行为无价值等同于主观的不法要素,将行为无价值理解为纯粹的'意图无价值',因而将所有的客观不法要素分配给'事实'无价值或者结果无价值。与此相反,另一种观点却认为,通过相应的行为实现犯罪企图主要也包括在行为无价值中。因此,未遂与既遂所必需的结果之间的界限,就是结果无价值。"①所以,行为无价值中的"行为"基本上是指行为本身以及行为人的主观内容。另外可以肯定的是,行为无价值论者都认为,故意是主观的违法要素。

行为无价值论,也可称为人的违法论(或人的不法论)。单纯从违法性的角度而言,行为无价值论的核心观点是,在考察是否存在实质的违法性时,重视行为人的意思这种"人的"要素。其中,完全不考虑法益侵害及其危险,仅将行为人的"意思"作为违法性判断基础的立场,可谓"一元的人的违法论"或者"主观的一元的行为无价值论";不仅将行为人的"意思",而且将法益侵害及其危险也作为违法性判断基础的立场,可谓"二元的违法论"或者"二元的行为无价值论"。②

(二)主观的一元的行为无价值论

主观的一元的行为无价值论的基本特征是,在行为人的主观方面寻求违法判断的基础(主观的行为无价值论),将外部的结果排除在违法性之外(一元的行为无价值论)。这种主观的一元的行为无价值论,起先表现为混淆违法与责任的主观主义的犯罪征表说。

现在的主观的一元的行为无价值论,基本上是以区分违法与责任为前提的。威尔采尔(Hans Welzel)以其目的行为论为背景,认为不法是与"行为人有关系的'人的'行为不法",结果无价值(法益侵害)仅在"人的违法行为的内部(行为不法的内部)具有意义"。威尔采尔虽然将行为无价值置于不法论的中心,否认了结果无价值的重要性,但他依然承认结果无价值在人的不法内部中的非独立地位。不过,威尔采尔并没有说明结

---

① 〔德〕冈特·施特拉腾韦特、洛塔尔·库伦:《刑法总论Ⅰ——犯罪论》,杨萌译,法律出版社2006年版,第109页。
② 参见〔日〕川端博:《刑法总论讲义》,成文堂2006年版,第284页。

果在体系上的地位,导致其理论的一贯性存在疑问。① 为了解决威尔采尔遗留的问题,德国的阿明·考夫曼(Armin Kaufmann)、柴林斯基(D. Zielinski)展开了主观的一元的行为无价值论,日本的增田丰教授也加入其中。

主观的一元的行为无价值论,将目的行为论作为存在论的基础,展开了命令规范论(意识决定规范论)。此说认为,法规范以人为对象,对人的意思起作用,所以,违反规范的是人的意思(行为人作出了错误的意思决定);作为违反命令规范的不法,就只能以行为人的意思为基准作出判断,不法的实体是指向法益侵害的主观的企图(志向无价值);在不能犯乃至迷信犯的场合,行为人都具有指向法益侵害的意思,因而是不法的;即使在违法阻却事由的场合,也应当进行事前的、主观的判断(如在假想防卫的场合,只要行为人主观上"打算"救助的法益具有优越性,就不存在违法性)。② 法益侵害及其危险对违法性没有实质意义;刑法规范是行为规范,只有行为能够成为一项禁令的对象;结果不是禁令的对象,因为结果的发生与否在很大程度上是很偶然的。由于结果的发生是偶然的产物,行为无价值与结果无价值之间不存在桥梁,故只有行为无价值是不法要素。③ 据此,结果无价值不是违法的构成部分,而是单纯的客观处罚条件。④ 在笔者看来,这种主观的一元的行为无价值论存在诸多疑问⑤:

(1)主观的一元的行为无价值论的重大问题在于,将不法与外界相分离,使不法丧失现实性、外在性、社会性,不法不再是作为社会现象的犯罪实体,而是行为人个人的孤立问题。⑥ 然而,连并非结果无价值论者的雅科布什(Günther Jakobs)教授也指出:对于不法的评价,"重要的不是态度的个人的意义,而是社会的意义;这种社会的意义,不是从行为人的大

---

① 参见〔日〕松原芳博:《犯罪概念と可罚性》,成文堂1997年版,第178—179页。
② 参见〔日〕增田丰:《人格的不法论と责任说の规范论的基础》,载《法律论丛》第50卷第1号(1977年),第145页以下。
③ Zielinski, Handlungs-und Erfolgsunwert im Unrechtsbegriff — Untersuchungen zur Struktur von Unrechtsbegründung und Unrechtsausschluß, Duncker & Humblot, 1973, S. 142f, S. 153.
④ 当然,不同的学者对于结果的机能的表述,并不完全相同。
⑤ 本书后面不再讨论这种主观的一元的行为无价值论,故在此简短批判其缺陷。
⑥ 〔日〕松原芳博:《犯罪概念と可罚性》,成文堂1997年版,第191页。

脑中读取的,而是必须从外部的事实向行为人的大脑追溯"①。

（2）主观的一元的行为无价值论,存在体系上的矛盾。根据行为主义的要求,处罚犯罪必须是以外界现实发生的事实为根据,人的内心意思不是处罚根据。这一点,连主观的一元的行为无价值论者也不得不承认。所以,主观的一元的行为无价值论者也认为,仅有内心的决意还不足以处罚,必须存在外部的行为。"但是,应当说,在理论上,一方面立足于一元的人的不法论,同时将行为的外部的遂行纳入不法的内容是困难的。这是因为,如果认为命令规范是对人的意思起作用,那么,就应当也在人的意思——即错误的决意中寻找对命令规范的违反。而且,行为的外部的遂行,也可以说与'结果'的发生一样存在偶然的契机。……这样来看,对于立足于命令规范论、排除偶然的契机的一元的人的不法论来说,行为的外部的遂行,是不能成为处罚根据的,充其量只能将其解释为与'结果'一样,只不过是错误的意思的征表。这样的'犯罪征表说'实质上是违反行为主义的,这可以说是通过学派的对立所获得的共识。"②换言之,主观的一元的行为无价值论强调的是行为人的志向无价值,即行为人的恶的主观志向是处罚根据,这便基本上走向了主观主义。正因为如此,现在的行为无价值论者也反对这种主观的一元的行为无价值论。因为即使认为违法性的实质是违反规范,其所违反的也是行为规范,而不是志向规范。例如,非法侵入住宅的行为,所违反的是"不得侵入他人住宅"的规范,而不是违反了"不得以侵入他人住宅为志向而实施行为"的规范,因为后一种规范没有边际。③

（3）主观的一元的行为无价值论,对违法阻却事由所采取的判断方法,也不能被人接受。例如,甲误以为乙正在杀害丙,而对乙进行所谓正当防卫,造成乙的伤害。根据主观的一元的行为无价值论,甲想救助的法益是丙的生命,而其所造成的只是乙的伤害,其主观上打算救助的法益依

---

① Günther Jakobs, Strafrecht Allgemeiner Teil,2. Aufl., Walter de Gruyter,1993,S. 166.
② 〔日〕松原芳博:《犯罪概念与可罚性》,成文堂1997年版,第192—193页。
③ 〔日〕井田良:《变革的时代における理论刑法学》,庆应义塾大学出版会2007年版,第115页。

然优于其客观行为所损害的法益,亦即甲并没有指向法益侵害的意思,缺乏志向无价值,因而不是违法的,应当认定为正当防卫。这种观点不可能被人接受。关于违法阻却事由的理论,本来解决的是法益之间的冲突问题,故需要考察各当事人的法益,而不是仅由行为人的主观意思决定。用行为人误想的法益与客观存在的法益相对抗,必然导致法秩序的破坏。

(4)区分违法与责任,被当今刑法理论所公认。主观的一元的行为无价值论,将行为人的主观志向无价值作为违法根据后,不得不考虑如何区分违法与责任的问题。这种观点指出,具有义务充足能力的人(有能力实施义务内容所要求的行为的人),没有充足义务的,就是违法;具有义务遵守能力的人(有能力通过认识义务产生实施合法行为的动机的人),懈怠守法动机的形成而违反义务的,就是有责。① 但这又与其基本观点不协调。因为,按照这种观点,不具有义务遵守能力的人的行为,虽然是无责的,但仍可能是违法的。可是,对于缺乏义务遵守能力的人,是不可能对其作出"违反命令规范"(违法)的评价的。

(5)主观的一元的行为无价值论,与各国刑法关于未遂犯从宽处罚的规定不一致。在未遂犯的场合,行为人的主观志向与既遂犯并没有区别。然而各国刑法均规定,对于未遂犯可以从轻或者减轻处罚。这表明,结果无价值不只是单纯的客观处罚条件,而是明显影响了违法性。

(6)主观的一元的行为无价值论,也与客观事实不相符。在认定为未遂犯的场合,没有发生侵害结果才属偶然。换言之,如果行为必然不可能发生结果,只是不可罚的不能犯;只有当行为偶然未能发生结果时,才成立未遂犯。所以,认为既遂时发生结果属于偶然的观点,不符合客观事实。至于主观的一元的行为无价值论所得出的不能犯乃至迷信犯均可罚的结论,更是不可能得到认同。

(7)主观的一元的行为无价值论,与刑法分则规定的基本犯罪类型以及社会心理学的处罚要求相矛盾。因为一元的行为无价值论是对指向

---

① 〔日〕增田丰:《人格的不法论与责任说的规范论的基础》,载《法律论丛》第50卷第1号(1977年),第139页以下。

法益侵害的犯意作出否定评价,而不是对法益侵害结果本身作出否定评价。但是,各国刑法分则所规定的基本犯罪类型是结果犯,而不是单纯的举动犯。即使是单纯的举动犯(如非法侵入住宅),也存在明显的客观结果,只不过这种结果与行为同时存在而已。另一方面,行为概念的内容通常是由结果决定的,没有转移财物占有的结果(包括危险),不可能被评价为盗窃、诈骗行为;没有人的死亡与危险结果,就不可能评价为杀人行为。此外,社会心理学的处罚要求便是源于结果无价值,而不是源于行为无价值。在社会心理学上,"由芬查姆、夏沃尔以及舒尔茨所预想的动机序列可以表述为:结果→原因确定→责任→责备→惩罚。这个过程建立在以下前提的基础上:1. 归因必须与责任推断相区分;2. 责任推断必须与责备相区分;3. 责任归因通过中介的责备反应间接地影响惩罚和其他的社会反应。因此,责任归因和其后果属于一系列过程的组成部分"。换言之,"行为责任推断的过程始于事件的发生,然后当事人和他人寻求事件的原因。事件知觉之后,责任过程的第一步涉及对是否存在个人的或情景的原因的确定,只有原因属于个人时,才可能认为个人负有责任"①。认定犯罪同样如此。在结果发生的情况下,首先进行归因判断,即查明该结果由谁的什么行为造成。归因(结果由谁造成)与是否追究责任必须相区分;在归因之后,判断行为人是否具有责任。倘若考虑到刑事政策,考虑到预防犯罪的必要性,那么,即使有责任(即构成犯罪),也可能并不对之进行刑事实体法上的责备,不给予刑罚处罚。不难看出,一元的行为无价值论缺乏社会心理学的根据。

(8)主观的一元的行为无价值论与刑法的目的不协调。刑法的目的是保护法益,而不是为了单纯规制人们的行为与内心。刑法所禁止的行为,一定是可能造成法益侵害结果的行为。在此意义上说,结果才是真正的禁令对象。诚然,在结果发生之后,刑法不可能使该结果不发生,但这并不能说明结果不是禁令对象。因为在行为产生之后,刑法也不可能使

---

① 〔美〕B. 维纳:《责任推断:社会行为的理论基础》,张爱卿、郑葳等译,华东师范大学出版社2004年版,译者导言,第5页、第9页。

该行为不发生。

(三) 二元的行为无价值论

正因为主观的一元的行为无价值论存在明显缺陷,现在采取这种观点的学者极为罕见。当今的行为无价值论都可谓二元的行为无价值论(或二元的人的违法论、二元的人的不法论),换言之,二元论是行为无价值论内部的多数说。根据二元论,结果无价值也是违法的构成部分。"与一元的人的不法论相同,二元的人的不法论也将命令规范论(意思决定规范论)作为其规范逻辑的前提。亦即,在违法论领域,刑法规范不仅具有作为评价规范的机能,而且具有作为命令规范(以一般人为指向)的机能。而且,评价规范并不是先行于命令规范的独立存在,其对象与命令规范的对象相同,是对违反命令规范的行为的意义进行评价的规范。因此,从二元的人的不法论立场出发,以违反命令规范为内容的行为无价值,理所当然成为不法的核心要素。但是,尽管存在这样的规范论的前提,二元的人的不法论并不必然仅从行为无价值中发现不法,至少就结果犯的既遂而言,也将结果(无价值)算入不法的构成要素。"[①]

但是,结果无价值究竟是行为无价值概念内部的非独立的要素,还是与行为无价值并列的另一要素,还存在争议。倘若采取前一立场,则意味着行为概念包含了结果,其妥当性便存在疑问。倘若站在后一立场,那么,将行为无价值与结果无价值这两种异质的存在统合在违法概念中,就需要有更高层次的原理。[②]

换一个角度而言,关于行为无价值对违法性判断的作用,二元论有不同主张。

(1) 侧重结果无价值的观点主张,结果无价值不能单独决定行为的违法性,只有当行为既存在结果无价值,也存在行为无价值时,才能肯定行为的违法性。因此,行为无价值仅具有限定处罚范围的意义。例如,大

[①] 〔日〕松原芳博:《犯罪概念と可罚性》,成文堂1997年版,第203—204页。
[②] 参见〔日〕松原芳博:《人的不法论における行为无价值と结果无价值》,载《早稻田法学》第78卷(2003年)第3号,第265页。

塚仁教授指出:"违法性的实体,首先是在于对法益的侵害、威胁。不应当允许脱离这一意义上的结果无价值,仅考虑单纯的行为无价值。在我国,没有接受这种行为无价值论,是理所当然的。与之相反,仅以结果的无价值确定违法性内容的结果无价值论,过分拘泥于使违法性的观念极力客观化的意图,有歪曲对事态的直率认识之嫌。……因此,只有在考虑结果无价值的同时一并考虑行为无价值,才能正确评价违法性。"①这一论述似乎侧重于结果无价值。不过,这种表面上侧重结果无价值的二元论,在处理具体问题时,实际上也可能侧重的是行为无价值。②

(2)侧重行为无价值的观点主张,行为无价值是违法的基础;只要具有行为无价值,就具备了处罚的基础;结果无价值只具有限定处罚范围的意义。如井田良教授指出:"只要不能否认一般预防的中心的重要性,行为无价值就是违法的基本;只要具有行为无价值,就为处罚奠定了基础;如果缺乏行为无价值,则不能处罚;但是,作为附加的要素,为了限定处罚范围,有的场合也要求结果无价值。"③

对德国的学说似乎可以作如下描述:在既遂犯的场合,行为无价值与结果无价值同样重要,但在未遂犯的场合,重要的只是行为无价值。因此,一个行为如果缺乏结果无价值,是可能构成犯罪的(成立犯罪未遂),但是,如果缺乏行为无价值,则不可能成立犯罪。例如,罗克信(Claus Roxin)教授指出:"现在,通常在不法中(并且特别是在作为不法类型的构成要件中)区分行为无价值与结果无价值……在侵害犯的结果无价值没有实现,却存在行为无价值时,就是未遂犯。反之,存在侵害犯的结果无价值,但不能确定行为无价值时,就欠缺不法,就不可罚。但是,即使在欠缺故意犯的行为无价值的场合,有时也能肯定过失行为(制造了不被允许的危险)的行为无价值。如果连过失行为的行为无价值也被否认,结论就是不可罚的。现行的见解是,构成要件的充足,没有例外地以行为无价值

---

① 〔日〕大塚仁:《刑法概说(总论)》,有斐阁2008年版,第368页。
② 例如,大塚仁教授认为,偶然防卫成立故意的既遂犯,而不是像其他二元论者那样主张成立未遂犯(〔日〕大塚仁:《刑法概说(总论)》,有斐阁2008年版,第391页)。
③ 〔日〕井田良:《刑法总论の理论构造》,成文堂2005年版,第15页。

与结果无价值为前提。诚然,在具体的案件中,根据所要求的形式不同,行为无价值可能表现为故意与过失、行为的倾向性与行为的性质等情形,结果无价值由既遂与未遂、侵害与危险这样的样态形成。但是,不法,通常是这两种无价值的结合。即使是像非法侵入住宅这样的单纯举动犯,虽然不可能与行为相分离,但也存在外在的结果。"[1]由于缺乏行为无价值时不可能成立犯罪,仅有行为无价值时可能成立未遂犯,故可以认为,德国的通说属于侧重于行为无价值的观点。

由上可见,行为无价值是一个多义的概念。由于近年来国内外相当有力的观点认为,行为无价值是指行为的违反规范性,故本书将重点针对这种行为无价值论以及以此为内容的二元论(以下一般简称为行为无价值论,必要时称为二元论)展开讨论。

(四) 结果无价值的含义

结果无价值论的基本立场是,刑法的目的与任务是保护法益,违法性的实质(或根据)是法益侵害及其危险;没有造成法益侵害及其危险的行为,即使违反社会伦理秩序,缺乏社会的相当性,也不能成为刑法的处罚对象;应当客观地考察违法性,主观要素原则上不是违法性的判断资料,故意、过失不是违法要素,而是责任要素;违法评价的对象是事后查明的客观事实。与行为无价值论被称为人的违法论相对,结果无价值论被称为物的违法论。[2]

物的违法论并不是指任何物都是违法主体,物的违法论所强调的是行为人的主观能力与主观意识(故意、过失)不是违法评价对象。诚然,

---

[1] Claus Roxin, Strafrecht Allgemeiner Teil, Band I, 4. Aufl., C. H. Beck, 2006, S. 321.

[2] 物的违法论,是在与人的违法论的对比意义上使用的概念。详言之,从实质的违法判断资料的角度上说,行为无价值论与结果无价值论的对立焦点在于:在判断是否存在实质的违法性时,在何种程度上重视作为人的要素的行为人的"主观"内容。亦即,在考察是否存在实质的违法性时,重视行为人的意思这种"人的"要素的立场,是"人的违法论";不考虑行为人的意思,仅考虑"物的"法益侵害或者威胁的立场,是"物的违法论"。完全不考虑法益侵害及其危险,仅将行为人的"意思"作为违法性判断基础的立场,可谓"一元的人的违法论";不仅将行为人的"意思",而且将法益侵害及其危险也作为违法性判断基础的立场,可谓"二元的人的违法论"(参见〔日〕川端博:《刑法总论讲义》,成文堂2006年版,第284页)。

"如果将这一立场彻底化,动物与自然力造成的侵害,也可谓违法。"① 但是,由于构成要件是违法类型,行为主体(自然人、身份)是构成要件要素,故就作为犯罪成立条件的违法性来说,只有人的行为才是违法评价对象。争议存在于对物防卫这一点上,即作为正当防卫对象的不法侵害,是否包括动物的侵害。结果无价值论者对此一般持肯定态度。

结果无价值论也承认,并不是引起了法益侵害或者危险的任何行为都应当受到处罚。一方面,立法机关要考虑与保护目的的合理关联性,考虑违法性与其他犯罪成立条件的整合性等事项,并从合理的刑事政策的见地进行判断。特别需要说明的是,结果无价值论,并不是认为只要行为侵害法益就成立犯罪。既然采取罪刑法定原则,具有罪刑法定主义机能的构成要件是违法行为类型,那么,作为成立犯罪条件的违法性,必须是符合构成要件的违法性。② 另一方面,轻微的法益侵害,并不具有刑法上的违法性。换言之,"刑法上的违法行为,虽然是导致客观的法益侵害或者危险的行为,但必须是达到值得处罚程度的行为"③。

不可否认,结果无价值论内部也存在一些争论。例如,关于主观的违法要素,有的持彻底否认态度,有的采取例外肯定态度;关于危险的判断标准,少数学者采取具体的危险说,多数学者采取客观的危险说(或修正的客观危险说)。但与行为无价值论相比,结果无价值论的含义是比较单一的。

周光权教授指出:"二元的行为无价值论的对手是纯粹的结果无价值论。其实,在日本及我国部分学者看来,为了防止结论过于极端,对结果无价值论还需要进行各种修正。但是,我认为,如果对纯粹的结果无价值论可以进行某种修正(二元的结果无价值论),那么,其理论是否还站在结果无价值论的阵营,值得质疑。个别学者虽然宣称自己的理论是结果无价值论的,但是,其方法论和结论可能都是行为无价值论的。"④ 笔者对

---

① 〔日〕前田雅英:《刑法总论讲义》,东京大学出版会2011年版,第38页。
② 〔日〕山口厚:《刑法总论》,有斐阁2007年版,第102页。
③ 参见〔日〕前田雅英:《刑法总论讲义》,东京大学出版会2011年版,第87页。
④ 周光权:《行为无价值论的法益观》,载《中外法学》2011年第5期,第945页。

此存在疑问。

第一，纯粹的结果无价值论究竟是什么含义？如果说与一元的结果无价值论是同义语，那么，可以肯定，不存在"完全不考虑行为本身"的纯粹的结果无价值论。

第二，日本及我国部分学者对结果无价值论进行的各种修正，究竟指什么？是对结果无价值论本身的修正，还是在结果无价值论的前提下或者基础上，对某些具体问题存在不同看法？此外，哪位结果无价值论者的"方法论和结论可能都是行为无价值论的"？为什么在其中加上一个"可能"？这些都存在疑问。

第三，即使结果无价值论者的某些观点与行为无价值论相同，也不意味着结果无价值论者采取了所谓二元论。如所周知，结果无价值论与行为无价值论并不是在任何问题上都存在分歧。例如，就不能犯的判断而言，结果无价值论既可能采取客观危险说，也可能采取以科学的一般人为判断标准的具体危险说[1]，还可能采取修正的客观危险说[2]。但是，具体的危险说、修正的客观危险说并不是对结果无价值论的修正，更不是向行为无价值论靠近，只是对不能犯的判断提出主张，而且这种主张与结果无价值论并不矛盾。即使认为，采取具体的危险说不符合结果无价值论的立场，也只是意味着采取该学说的学者的立场不一致，而不能据此认为结果无价值论本身存在缺陷。此外，如果说结果无价值论的某种观点与行为无价值论相同，就意味着"结果无价值存在缺陷"，那么，行为无价值论的某种观点与结果无价值论相同时，也意味着"行为无价值论存在缺陷"。而且，如所周知，结果无价值论产生在行为无价值论之前。按照周光权教授的逻辑，当行为无价值论的结论与结果无价值论的结论相同时，首先应当肯定"行为无价值论存在缺陷"。

第四，退一步说，即使结果无价值论进行了某种修正，形成了所谓的"二元的结果无价值论"，也不能得出"其理论不是站在结果无价值论的

---

[1] 参见〔日〕平野龙一：《刑法总论 II》，有斐阁 1975 年版，第 326 页。
[2] 参见〔日〕山口厚：《刑法总论》，有斐阁 2007 年版，第 275 页。

阵营"的结论。周光权教授明显持二元论的观点，却仍然认为自己站在行为无价值论的阵营，并且声称自己的法益观是"行为无价值论的法益观"，而不是二元的行为无价值论的法益观。既然如此，就不能认为结果无价值论经过某种修正就不再属于结果无价值论的阵营。

三、争论的意义

行为无价值论与结果无价值论原本是在违法性领域的争论。起先的根本性对立在于：(1)违法性的本质是法益侵害还是规范违反？结果无价值论将刑法的目的首先理解为保护法益，所以违法性就是对法益的侵害或者威胁，现实产生的对法益的侵害或者威胁就成为违法性的根据。行为无价值论则认为刑法的目的是保护社会伦理秩序，因此违法性就是对作为秩序基础的社会伦理秩序的违反。或者说，结果无价值论认为，行为在客观上是否侵害或者威胁了法益是决定有无违法性的客观标准；行为无价值论则认为，行为是否违反了一般人所信奉的伦理秩序是决定有无违法性的客观标准。(2)没有侵害法益的危险性时，能否根据行为的反伦理性、义务违反性、缺乏社会的相当性进行处罚？结果无价值论认为，如果行为没有侵害法益的危险性时，不管行为如何具有反伦理性、义务违反性与缺乏社会的相当性，也不能以犯罪处罚。行为无价值论则认为，如果行为具有反伦理性、义务违反性、缺乏社会的相当性，即使没有侵害法益的危险，也要以犯罪论处。例如，对于没有被害人的行为、自己是被害人的行为、被害法益性欠缺的行为（如得到被害人承诺的行为），结果无价值论者认为它们并没有侵害任何法益，缺乏违法性，故不能作为犯罪处理；而行为无价值论则会认为，这些行为违反了社会伦理、违反了义务或者缺乏社会的相当性，因而具有违法性，应当作为犯罪处理。显然，上述区别涉及对刑法目的与任务的认识。①

在违法性领域,"两者的对立具体表现在以下三点:(1)关于违法性阻却事由的一般原理,结果无价值论与法益衡量说相结合,行为无价值论与社会的相当性说相结合。(2)关于主观的违法要素,结果无价值论将重点置于行为的法益侵害性,故原则上不承认主观的违法要素;与之相对,行为无价值论肯定包括故意、过失的主观的违法要素。(3)关于主观的正当化要素(如正当防卫的意识),结果无价值论持不要说,与之相对,行为无价值论则持必要说"②。此外,"在行为无价值中,由于行为人的主观具有重要性,故有必要进行事前判断,与此相对,在结果无价值中,行为的结果具有重要性,故有必要进行事后判断"③。

由于构成要件是违法类型,所以,关于违法性的实质与具体问题的争论,必然影响对构成要件的争论。例如,《刑法》第205条规定了虚开增值税专用发票罪,其中的虚开包括为他人虚开、为自己虚开、让他人为自己虚开、介绍他人虚开专用发票四种情况。根据行为无价值论的观点,只要行为人违反税法规范虚开增值税专用发票,就构成本罪而且成立既遂。按照结果无价值论的观点,本罪属于抽象的危险犯,司法机关应以一般的经济运行方式为根据,判断行为是否产生骗取国家税款的危险(造成国家税款损失的危险)。如果虚开、代开增值税等发票的行为不产生骗取国家税款的危险,则不应认定为本罪。如甲、乙双方以相同的数额相互为对方虚开增值税发票,并且已按规定缴纳税款,不存在骗取国家税款的现实危险的,或者为了虚增公司业绩,所虚开的增值税发票没有抵扣联的,或者代开的发票有实际经营活动相对应,没有而且不可能骗取国家税款的,都不能认定为本罪。④ 再如,《刑法》第301条规定了聚众淫乱罪。问题是,

---

① 大体而言,行为无价值论主要有三种观点:其一,将反社会伦理性作为违法性的根据(刑法的目的是维护社会伦理);其二,将缺乏社会的相当性作为违法性的根据(刑法的目的是维护社会秩序);其三,将违反保护法益所必须遵守的法规范作为违法性的根据(刑法的目的是保护法益)。以上两点根本性对立,是针对前两种观点而言的。
② 〔日〕大谷实:《刑法讲义总论》,成文堂2009年第3版,第243页。
③ 同上书,第244页。
④ 参见张明楷:《刑法学》,法律出版社2011年版,第726页。

如何解释本罪的构成要件？其中最为重要的问题是，是否要求淫乱行为具有公然性？如果采取违法性的本质是违反社会伦理的行为无价值论的观点，就会认为刑法规定本罪是为了维持社会伦理秩序，因此，三人以上秘密从事的性行为，也成立本罪。如果采取结果无价值论的观点，认为刑法规定本罪并不是因为该行为违反了伦理秩序，而是因为这种行为侵害了公众对性的感情①，那么，三个以上的成年人，基于同意所秘密实施的性行为，因为没有侵害本罪所要保护的法益，不属于刑法规定的聚众淫乱行为。只有当三人以上以不特定人或者多数人可能认识到的方式实施淫乱行为时，才宜以本罪论处。

由于犯罪论的支柱是违法与责任，对违法性的看法不同，必然导致对责任的看法不同。例如，倘若认为故意、过失是违法性的要素，就会否认故意、过失是责任要素。② 再如，行为无价值论一般认为违法性为犯罪提供根据，责任只是限定犯罪的处罚范围，所以，虽然违法性具有程度区别，责任却仅存在有无之别、没有轻重之分。结果无价值论则认为，故意与过失是两种不同的责任形式，因此，责任本身也有程度轻重的不同。

未遂犯、共犯论涉及违法性与有责性，所以，行为无价值论与结果无价值论在未遂犯、共犯论领域也必然存在争议。例如，如何区分未遂犯与不能犯，行为无价值论与结果无价值论就存在明显的分歧。再如，虽然行为无价值论与结果无价值论在共犯从属性问题上都可能采取限制从属性说，但是，由于行为无价值论将故意作为构成要件要素，于是，正犯缺乏故意时，教唆者与帮助者就不能成立共犯；与此相反，由于结果无价值论将故意作为责任要素，因此，正犯缺乏故意时，教唆者与帮助者也可能成立共犯。③

---

① 参见〔日〕平野龙一：《刑法概说》，东京大学出版会1977年版，第268页以下。
② 当然，也有少数观点认为，故意、过失既是违法要素，也是责任要素。
③ 从逻辑上说，对罪数的区分，行为无价值论可能采取犯意标准说、行为标准说、构成要件标准说，结果无价值论者可能采取结果说、构成要件标准说或者个别化说。不过，即使都采取构成要件标准说，但由于行为无价值论与结果无价值论对构成要件的理解不同，因而会存在一些区别。另一方面，所谓"罪数"的区分标准，是一个相当含糊的说法。亦即，人们在讨论罪数的区分标准时，并没有明确罪数是评价意义的罪数，还是科刑意义上的罪数。由于评价意义上的数罪也可能仅以一罪科刑，所以，罪数的区分标准便摇摆不定。鉴于这一原因，本书没有就罪数论展开分析。

犯罪是适合判处刑罚的行为,行为无价值论与结果无价值论的争论也会反映在刑罚论中。

自主观主义退出刑法学领域以来,学派之争便表现为行为无价值论与结果无价值论之争。在世界范围内,主观主义因为其理论根基的缺陷、人权保障功能的缺失、处罚范围的宽泛而退出刑法学领域。然而,在我国,主观主义刑法观念仍然盛行。尽管行为无价值论容易亲近主观主义,但是,主流的行为无价值论与结果无价值论的争论仍然是客观主义内部的争论。所以,这种争论有利于从刑法理论中驱逐主观主义。刑法理论不仅要使结论具有妥当性,而且要使理论之间具有一致性、协调性。刑法理论对诸具体问题的不同看法,源于对刑法性质、机能的不同认识。构成要件是违法类型,行为无价值论与结果无价值论的争论,必然从违法性领域发展到构成要件论,进而扩散到具体犯罪;这种争论有利于促使研究者思考自己采取了何种立场,从而保持理论的一致性、协调性。学术发展需要学术批判。行为无价值论与结果无价值论的争论过程,实际上是相互批判对方缺陷的过程。批判可以促使对方完善自己的观点,也可能促使对方放弃不合理的观点,还能促进批判者的理论完善。至于行为无价值论与结果无价值论的争论的实践意义,则更不可低估。

如上所述,行为无价值论与结果无价值论之争并非仅限于违法性领域,而是已经遍及犯罪论、刑罚论与具体犯罪的各个方面。现在,国外一些教科书不是在违法论中、而是在构成要件论中讨论行为无价值与结果无价值。[①] 只有全面检讨、评价两种理论在相关重要问题上的观点,才有利于理论取舍。

---

① Claus Roxin, Strafrecht Allgemeiner Teil, Band I, 4. Aufl., C. H. Beck, 2006, S. 319ff;〔韩〕李在祥:《韩国刑法总论》,韩相敦译,中国人民大学出版社 2005 年版,第 96 页以下。

第一章 刑法目的

"虽然从形式上说,刑法上的违法性,是指对刑法规范(评价规范)的违反,但是,由于违法性是被刑法规范作出否定评价的事态的属性、评价,故其内容便由刑法的目的来决定。将什么行为作为禁止对象,是由以什么为目的而禁止来决定的。在此意义上说,对实质违法性概念、违法性的实质的理解,由来于对刑法的任务或目的的理解。"[①]离开刑法目的讨论违法性的实质是不合适的。

一、行为无价值论的主要观点

在与刑法目的的关联上,行为无价值论大体经历了三个发展阶段。传统的行为无价值论将刑法的目的理解为保护社会伦理秩序,所以,行为无价值是指行为违反社会伦理(本书称之为伦理规范违反说)。随后的行为无价值论承认,刑法的目的基本上是保护法益,但只有违反社会伦理或者缺乏社会相当性的法益侵害行为,才具有违法性,故行为无价值是指行为违反社会伦理或者缺乏社会的相当性(本书称之为社会的相当性说)。近来的行为无价值论认为,刑法的目的是保护法益,但为了保护法益,必须使国民在行为时知道何种行为违法,从而遵守行为规范;违反规范的行为才是违法行为,故行为无价值是指行为的规范违反性,但这种规

---

① 〔日〕山口厚:《刑法总论》,有斐阁2007年版,第101页。

范是指法规范,是保护法益所必须遵守的规范,而不是指伦理道德规范(本书称之为法规范违反说或行为规范违反说)。

(一) 伦理规范违反说

传统的行为无价值论认为,刑法的目的是维护社会伦理秩序,故违法性的本质是违反社会伦理秩序。威尔采尔、小野清一郎、团藤重光等人便持这种观点。

威尔采尔的行为无价值论源于其对刑法目的的基本认识。威尔采尔指出:"刑法的最重要使命,在于积极的、社会伦理性质的方面。即在现实上背反了法的心情的基本价值的场合,刑法通过对这种行为的排除与处罚,采用国家所可能使用的最强烈的方法,来显示这种不得受侵犯的积极的作用价值的效力,形成国民的社会伦理的判断,强化国民对法的忠实心情。"[1]他特别强调刑法维持社会伦理的机能,认为确保法的心情的作用价值所具有的现实效力(遵守)的任务是比保护法益更为本质的任务,对法益的保护包含在对社会伦理的心情价值的保护之中。虽然威尔采尔也说,"刑法的任务在于通过保护基本的社会伦理的行为价值来保护法益"、"刑法首先要保护一定的社会的生活利益",但在具体展开犯罪论的过程中,他承认没有侵害法益的犯罪,即承认存在"由于行为本身在社会伦理上不纯洁而值得非难"的犯罪。这在威尔采尔的理论中是顺理成章的,既然刑法的机能是维持社会伦理,那么,只要行为本身是违反社会伦理的,即只要具备行为无价值,就足以成为定罪量刑的根据。[2] 小野清一郎教授说:"违法性的实质是违反国家的法秩序的精神、目的,对这种精神、目的的具体的规范性要求的背反。违法性的实质既不能单纯用违反形式的法律规范来说明,也不能用单纯的社会有害性或社会的反常规性来说明。法在根本上是国民生活的道义、伦理,同时也是国家的政治的展开、形成,它通过国家的立法在形式上予以确定或者创造。而且,这种形

---

[1] 转引自〔日〕奈良俊夫:《目的的行为论と法益概念》,载《刑法杂志》第21卷第3号(1977年),第292页。
[2] Hans Welzel, Das Deutsche Strafrecht, Walter de Gruyter, 1969, S.3.

式的法规总是适应国民生活的条理或道义观念,以实现国家的目的。这种法是整体的秩序,违背它就是违法。"①团藤重光教授也指出,违法性"从实质上说,是对整体法秩序的违反,是对作为法秩序基础的社会伦理规范的违反"②。可是,这种观点存在重大疑问。

现代国家对于人们具有不同的价值观应当采取宽容态度,刑法没有必要也不应当将国民全面拘束于一定的伦理秩序内;法的任务只是保障具有不同价值观的人共同生活所不可缺少的前提条件,只要将对维持国民共同生活具有价值的、特定的、客观上可以把握的利益或状态(法益)作为保护目标即可。因为刑罚是一种重大的痛苦,并非维持社会伦理的适当手段;在现代社会,伦理具有相对性;将维持社会伦理作为刑法的任务,不仅是对刑法的过分要求,而且容易以法的名义强制他人服从自己的价值观;刑法原则上只有在违反他人意志、给他人法益造成了重大侵害或者危险时才予以适用。③

"法的心情的基本价值"、"作为法秩序基础的社会伦理规范"的内容并不明确。"道德还具有一个更加个体化或更有差异的方面,至少在西方世界的发展中是这样的。正如苏格拉底所提出的、并为近来哲学家们所强调的(或许强调得太多了),道德鼓励甚至要求运用理性和某种个人的自决。……道德是一种生活的社会体系,但它是能在自己的社会成员中促进理论的自我指导或自我决定的一种社会体系。……道德往往划分为:(a)'前理性的'、'风俗的'或'集团的'道德;(b)'个人的'、'理性的'或'反省的'道德。"④不仅如此,民主进程的推进与科学技术的发展,还进一步促使道德具有个别性。既然道德具有不明确性与个别性,就难以根据这样的基准实现构成要件的明确性。因为构成要件是违法行为类型,在解释构成要件时不可避免以违法性的实质为指向。不明确的违法性内容,对构成要件的解释不可能起指向作用,于是构成要件的内容本身

---

① 〔日〕小野清一郎:《新订刑法讲义总论》,有斐阁1948年版,第119页。
② 〔日〕团藤重光:《刑法纲要总论》,创文社1990年版,第188页。
③ 参见〔日〕平野龙一:《刑法总论Ⅰ》,有斐阁1972年版,第43页。
④ 〔美〕威廉·K.弗兰克纳:《伦理学》,关键译,生活·读书·新知三联书店1987年版,第14页以下。

就模糊不清。

传统的行为无价值论所重视的是主观的犯罪意思。如果将这种观点彻底化,就形成"只要有犯罪的意思就有刑罚"的局面。因为"法律调整人们的外部关系,而道德则支配人们的内心生活和动机。……法律不考虑潜在的动机问题,只要求人们从外部行为上服从现行的规则和法规,而道德则诉助于人的良知"①。有犯罪的意思就是不道德的,因而具备了违法性的实质,需要以刑罚维护道德。这显然不妥当。诚然,刑法规范也会对人的意思产生影响,对人的行为进行一定的控制,但其目的在于保护值得由刑法规范保护的法益。②

传统的行为无价值论导致违法与责任的混淆。"如果说反伦理性是违法性的核心,那么,对行为人的伦理的非难可能性就成为违法性的前提,违法与责任之间就不存在质的区别了。例如,不能说无责任能力者的行为是违法的,主观的违法论正是这样讲的。但是,用违反伦理来解释违法性的论者大多并非如此彻底,而是认为违法判断是就舍弃行为人人格的行为作出的伦理判断,采取了客观的违法论。这是违法与责任之间不存在质的区别,只是存在量的差异这种同心圆的犯罪论体系的一种结论。"③

如前所述,在三阶层体系中,由于构成要件是违法类型,所以违法论实际上讨论的是违法阻却事由。而违法阻却事由的类型,也从反面说明违法性的实质不是违反社会伦理秩序。因为倘若认为违法性的实质是违反社会伦理秩序,那么,在违法论中,应当讨论的是客观上违反了社会伦理秩序,但由于行为维护了更为重大的社会伦理,所以阻却违法性的事由。但事实上并非如此。

正因为如此,现在的行为无价值论者,一般也不赞成刑法的目的是维护社会伦理的观点,不赞成将行为无价值理解为行为的反伦理性。如井

---

① 〔美〕E.博登海默:《法理学:法律哲学与法律方法》,邓正来译,中国政法大学出版社1999年版,第371页。
② 参见〔日〕西田典之:《刑法总论》,弘文堂2010年版,第31页。
③ 〔日〕町野朔:《犯罪论の展开I》,有斐阁1989年版,第16页。

田良教授指出:"为什么不应当用刑法强制道德呢?主要理由如下:(1)宪法所预定的当今社会,是个人主义的社会,是允许价值观多元性的社会,只要不妨害他人(只要不侵害法益),对遵从与多数国民不同的行动基准的现象就必须认可;(2)道德或者伦理,因人而异,因场所而异,是历史性地变化的东西,不适合作为科处刑罚的根据;(3)道德或者伦理,应当由个人基于其自己的良心自主地推行,而不应当由国家强制推行。"①

但是,我国的行为无价值论者,一方面认为行为无价值与伦理道德的重合只是一种偶然,另一方面又指出:"由义务组成的规范的很大部分与道德规范重合,这是不可否认的事实。即便承认刑法规范是裁判规范,立法者在制定这样的规范时,已经吸纳了公众所认同的社会伦理规范。"②诚然,伦理规范与刑法规范在原理上有相同之处,但伦理规范与刑法规范本身并没有价值,而是为了保护一定的价值才存在的。正因为如此,刑法与伦理在保护一定价值的目的上并不相互排斥,所以,不少伦理规范与刑法规范相重合。然而,即使刑法规范吸纳了部分伦理规范,也不是为了推行特定的人的伦理道德,只是因为部分伦理保护的价值与刑法保护的价值具有共通之处。况且,并不是所有的伦理规范都被纳入刑法规范。③正如日本的行为无价值论者所言:"刑法的任务是保护法益,是为了法益不受侵害、不受危险而存在的。道德、伦理、价值观这些东西,不应当用刑罚去强制,不能仅以违反它们为由而予以处罚。虽然必须处罚杀人行为与盗窃财物的行为,但不是因为它们是反道德的行为而应受处罚,而是因为它们是侵害个人的生命与财产这样的重要法益而应受处罚。"④

总之,主张刑法目的是维护社会伦理的秩序的伦理规范违反说存在明显的缺陷,因而已经完全衰退(本书以下一般不再讨论这种观点)。

---

① 参见〔日〕井田良:《刑事法》,有斐阁1995年版,第35—36页。
② 周光权:《违法性判断的基准与行为无价值论》,载《中国社会科学》2008年第4期,第129页。
③ 参见〔日〕西田典之:《刑法总论》,弘文堂2010年版,第31页。
④ 〔日〕井田良、丸山雅夫:《ケーススタディ刑法》,日本评论社2004年版,第2页。

(二) 社会的相当性说

随后的行为无价值论，承认刑法的目的和任务基本上是保护法益，但终究是为了维持社会秩序。所以，只有当行为违反社会伦理规范或者缺乏社会的相当性时才处罚就足够了。日本的福田平、大谷实教授可谓这种观点的代表人物。

福田平教授指出："结果无价值论对行为无价值论作了如下批判：行为无价值意味着违反社会伦理秩序，所以，在违法性的判断中考虑行为无价值。这一理论强调刑法的社会伦理的机能，其基本立场是刑法的任务在于维持社会伦理，但这种刑法的伦理化是不妥当的。可是，行为无价值论也肯定，刑法的任务在于保护法益是理所当然的，问题在于结果无价值论＝法益的保护＝刑法的去伦理化，行为无价值论＝社会伦理的维护＝刑法的伦理化这一图式本身。即使刑法的任务是保护法益，也可能在违法性中不仅考虑结果无价值，而且考虑行为无价值。因为刑法的任务在于保护法益，与为了保护法益刑法应当做什么，是不同的问题。而且，为了使刑法履行保护法益的任务，将完全与人的意思没有关系的法益侵害的事态（灾害）、没有故意与过失（无过失）的侵害法益的行为作为违法予以禁止是没有意义的，所以，不应将所有的法益侵害作为违法而禁止，而应当将脱离了社会相当性的法益侵害行为作为违法而禁止，而不是另外谋求刑法的伦理化。"①福田平教授所称的具有社会的相当性的行为，是指"历史地形成的社会生活秩序范围内的行为"②。

大谷实教授指出，各种私法、公法的法体系，形成了作为整体的法秩序，这种法秩序是以保护法益为目的而成立的，刑法是作为形成整体的法秩序的一部分而存在的，离开了法益侵害或者危险就不可能把握实质的违法性，在此限度内法益侵害说是妥当的。"但是，(1)杀人罪与过失致死罪，虽然在法益侵害这一点上是同一的，但认为其违法性的程度同一，

---

① 〔日〕福田平：《全订刑法总论》，有斐阁2004年版，第142—143页。
② 同上书，第141页。

则违反了一般的法感觉;(2)在当今的复杂社会,许多法益复杂地交错在一起,仅以法益侵害判断违法性的程度是困难的;(3)刑法是通过刑罚这种将道义的非难具体化的痛苦来防止法益侵害的。所以,将所有的法益侵害的事态作为违法使之成为刑法的评价对象,并不妥当,无视社会伦理的一面去把握违法性的实质,是不可能的,有必要以融合社会伦理规范与法益侵害的形式把握违法性的实质。从这样的观点出发,仅将违反社会伦理规范的法益侵害行为作为违法予以处罚是必要的,历史地形成的社会伦理秩序范围内的法益侵害行为,即使引起了法益侵害,也应作为社会的相当行为而不违法。处于社会伦理秩序范围内就是社会的相当性。因此,实质的违法性,应是指脱离社会的相当性,引起法益侵害、危险。"①大谷实教授还更为明确地指出:"应当作为犯罪非难的行为,不只是单纯具有法益侵害、危险的行为,还必须是道义上不被允许的行为即违反社会伦理规范的行为。……只有将违反社会伦理规范的(法益侵害)行为作为犯罪,刑罚才具有铭感力,才能通过规范的预防机能发挥法益保护的效果。"②

不难看出,福田平教授与大谷实教授都承认刑法的目的是保护法益,但大谷实教授所称的社会的相当性与福田平教授所称的社会的相当性,多少有些区别。这主要表现在,福田平教授所称的社会的相当性行为,是指"历史地形成的社会生活秩序范围内的行为";而大谷实教授所称的社会的相当性行为,是指"历史地形成的社会伦理秩序范围内的行为"。福田平教授声称行为无价值论并不谋求刑法的伦理化;大谷实教授则认为对违法性的实质的把握不能无视社会伦理的一面。此外,大谷实教授认为,只有将缺乏社会相当性的行为作为犯罪论处,才能实现刑罚目的,从而更好地保护法益;而福田平教授强调的是,禁止没有故意、过失的行为,对于保护法益没有意义。

可以肯定的是,行为无价值论从将维护社会伦理作为刑法目的,转换

---

① 〔日〕大谷实:《刑法讲义总论》,成文堂2009年第3版,第233—237页。
② 〔日〕大谷实:《刑法と社会伦理》,载《法学教室》第120号(1990年),第54页。

到将保护法益作为刑法的目的,是结果无价值论的功绩。正如井田良教授所言:"在对行为无价值论的批判中,特别有效果的批判是,行为无价值的判断是与伦理的、道德的评价相联系的,违法判断的内容成为伦理的、道德的东西。不可否认,对于当时的行为无价值论而言,这种批判的确有一语破的的倾向。"①"现在,将与法益侵害性的评价相分离的伦理的、道德的评价,作为行为无价值的判断的内容的见解,在行为无价值论者之间也完全不是一般现象。莫如说,这样的见解——正是因为平野龙一等人的批判起了作用——已经基本消失。诚然,在德国,当初导入这一概念的威尔采尔本人,是将刑法的'社会伦理的机能'作为出发点的。但是,一览德国现在的学说,没有发现言明在行为无价值的判断中混入伦理的、道德的判断的论者,一样强调行为无价值概念的'法益关联性'。"②

尽管如此,将缺乏社会的相当性理解为行为无价值依然存在问题。

如果将行为无价值理解为缺乏社会的相当性,又将缺乏社会的相当性,理解为行为不属于历史地形成的社会伦理秩序范围内的行为,这仍然是法律道德主义的观点。在大谷实教授看来,虽然刑法的任务是保护法益,但刑法终究是为了维持社会秩序而存在的,所以,仅处罚违反了社会伦理规范的行为即可。言下之意,侵害或者威胁法益的行为,只要没有违反社会伦理规范,就不会破坏社会秩序。换言之,社会秩序就是社会伦理秩序,侵害或者威胁了法益,但没有违反社会伦理规范的行为,没有破坏社会秩序,所以不必处罚。但是,在社会生活复杂多变的今天,并不违反社会伦理规范的行为,也可能严重侵害法益,从而破坏社会秩序。而且,伦理规范的形成需要漫长的过程,法律规范的形成则比较迅速。如果法律规范必须形成于社会伦理规范之后,社会秩序就不可能得到维护。例如,就纳税而言,基本上没有形成社会伦理规范,只有法律规范。一方面,如果不将偷税、抗税规定为犯罪,国家没有税收收入,进而没有财力从事各种建设,就没有社会秩序可言。另一方面,任何一个国家都不可能等到

---

① 〔日〕井田良:《変革の時代における理論刑法学》,庆应义塾大学出版会2007年版,第52页。
② 〔日〕井田良:《犯罪論の現在と目的的行為論》,成文堂1995年版,第147页。

一般人形成了主动纳税的道德观念、社会伦理之后,才制定有关偷税、抗税的刑法规范。其实,各国的立法与司法现状都表明,法定犯不仅越来越多,而且对法益的侵害越来越严重。但正如大谷实教授所言,法定犯"在社会伦理上是无色的","自然犯与法定犯的区别,现在已不重要"①。既然如此,就不能将违反社会伦理规范作为限制处罚的要素,不能将违反社会伦理规范作为违法性的根据。在这一点上,大谷实教授的观点多多少少有些自相矛盾。

在日益复杂的社会生活中,人们根本无法知道何种行为属于社会的相当行为。提出这一概念的威尔采尔本人,有时认为社会的相当性阻却构成要件符合性,有时认为社会的相当性是习惯法上的正当化根据,而且不断地改变有关社会相当性的例子。此后,德国使用社会的相当性概念的学者中,有的将其作为阻却构成要件符合性的事由,有的将其作为阻却违法性的事由,有的则将其作为阻却责任的事由。显然,社会的相当性概念因具有极大的不明确性而有损法的安定性,故这一概念在德国已基本上被拒绝。例如,罗克信教授指出,各种所谓缺乏社会相当性的行为,实际上可以分为两类:一类是法律上并不重要的行为或者被允许的危险的场合,如参与铁路运输、航空运输、体育竞技等。在这种场合,只需要根据一定的归责规则判断构成要件符合性,而不需要以缺乏社会的相当性为由得出阻却构成要件符合性的结论。另一类是轻微的、社会一般人容忍的行为,如向邮递员赠送新年礼物,在家庭里秘密发表有损他人名誉的言论等。这种场合并不是缺乏社会的相当性,而是没有侵害刑法所保护的法益。概言之,社会相当性理论,虽然旨在追求"将与特殊不法类型不一致的行为样态排除在构成要件之外"这一非常好的目的,但是,却没有提出阻却构成要件的特别"要素"。而且,即使作为构成要件的解释原理,也应当由更精确的基准予以替代。因此,社会相当性理论现在已经没有特别的解释论上的意义。②

---

① 〔日〕大谷实:《刑法讲义总论》,成文堂2009年第3版,第7页、第99页。
② Claus Roxin, Strafrecht Allgemeiner Teil, Band I, 4. Aufl., C. H. Beck, 2006, S. 295f.

为什么行为的样态(行为的方法、主观的要素等)就决定了行为是否具有社会的相当性,这是社会的相当性说不能说明的问题。有什么根据认为,历史地形成的社会生活秩序,是只重视行为的样态、方法、主观的要素的生活秩序呢?例如,古代实行结果责任,只要行为造成了法益侵害结果,不管行为人是否具有故意、过失,都必须受到刑罚处罚。有什么理由否认,历史地形成的社会生活秩序与法秩序,是重视行为结果的生活秩序与法秩序呢?如果说有,那也只能是:历史地形成的生活秩序,大体上是一种伦理秩序,而伦理所重视的是行为人的内心。所以,像福田平教授那样,采取与社会伦理秩序没有关系的社会的相当性说,也不一定能行得通。

　　社会的相当性说的最重要根据是,许多法益侵害行为实质上是对社会有利的,不能一概认为其违法而予以禁止。如提出社会的相当性概念的威尔采尔指出:"由于社会的复杂化,在日常生活中,如果不伴随任何法益侵害,就不可能生活。因此,如果将所有的法益侵害结果的发生(结果无价值)作为违法予以禁止,社会便停滞。所以,应当认为,法益侵害中属于社会相当范围的行为,缺乏违法性。于是,要想在结果无价值中辨别是否违法的基准,当然必须在结果无价值以外的现象即行为无价值中去寻找。"①福田平教授也指出:"总之,违法性,实质上是指违反整体的法秩序。在此,对该违法性的内容还有进一步考察的必要。因为即使违反法秩序就是违法,对于法秩序或者法要求什么的理解不同,违法的内容也就不同。麦茨格(E. Mezger)指出,违法'是对作为评价规范的违反,是变更了法所承认的状态或者引起了法所不承认的状态',认为违法性的实质是对法益的侵害(威胁)。但是,不能说法益侵害总是违法的。如果法将引起法益的侵害或者危险的行为都作为违法予以禁止,我们的社会生活就只能立即静止。因为我们在从事社会生活时,存在无数的伴随有法益侵害的危险的行为。"②周光权教授也指出:"单纯从后果上看可能违法的行

---

① 转引自〔日〕前田雅英:《现代社会と実質的犯罪論》,东京大学出版会1992年版,第73页。

② 〔日〕福田平:《全订刑法总论》,有斐阁2004年版,第140—141页。

为,如果是为了确保社会生活充满活力地发展所必需的,对社会秩序的损害极其有限,或者没有违反作为行为基准的规范的,不需要作为违法行为看待。在这个意义上的行为无价值论具有限定结果无价值论的功能。"①概言之,社会的发展、被允许的危险的出现,必然要求采取行为无价值论。可是,在行为无价值论出现之前,就存在被允许的危险的理论,该理论的核心内容是,当行为的危险性与行为的有用性相比,后者比前者更为优越时,应当允许实施该行为。不难看出,被允许的危险理论是以优越的利益为中心的。这正好是结果无价值论的观点。即根据结果无价值论,没有达到一定程度的结果无价值,不值得科处刑罚;存在优越的利益时,阻却行为的违法性,使行为正当化。换言之,在法益之间发生冲突时,结果无价值论必然主张进行法益衡量,承认在必要时牺牲较小法益保护较大法益的合法性。既然某种行为是确保社会生活充满活力地发展所必需的,而对社会秩序的损害极其有限,结果无价值论也必然否认其违法性。就此而言,完全不需要行为无价值论的限定。威尔采尔将被允许的危险的事例都作为社会相当性问题来考虑,认为结果无价值论是处罚一切法益侵害、导致社会停滞的理论,所以必须导入行为无价值论。威尔采尔所举的一个具体事例是慕尼黑控诉法院的一个判决。他认为,该判决认定铁道事业本身对人的生命、身体具有危险,因而具有违法性。实际上,这个判决是关于铁道发生火灾的民事判决,虽然判决要求铁道业主对被害人赔偿损失,但同时认定铁道的营业本身是允许的;判决发生效力后,铁道也没有废止。所以,以该民事判例为依据导入行为无价值论,没有多大的说服力。②

其实,社会的相当性并不能与法益保护相抗衡。换言之,侵害法益的行为并不因为其具有所谓社会的相当性而不违法。事实上,自古以来人们习以为常所实施的行为,不一定是正当行为;具有所谓的社会的相当性

---

① 周光权:《违法性判断的基准与行为无价值论》,载《中国社会科学》2008 年第 4 期,第 124 页。
② 参见〔日〕前田雅英:《现代社会与实质的犯罪论》,东京大学出版会 1992 年版,第 74 页以下。

的行为,也可能是侵害法益的违法行为。例如,居住在张家界的人,祖祖辈辈以射杀山上的猴子为生。对于他们而言,这也是历史地形成的社会生活秩序范围内的行为,具有相当性。可是,在重视保护生态环境的今天,往日以射杀猴子为生的人,却成为专门在张家界养护猴子的人。如果他们现在仍然以射杀猴子为生,则因为侵害法益,而构成刑法所规定的相关犯罪;不可能以其行为具有社会的相当性为由,而不以犯罪论处。

按照大谷实教授的观点,将并不违反社会伦理秩序的法益侵害行为规定为犯罪,不可能产生规范的预防效果。但这种结论存在疑问。诚然,一项侵害法益且违反社会伦理规范的行为被规定为犯罪,是容易被国民接受的;认定这种行为违法,符合国民的法感情;规定这种犯罪的罪刑规范也容易得到国民的遵守。但是,这并不意味着只有违反社会伦理规范的行为,才能被规定为犯罪;也不意味着,将并不违反社会伦理规范的法益侵害行为规定为犯罪的刑法规范,不会得到国民的遵守。在价值多元化的时代,与对行为是否违反社会伦理规范的意识相比,国民对行为是否违反法律规范的意识更为重视、更为强烈。事实上,法定犯与自然犯的发案率的多少、对有关法定犯的刑法规范与有关自然犯罪的刑法规范的遵守程度,都不能从社会伦理规范的关联性角度得到说明。换言之,大谷实教授的上述观点,并不能得到实证。或许下面的表述曲解了大谷实教授的理论,但笔者还是不得不表述:在刑法理论公认刑法的目的是保护法益的场合,大谷实教授不便声称刑法的目的也保护社会伦理秩序,所以,不得不将保护社会伦理规范作为实现刑法目的的手段,从而达到实现刑法的目的也保护社会伦理秩序的真实意图。其实,既然承认刑法的目的是保护法益,那么,即使在一般国民不能充分认识行为具有法益侵害性时,也应当通过合理途径使国民认识到行为的法益侵害性(事先以刑法予以禁止便是最好的途径),从而使国民不实施法益侵害行为,而不能因为该行为没有违反社会伦理规范,就放任法益侵害行为。从另一角度来说,在大谷实教授看来,一项行为虽然侵害了国民的法益,但如果没有违反社会伦理规范,国民是可以接受的。国民所需求的是正常的社会伦理生活,而不会重视其生活利益;于是,大谷实教授所称的刑法最终保护的法秩序,实际上也只是保护了伦理秩序。

福田平教授声称并不谋求刑法的伦理化,也从保护法益的目的主张社会的相当性理论。亦即,将完全与人的意思没有关系的法益侵害的事态、将侵害法益的意外事件作为违法予以禁止是没有意义的,并不利于法益保护目的的实现;所以,只能将脱离了社会相当性的法益侵害行为作为违法而禁止。可是,其一,为什么脱离社会相当性的法益侵害行为,就一定与行为人的意思有关系呢?换言之,社会的相当性概念,与故意、过失是不是违法性要素,并没有联系。笔者不能不认为,福田平教授只是借社会的相当性概念之名,将故意、过失作为违法性的基础。其二,任何侵害法益的行为,只要与行为人的意思无关,就会被国民认可,从而属于合法行为吗?答案显然是否定的。换言之,说行为的合法与否、违法与否,依赖于是否具有社会的相当性,是缺乏根据的。其三,不管是根据行为无价值论还是根据结果无价值论,违法性都只是成立犯罪的一个条件,而不是全部条件。当行为造成了法益侵害结果,但行为人没有故意、过失时,结果无价值论必然以行为人没有责任为由,而不追究其责任。但是,结果无价值论依然肯定其行为侵害了法益,因而是违法的。这种违法评价,不仅对于行为人乃至一般人将来行为的指导,仍然具有重要意义,而且对于判断行为人乃至一般人对此后的相同行为有无故意、过失,也具有重要作用。例如,某油库曾经因超过容量,使汽油流进仓库围墙外的水沟,17岁的农民甲出于好奇,用纸板在水沟蘸上油,擦火柴试烧。由于气温高而引起火灾。应当认为,行为人没有过失,不成立失火罪。但是,认为甲的行为具有违法性,只是因为没有责任而不以犯罪论处,是有利于保护法益的。倘若时隔不久,油库又漏油,汽油再次流进水沟,同村的农民乙以同样方式引起火灾,则应认定乙至少具有过失。根据福田平教授的观点,甲与乙不仅在有无责任方面不同,而且在有无违法性方面也不同。其实,甲与乙的客观行为完全相同,只是主观上有无过失不同。有无过失不仅决定责任的有无,而且决定违法性的有无的观点,难以为笔者赞成。

违法论主要是解决违法阻却事由问题,但违法阻却事由的性质,也从反面说明违法性的实质不是缺乏社会的相当性。因为如若认为违法性的实质是缺乏社会的相当性,那么,在违法论中,应当讨论的是缺乏社会的相当性,但由于某种原因又使之具有社会的相当性的行为。可事实上并非如此。正当防卫的杀人之所以合法,是因为这种行为虽然客观上损害了某种法益,但同时保护了更为优越至少同等的法益。法益与法益之间是可以比较的,行为所损害的法益与行为所保护的法益之间也是可以比较的。所以,当行为所保护的法益优于或者等于所损害的法益时,我们就可以说,该行为并没有侵害法益,因而并不违法。但是,我们不可能说,如果一个行为缺乏社会的相当性,但由于同时具有更强烈的社会相当性,该行为就阻却违法。如前所述,社会的相当性是一个相当不明确的概念,将具有社会的相当性作为违法阻却事由的实质根据,也必然导致对违法阻却事由判断的恣意性。

总之,社会的相当性说与伦理规范违反说一样,存在难以克服的缺陷,即使在行为无价值论内部也基本上没有支持者(本书以下一般不再讨论这种学说)。

(三)法规范违反说(行为规范违反说)

摆脱伦理道德规范的法规范违反说认为[①],刑法的目的是保护法益,问题是采取何种手段保护法益。刑法是实现保护法益目的的手段,它必须向国民提示"不得杀人"这样的禁止规范,从而使国民遵从;另一方面,刑法必须在行为时就向国民告知适法与违法的界限(行动基准)。因此,

---

① 需要说明的是,规范违反说或法规范违反说究竟何意,可能因人而异。例如,以往一般认为规范违反说或法规范违反说,就是指伦理规范违反说。如前田雅英教授在分析法规范违反说时指出:"行为被评价为'恶',是因为其违反法秩序,进而将违法性作为'法规范(法秩序)违反'予以说明,也是可能的(法规范违反说)。但是,说'违反法就是违法',实质上什么也没有明确。现实地主张法规范违反说的实质特色,在于用违反道义秩序、违反文化规范、缺乏社会的相当性等说明法规范违反的内容,违法性的实质由道义秩序或者社会的相当性来决定。"([日]前田雅英:《刑法总论讲义》,东京大学出版会 2011 年版,第 42—43 页)。但近年来国外的法规范违反说,已经不是以往的法规范违反说,而是与伦理秩序、缺乏社会的相当性没有必然联系的行为规范违反说。此外,还有一种比较有力的观点认为,刑法的目的是保护与伦理无关的行为规范的效力。因为规范是社会的构造,规范的稳定就是社会的稳定,社会的真实存在需要使规范发生效力,将刑法的任务确定为保护规范的效力是合适的,即犯罪是对规范效力的损害(规范违反说),而刑罚是对这种损害的清除。这种观点完全否认刑法的法益保护目的(Günther Jakobs, Strafrecht Allgemeiner Teil, 2. Aufl., Walter de Gruyter,1993,S. 34ff.)。

只要不能肯定违反了行为时向国民提示的作为行动基准的规范,就不能肯定违法。① 我国的行为无价值论者在肯定法益保护的同时,认为刑法的任务是"维护规范的有效性,促进公众对刑法规范的认同"②。这种法规范违反说,是当今的行为无价值论的核心观点。

法规范违反说的基本主张是,违法论的任务在于提示行为规范,所以,将违法性理解为行为违反规范,这是基于规范的一般预防论的见解。法规范违反说从法益保护的见地使行为无价值概念合理化,避免了将违反伦理秩序、违反国家道义、缺乏社会的相当性等作为行为无价值的内容。就此而言,法规范违反说是值得肯定的。尽管如此,法规范违反说仍然值得商榷。

说违法是指行为违反法规范,等于什么也没有说。法规范违反说,只是说明了形式的违法性,并没有回答违法性的实质。而且,说违法是指行为违反法规范,也不能说明违法性的程度。因为对刑法规范本身的违反并无严重不严重之分,杀人与盗窃对规范的违反程度并无不同,不能说杀人违反了规范的全部(100%)或者100%地违反了规范,盗窃只违反了规范的60%或者只是60%地违反了规范。同样,故意犯罪与过失犯罪对规范的违反程度是一样的,不能说故意犯罪100%地违反了规范,而过失犯罪只是违反了规范的60%。事实上,人们通常所称的违法程度不同,并不是指对规范的违反程度不同,而是实质的违法程度不同,即侵害的法益不同,或者对相同法益的侵害程度不同。正因为故意杀害一人与过失致一人死亡所侵害的法益相同,侵害的程度相同,所以,二者的违法性相同。正因为杀人与盗窃侵害的法益不同,所以,故意杀人罪与盗窃罪的违法程度不同。

法规范违反说导致刑法目的与违法性的实质相分离。法规范违反说承认,刑法的目的与任务就是保护法益,可是,行为是否违法,不是取决于

---

① 参见〔日〕井田良:《结果无价值と行为无价值》,载《现代刑事法》第1卷第1号(1999年),第86页以下。
② 周光权:《违法性判断的基准与行为无价值论》,载《中国社会科学》2008年第4期,第124页。

行为是否侵害法益,而是取决于行为是否违反保护法益所必须遵守的法规范。在行为不符合法规范的情况下,即使没有造成法益侵害,也具有违法性;反之,在行为造成了法益侵害的情况下,即使具有构成要件符合性,但只要没有违反法规范,也不具有违法性。可是,在前一种情况下,认定行为具有违法性,并不能体现刑法的目的与任务是保护法益;在后一种情况下,否认行为具有违法性,也不符合刑法保护法益的目的。

违法性由来于刑法的目的与任务。当刑法禁止 A 行为时,对一般人产生三个方面的作用:其一,一般人不得实施 A 行为,从而不致产生法益侵害结果;其二,一般人可以防止、阻止、制止他人实施 A 行为,从而避免法益侵害结果;其三,一般人对应于 A 行为的法益得到许诺性的保护。显然,这都是与法益保护直接相关的。但是,法规范违反说不是考察行为本身是否侵害法益,而是考察是否因为违反某种规则而侵害法益,或者考察是否违反了为保护法益所制定的规则。反过来说,法规范违反说不是考察行为本身是否直接保护了法益,而是考察行为是否通过遵守某种规则实现法益保护目的,或者是否遵守了为保护法益所制定的规则。于是,当行为遵守了为保护法益所确立的普遍规则时,即使客观上侵害了法益,也要得到允许;当行为违反了普遍规则,客观上保护了法益时,也要被禁止。这是典型的"规则崇拜"。从手段与目的的逻辑关系上来说,人们不禁要问,既然是为了保护法益而确立规则,为什么要求人们在某些场合以侵害法益为代价遵守规则呢?这恐怕是舍本逐末吧!法规范违反说表面上只是在结果与行为之间设立了一个规则中介,但实际上将规则作为目的本身进行保护,与他们所声称的将保护法益作为刑法目的是相冲突的。从实际后果上说,也不利于实现刑法的法益保护目的。

以偶然防卫为例。甲正在瞄准乙欲扣动扳机,丙在完全不知情的情形下开枪将甲射中身亡,客观上制止了甲杀害乙的犯罪行为。将规则功利主义运用到刑法学中来,或者说按照行为无价值论的观点,结局只能有两种:在丙"遵守"规则不开枪射击的情况下,无辜的乙被杀害,甲被处以故意杀人罪(可能是死刑);在丙"违反"规则开枪射击的情况下,无辜的乙不被杀害,正在故意杀人的甲遭受枪击,丙被处以故意杀人罪(可能是死刑)。按照社会的一般观点考察这两种结局,恐怕没有人会认为前者比后者更好。在这一点上,法规范违反说明显将一般性规则看得比人的生命还重要,宁可牺牲无辜者,也要捍卫规则,其结果只能是违背刑法的法益保护目的。① 况且,上述"遵守"规则与"违反"规则,只是停留在行为人的内心,或者说只是内心对规则的遵守与违反,而不是客观行为对规则的遵守与违反。

法律的特点之一本来就是其普遍性,只有在成文法的普遍性范围内,最大限度地考虑到其特殊情形,才可能实现刑法的目的。因为刑法分则对构成要件的规定,在字面上可能包含了存在巨大差别的行为。正因为如此,德国、日本刑法学者都认为,谋杀与正当防卫的杀人都符合杀人罪的构成要件。"刑法在这种情况差别最为显著的地方试图使自己更为灵活以适合个别情况:法官在与实施惩罚有关的问题上的独立的审判权,对可原谅的情况以及赦免的可能性的考虑,都是达到这一目的的手段。"② 由此可见,要实现刑法的法益保护目的,就只能遵循一个"最大化利益原则"。而要遵循这一原则,就必须灵活地应对例外情况。

伦理学家包尔生指出:"如果说人类体力与能力的最充分、最自由的发展和运用是人类生活的最高利益,那么,……法律秩序就可以规定为为这个最高利益服务的一个手段,它的作用是用最小的能量消耗来协调许多个人的力量,或者说是以对人们的利益的最小伤害来平衡许多的相互交叉着的利益范围。一个成文法的制定对于这一目的的实现的越完满,它离实现法律的目标,或者说离道德要求和期待法律去达到的目标就越接近。但是法律制度永远不能完全地实现这一目的。其原因在于一种机械过程的机械本性,就是说它只依照一般规律而不依照特殊情况下的特定

---

① 法规范违反说也会承认杀人有例外:"杀人是不正当的,除非为了适当的自卫"。这个有例外的规则,又可以转移为另一条没有例外的规则:"我们不可故意杀害一个无辜者,这是一个不可违犯的规范"([美]詹姆斯·雷切斯特著,斯图亚特·雷切斯特第 5 版修订:《道德的理由》,杨宗元译,中国人民大学出版社 2009 年版,第 119 页)。即便如此,甲也不是无辜者,而是杀人者。因此,丙杀害甲也是符合规范的。换言之,即使持法规范违反说,也应当承认偶然防卫者丙的行为是正当的。

② [德]弗里德里希·包尔生:《伦理学体系》,何怀宏、廖申白译,中国社会科学出版社1988 年版,第 544 页。

要求行事。法律制度也是这样地行事:个别情况由一般规则来决定。"①显而易见的是,倘若采取法规范违反说,个别情况由一般规则来决定的做法就更加盛行,结局只能妨碍刑法目的的实现。换言之,应当采取"一种更为灵活的态度,为了更好的后果,可以放弃对日常准则的遵守"②。这是因为,如果说规则是为了保护法益而制定的,规则就要服从法益保护目的;这种规则只是一般性规则,总有例外,所以,在例外的场合,必须优先保护法益,而不是优先维护规则。如果在例外的场合也要维护规则,就完全否认了规则的例外,从而形成了绝对维护不合理的规则的局面。

不难看出,法规范违反说虽然声称刑法的目的是保护法益,实际上却并非如此。周光权教授指出:"行为无价值论并不仅仅依据社会伦理规范就认定行为的违法性,而是说只有在行为既侵害了构成要件所预设的法益,也违反了社会中作为行为基准的规范时,才能给予违法性评价。"③可是,首先,构成要件是违法行为类型,既然构成要件所预设的是法益侵害,就没有理由另在构成要件之外寻求违法性的根据。按照行为无价值论的逻辑,构成要件本身还不是违法类型,构成要件与行为基准的结合,才是违法类型。这便导致由刑法保护社会中作为行为基准的规范,或者说,保护这种作为行为基准的规范成为刑法的目的与任务。这是存在疑问的。其次,法规范违反说旨在同时用两个实质标准判断行为是否具有违法性。但是,从逻辑上说,既然同时使用两个不同标准,就意味着两个不同标准具有不同的含义,如果两个不同标准的意义或作用不同,其中只有一个是起决定性作用的,那么,就意味着另一个标准是不起作用的。然而,两个不同标准不可能是同一的,因此,必然存在着只符合一个标准而不符合另一标准的情形。倘若采取法规范标准说,那么,对于只符合一个标准的情形只能得出不违法性的结论,但行为无价值论却并非如此。例如,如后所述,当偶然防卫并没有侵害法益,而是保护了无辜者的法益时,法规范违

---

① 〔德〕弗里德里希·包尔生:《伦理学体系》,何怀宏、廖申白译,中国社会科学出版社1988年版,第542页。
② 牛京辉:《英国功用主义伦理思想研究》,人民出版社2002年版,第202页。
③ 周光权:《违法性判断的基准与行为无价值论》,载《中国社会科学》2008年第4期,第129页。

反说的主张者却因为偶然防卫违反法规范而主张该行为成立未遂犯。这说明,法规范违反说,实际上是仅以行为是否违反法规范一个标准判断实质的违法性。另一方面,法规范违反说又认为,刑法的目的是保护法益,既然如此,就只能将行为是否侵害法益作为判断违法性的实质标准,但法规范违反说却并非如此。不能不认为,其中存在不协调之处。

法规范违反说认为,故意犯罪与过失犯罪违反了不同的行为规范,所以违法性不同。例如西原春夫教授指出:故意的行为规范与过失的行为规范"本来是对人的个别的内部的、外部的态度的要求,本来是作为个别的社会规范规律人的社会生活的。这从以下生活经验中就可以得知:前者的规范不妨向在日常生活中大体意识到的角落推进;后者的规范必须常常置于身边"①。井田良教授也指出:"即使取消关于过失行为的刑法规范,对社会秩序也不是致命性的,但要废止抑制故意侵害法益的刑法规范,则是完全不现实的。这样来考虑,两种行为规范的区别是明显的。"②诚然,规定故意杀人与过失致人死亡的法条表述是不同的,法定刑也是不同的。但是,其一,说故意杀人违反的是"不得故意杀人"的规范、过失致人死亡违反的是"不得过失致人死亡"或者"应当注意自己的行为不要导致他人死亡"的规范,没有任何意义。事实上,故意杀人与过失致人死亡所违反的都是"不得杀人"或者"不得造成他人死亡"的规范。其二,在现代社会,取消关于过失行为的刑法规范,对于社会秩序也会是致命性的。在当今社会,交通肇事致人死亡的数量,远远超过故意杀人的数量。例如,日本 1970 年发生交通事故导致 16765 死亡,1993 年以后交通事故虽然明显减少,但每年交通事故均导致 7000 人死亡;可是,日本每年故意杀人的被害人约为 1500 人。③ 再如,医疗过失致人死亡的数量,事实上也可能远远超过故意杀人的数量。显然,取消关于过失犯罪的刑法规范,根本不可能做到保护法益。由此也可以看出,上述学者所称的"即使取消关于

---

① 〔日〕西原春夫:《刑法总论》,成文堂 1977 年版,第 154 页。
② 〔日〕井田良:《変革の時代における理論刑法学》,庆应义塾大学出版会 2007 年版,第 120 页。
③ 日本法务综合研究所:《平成 18 年犯罪白书》,日本国立印刷局 2006 年版,第 24 页、第 38 页。

过失行为的刑法规范,对社会秩序也不是致命性的"中的"社会秩序",恐怕不是以法益保护为重心的。其三,不可否认,任何国家都不可能废止故意侵害法益的刑法规范,但这并不意味着造成相同法益侵害结果的故意犯罪与过失犯罪的违法性不同。其四,根据法规范违反说,故意不法是以规范违反意思这种故意为中心的,故有必要对之进行行为规范的教育,而过失不法是没有规范违反意思的,故对之进行行为规范的教育是没有意义的。因此,过失不法对产生构成要件该当事实的不注意为内容,对此所应进行的教育不是强化禁止规范,而是"更加注意一点认识事实吧"。这样,故意犯是规范的强化问题,过失犯是强化对事实的认识态度问题。于是,从规范的一般预防论的立场来看,只有故意犯是本来的犯罪,过失犯只是一种准犯罪而已。① 但是,这种结论难以令人接受。

即使承认刑法具有行为规制机能,也应当否认刑法的目的与任务是维护规范效力。因为行为规制机能基本上只是法益保护机能的反射效果,对规范的维护本身不可能成为刑法的目的。国家是为了保护法益才制定规范,禁止的方法是将法益侵犯行为类型化,并规定相应的法定刑。这种规定方式自然地产生了行为规制效果。况且,行为规制与法益保护并非并列关系,而是手段与目的关系;国家不可能为了单纯限制国民的自由而规制国民的行为。更为重要的是,规范违反说认为,谴责犯罪人是为了维护规范,只有规范的存在与否是重要的。这有将人当作工具之嫌。

在三阶层体系中,违法性论实际上是违法阻却事由论。假若认为违法性的实质是违反法规范,那么,在违法论中,应当讨论的是客观上违反了法规范,又由于某种原因使之成为未违反法规范的行为。然而事实上亦非如此。例如,正当防卫杀人的行为之所以合法,并不是因为这种行为虽然违反了禁止杀人的规范,但同时遵循了刑法关于正当防卫的行为规范。因为违反一个规范的行为,不可能因为遵守了另一规范而否认其违反了一个规范。换言之,我们不可能说,如果一个行为违反了一个规范,

---

① 参见〔日〕山口厚:《コメント》,载〔日〕山口厚、井田良、佐伯仁志:《理论刑法学の最前线》,岩波书店2001年版,第82—83页。

同时遵守了一个规范时,该行为就是符合规范的。因此,行为无价值论者不得不认为,"不得杀人"这样的规范,受到"在正当防卫等场合除外"的限定。① 于是,禁止规范与容许命题一体化,违法阻却事由成为一种行为规范;构成要件与违法阻却事由也一体化,前者是积极的构成要件要素,后者是消极的构成要件要素。② 可是,其一,为什么"不得杀人"这样的规范受到"在正当防卫等场合除外"的限定呢?这显然不是将"正当防卫时可以杀人"的容许命题与"不得杀人"的禁止规范一体化所能回答的;而是在法益存在冲突的情况下,进行法益权衡的结果。同样,为什么"不得杀人"这样的规范不受到"在被害人承诺的场合除外"、"在自救行为的场合除外"的限定呢?这也是法规范违反说不能回答的问题。其二,任何规范都会有例外,将保护充满了例外的规范作为刑法的目的,将违反充满了例外的规范作为违法性的实质,是存在问题的。因为,在几乎任何规范都有例外,而且在不同场合行为规范会不断变换其内容的情况下,行为无价值论的观点必然导致相同的行为违反了不同的行为规范,但又成立相同的犯罪的局面。例如,当现场没有交通警察,司机甲闯红灯致人死亡时,成立交通肇事罪;当现场有交通警察亲自指挥,要求司机乙"闯红灯"时,司机乙没有听从指挥导致他人死亡时,也成立交通肇事罪。法规范违反说的论者或许会说,甲、乙违反了相同的行为规范(经过抽象得出的结论)。可是,将各种具体行为规范进行抽象后,难以说明具体犯罪的违法性的实质。其三,法规范违反说的论者认为,违法阻却事由也是一种行为规范,容许命题与禁止命题一体化。那么,可以进行正当防卫而不进行正当防卫的,可以进行紧急避险而不进行紧急避险的,是否违反了法规范呢?还有许多超法规的违法阻却事由,一般人并不明确其规范内容是什么、该规范是如何形成的。一般人难以将这种超法规的违法阻却事由作为容许命题与刑法的禁止命题一体化,更难遵守这种一体化的行为规范。在此,法规范违反说反复强调和特别重视的提示机能、告知机能能否实

---

① 〔日〕团藤重光:《刑法纲要总论》,创文社 1990 年版,第 340 页。
② 〔日〕井田良:《违法性阻却の构造とその实质の原理》,载〔日〕山口厚、井田良、佐伯仁志:《理论刑法学の最前线》,岩波书店 2001 年版,第 50 页。

现,必然存在疑问。

如果认为刑法目的是为了维护法规范的效力,那么,对刑法条文尤其是分则的法条,就难以进行合目的的解释,只能进行字面含义的解释,或者只能采取法实证主义的解释。可是,用"不得杀人"、"不得盗窃"这样的行为规范指导对杀人罪、盗窃罪构成要件的解释,是无济于事的。例如,当人们认为《刑法》第264条对盗窃罪的规定,就是为了维护盗窃公私财物就会受到刑罚处罚的规范效力时,人们就不可能对盗窃罪的构成要件作出合理解释。同样,当人们认为《刑法》第243条对诬告陷害罪的规定,是为了保护"不得诬告陷害他人"的规范效力时,人们就不可能知道经过被害人同意的诬告行为是否成立诬告陷害罪,也不可能知道向外国司法机关诬告本国公民的行为是否成立诬告陷害罪。换言之,不明确违法性的实质,是难以解释构成要件的。"解释生来就是对目的的表述。"[①]"规则及其他各种形式的法一旦被创设,则应当根据其服务的目标被解释、阐述和适用。"[②]"事实上,相对于所有至今被提到的解释方法,现代的法律者甘愿置所谓的'目的的'解释方式于一定的优先地位,这个方法是根据法律规定的目的、'理性'(ratio)、'理由思想'来研究,并从中考虑这些规定的'意义'。"[③]另一方面,目的解释也有助于明确规定的意义。哈特"举例说,'禁止带车辆进入公园'这一禁令就具有不确定性,由于'车辆'的范围具有'开放性结构'。这里的'车辆'这一术语是否包括玩具车、自行车或者救护车呢?哈特的分析的明显含义是:由于法律规则是以语言来规范的,无论如何,潜在于法律规则中的不确定性都应归因于刻画它的语词意义的不确定性。"[④]显而易见的是,只要明确了公园设立"禁止带车辆进入公园"这一规则的目的,"车辆"的范围就相当清楚了。

---

① 德沃金语,转引自〔英〕蒂莫西·A.O.恩迪科特:《法律中的模糊性》,程朝阳译,北京大学出版社2010年版,第215页。
② 〔美〕罗伯特·S.萨默斯:《美国实用工具主义法学》,柯华庆译,中国法制出版社2010年版,第3页。
③ 〔德〕卡尔·恩吉施:《法律思维导论》,郑永流译,法律出版社2004年版,第85页。
④ 〔美〕托马斯·莫拉维茨:《作为经验的法律:法律理论与法律的内在观点》,载陈锐编译:《法律实证主义:从奥斯丁到哈特》,清华大学出版社2010年版,第321—322页。

诚然,法规范违反说的主张者也会说,认为刑法的目的是维护法规范的效力,同样可以进行目的解释,只不过目的与结果无价值论不同而已。可是,只有知道法规范背后的真实目的,才可能进行真正的目的解释。"概念没有类型是空洞的,类型没有概念是盲目的。立法之目的:完全将类型概念化,是不可能达到的,因此,在具体的法律发现中必须一再地回溯到制定法所意涵的类型,回溯到作为制定法基础的模范概念。因而'目的论解释'的本质在于:它并非以抽象的——被定义的法律概念,而是以存于该概念背后的类型来进行操作的,亦即,它是从'事物本质'来进行论证的。……当我们把盐酸视为'武器'时,这并非从武器的概念得出,而是从加重强盗罪的类型得出的。"①

解释的实践表明,真正的解释者在采用各种解释理由、使用不同解释技巧之前,就有一个达到目的的预断。"'解释就是结论——它自己的结论。只有在已经得出结论时,才选定解释手段。所谓解释手段的作用事实上只是在于事后从文本当中为已经作出的对文本的创造性补充寻求根据。不论这一创造性补充内容如何,总是会存在这样或那样的解释手段,比如类比推理(der Schluß aus der Ähnlichkeit)或反面推理(der Umschluß),可以为其提供根据。'换句话讲,面对案件的法官首先根据自己的法意思对该案件作出应如何裁决的一个'预断(Vorurteil)'。这个预断引导着对法律的解释;法官以此为其判决提供根据。"②真正的法官在采用各种解释手段之前,就在内心中存在一个符合目的的预断,这种预断源于他的司法经验、法意识、正义感等。然而,如果将维护法规范的效力作为刑法目的,是不可能有任何预断或者预判的。

二、结果无价值论的基本观点

结果无价值论认为,刑法在防止过度干预、采取自由主义原则的同

---

① 〔德〕亚图·考夫曼:《类推与"事物本质"——兼论类型理论》,吴从周译,学林文化事业有限公司 1999 年版,第 119 页。
② 〔德〕齐佩利乌斯:《法学方法论》,金振豹译,法律出版社 2009 年版,第 17—18 页。

时,要将违反刑法目的的事态作为禁止的对象。刑法的目的或任务是保护法益,所以,引起法益侵害及其危险(结果无价值),就是刑法禁止的对象,违法性的实质就是引起结果无价值。① 由于行为是否引起了结果无价值是一种客观现象,所以,主观要素原则上不影响违法性的判断。结果无价值论认为,故意、过失是责任要素,而不是影响违法性的要素。

构成要件是违法行为类型,构成要件所预设的是法益侵害行为,所以,违法性的本质是法益侵害。没有侵害法益与威胁法益的行为,不可能是构成要件所预设的行为,当然不可能成为符合构成要件的行为。

结果无价值论能够容易且合理地说明违法阻却事由。所有的违法阻却事由,都表现为客观上损害了某种法益,与此同时保护了更为优越或者至少同等的法益。客观上没有损害(包括威胁)某种法益的行为,没有必要作为违法阻却事由讨论。换言之,之所以阻却违法,实际上是法益衡量的结果。例如,根据结果无价值论的观点,正当防卫的杀人之所以合法,是因为这种行为虽然客观上损害了某种法益,但同时保护了更为优越或者至少同等的法益。法益与法益之间是可以比较的,行为所损害的法益与行为所保护的法益之间也是可以比较的。所以,当行为所保护的法益优于或者等于所损害的法益时,我们就可以说,该行为并没有侵害法益,因而并不违法。行为违反了社会伦理规范或者行为规范、缺乏社会的相当性,但因为存在阻却违法的根据,而成为违法阻却事由的现象,并不存在。这能从反面说明刑法的目的是保护法益。

结果无价值论的基本优势在于:(1)刑法的目的与任务具有明确性:任何行为,只要没有侵害、威胁刑法所保护的法益,刑法就不得干预。换言之,结果无价值论使刑法与伦理相区别,不至于使用刑法推行伦理,从而有利于保障国民的行为自由。这一点在价值多元化的时代特别重要。(2)什么行为具有违法性,什么要素影响违法性,非常清晰;不能由刑罚法规的规制目的、保护目的合理说明的要素,不得影响违法判断。正如行为无价值论者所言:"结果无价值论的功绩,在于明确了违法判断的内容

---

① 〔日〕山口厚:《刑法总论》,有斐阁2007年版,第101页。

及违法要素的范围,必须由该刑罚法规所预定的规制目的、保护目的予以限定。"①(3) 由于客观地判断违法性,否认故意、过失是违法要素,从而使违法性与有责性相区分,将有责性的判断建立在违法性的基础之上,既有利于实现法益保护主义,也有利于贯彻责任主义。

结果无价值论认为,违法性的实质是法益侵害。法益侵害说与伦理规范违反说在刑罚处罚的界限与实质标准方面存在重大分歧。"在杀人、盗窃等场合,显然在侵害法益的同时又违反了社会伦理,故不管采取上述哪一种见解,实际上几乎没有差异。"②但是,法益侵害说将国民利益受侵害视为违法性的原点③,因此,只有行为侵害了法益时,才能将这种行为规定为犯罪。行为的反社会伦理性,并不直接成为刑罚处罚的根据。因此,法益侵害说主张对通奸、成人间基于合意且秘密的同性恋等"没有被害人的犯罪"以及吸食毒品等"自己是被害人的犯罪"实行非犯罪化,因为这些行为没有侵犯任何法益。④ 但是,伦理规范违反说的基础在于"刑法是伦理、道德的最低限度"的观念,故刑法处罚的只是违反伦理、道德的行为;刑法的目的是维持形成道义秩序、道德规范,其结局是,与法益侵害完全分离但仅仅因为违反了"伦理"、"道德"而受处罚。两说的对立点在于,没有造成法益侵害及其危险却违反伦理秩序的行为是不是处罚的对象。因此,伦理规范违反说坚持主张处罚上述没有被害人的"犯罪"与自己是被害人的"犯罪"。与此相联系的是,法益侵害说认为,对法益的侵害与威胁具有程度差异,只有当行为对法益的侵害与威胁达到一定程度时才能作为犯罪处理。而伦理规范违反说认为,犯罪的本质是对整体法

---

① 〔日〕井田良:《犯罪论の现在と目的的行为论》,成文堂 1995 年版,第 147 页。
② 〔日〕平野龙一:《刑法总论Ⅰ》,有斐阁 1972 年版,第 44 页。
③ 法益侵害说并不是主张仅仅保护个人法益,而不保护超个人法益,而是认为,超个人法益最终也是(为了)个人法益,所以,为了个人法益而保护超个人法益。
④ 周光权教授指出:"如果将结果无价值论认为过失毁坏财物也具有违法性的观点贯彻到底,会得出见死不救、通奸、同性恋、单纯吸毒等行为都具有刑事违法性的不合理结论。而刑法对类似行为原本就没有类型化地加以禁止的意思,认定其具有违法性与刑法的最后手段性相悖。"(周光权:《行为无价值论的法益观》,载《中外法学》2011 年第 5 期,第 948 页)在本书看来,这种说法不符合事实。如所周知,通奸、同性恋、单纯吸毒等行为的非犯罪化,完全是法益侵害说(结果无价值论)的功劳。

秩序的背反,或者是法秩序的精神、目的的背反,于是行为只有违法与不违法的问题。而且,由于违法是指违反整体的法秩序,而民法与刑法存在于同一法秩序之中,故违反民法的行为在刑法上也属违法。由上可见,就没有侵害法益的危险却违反了社会伦理秩序的行为而言,伦理规范违反说主张处罚,而法益侵害说不主张处罚。另一方面,有的行为虽然侵害或者威胁了法益,但可能没有违反社会伦理秩序。对此,伦理规范违反说认为没有实质的违法性,主张不处罚,而法益侵害说认为具有实质的违法性,主张处罚。所以,法益侵害说与伦理规范违反说所主张的处罚范围并不一致。在我国,乱伦、通奸、吸毒等均没有被刑法规定为犯罪。这充分说明,伦理规范违反说不可取,结果无价值论具有合理性。

结果无价值论与社会的相当性说虽然对许多问题得出的具体结论可能相同,但理论基础不同。结果无价值论认为,只要行为造成了法益侵害或者危险的结果,就具有违法性。而社会的相当性说认为,仅凭行为造成的法益侵害或者危险的结果还不能肯定行为的违法性,只有当行为同时缺乏社会的相当性时,才具有违法性。因为许多行为虽然具有侵害法益的危险,但它是一种被允许的危险。但在结果无价值论看来,这不是社会的相当性问题,而是法益的比较衡量问题。在本书看来,社会的相当性说实际上是要求在判断违法性时,对于行为的法益侵害与社会的相当性进行比较。但是,在法益侵害与社会的相当性之间进行比较,显然没有在法益之间进行比较衡量更为客观和容易。

结果无价值论与法规范违反说在刑法目的这一点上的重要区别在于:前者强调刑法的目的是保护法益,所以,造成法益侵害或者危险结果的行为,才是违法的;后者虽然也承认刑法的目的是保护法益,但认为只要在行为时违反了保护法益所应当遵守的规范,就是违法的;反之,如果行为没有违反法规范,即使造成了法益侵害,也不是违法的。显然,法规范违反说采取了规则功利主义的观点,而结果无价值论采取了行为功利主义的观点。法规范违反说要求人们通过遵守法规范保护法益,结果无价值论要求人们不实施侵害法益的行为。虽然二者的最终目的相同,但是,法规范违反说只是间接地保护法益,结果无价值论则是直接保护法益。

　　当今的结果无价值论与行为无价值论之争,基本上只是结果无价值论与法规范违反说的行为无价值论之争。以下所称的行为无价值论或者二元论,均指以法规范违反说为核心内容的行为无价值论或者二元论。

第二章　罪刑法定原则

罪刑法定原则是刑法的铁则,也可谓刑法的生命。不管是行为无价值论还是结果无价值论,都不能使自己的理论违反罪刑法定原则,相反,应当使自己的理论有利于贯彻罪刑法定原则。对于这一点,不能有丝毫含糊。

一、行为无价值论的出发点

日本的行为无价值论者井田良教授指出:"行为无价值论,重视在行为的时点就使违法、合法的界限明确的提示机能、告知机能,适应罪刑法定主义的要求,同时寻求规范的一般预防。"① 我国学者周光权教授也认为,行为无价值论和罪刑法定的要求相契合。② 强调违法性与罪刑法定主义的关联性是值得肯定的,但行为无价值论的观点也不无疑问。

第一,如前所述,主观的一元的行为无价值论以命令规范论为逻辑前提。这种命令规范论,将规范作为形成人的动机的东西来把握,认为规范的本质是将人(Menschen)作为对象。规范要发挥促使人们履行义务的作用,就必须以规范的充足可能性为前提。于是,法规范只能对能够决定

---

① 〔日〕井田良:《刑法总论の理论构造》,成文堂2005年版,第11页。
② 周光权:《违法性判断的基准与行为无价值论》,载《中国社会科学》2008年第4期,第130页。

将来的因果发展方向的因子即人的意思(Willen)发生要求。[1] 二元的行为无价值论也以命令规范论为逻辑前提。但是,命令规范是以一般人为接受人的,换言之,命令规范是针对一般人的规范,它对一般人发布禁止与命令,而不是针对法官的规范。但是,罪刑法定主义的核心内容是限制国家的刑罚权力,保障国民的行动自由。[2] 所以,罪刑法定主义始终与刑法的自由保障机能紧密相连。既然罪刑法定主义的核心是限制国家的刑罚权力,那么,只有牢记刑法规范(首先)是裁判规范,是适用刑法的法官必须遵守的规范,才有利于限制国家的刑罚权力。而行为无价值论者所强调的使违法、合法的界限明确的提示机能、告知机能,是刑法对一般人的行为规制机能。这便使罪刑法定主义的核心内容转变为对国民行动自由的限制。这多多少少偏离了罪刑法定主义的实质。

当然,行为无价值论者会指出,在行为的时点就告知国民合法与违法的界限,提供行动基准,反而可以保障国民的自由。换言之,如果不能肯定行为违反了行为时向国民提示的作为行动基准的规范,就不能肯定该行为违法。另一方面,在行为的时点就告知国民合法与违法的界限,也能够实现刑法的保障机能。于是,自由保障机能与法益保护机能的实现,都有赖于行为规制机能。但是,其一,自由保障机能,首先强调的是对司法权力的限制,而行为无价值论所强调的是,通过告知国民合法与违法的界限,使国民在行为时明确何种行为违法,从而不实施该行为。这种逻辑是,事前明确规定何为犯罪,国民反而自由。然而,这是立法就可以解决的问题。换言之,这只是立法层面的罪刑法定问题,而不是司法层面的罪刑法定问题。在案件发生之后,认定行为是否违法,是司法层面的问题,而不是立法层面的问题。行为无价值论只是适合立法阶段的罪刑法定主义的要求,而不能适应司法阶段的罪刑法定主义的要求。其二,如后所述,作为行为基准的规范与法益保护的关系,并不是完全对应的。在日益复杂的社会,规范的泛化成为十分普遍的现象,有些规范未必与具体的法

---

[1] Armin Kaufmann, Lebendiges und Totes in Bindings Normentheorie, Otto Schwartz 1954, S. 136.
[2] 参见黎宏:《刑法总论问题思考》,中国人民大学出版社 2007 年版,第 30 页。

益保护具有关系。例如,在没有结果回避可能性的情况下,要求国民履行结果回避义务的规范,就与保护具体法益没有关系。显而易见的是,行为无价值论会要求一般人遵守与保护具体法益没有关系的规范。这刚好限制了国民的自由,与罪刑法定原则的宗旨相冲突。

第二,行为无价值论所主张的提示机能、告知机能,并不是严格意义上的对犯罪与刑罚的提示、告知机能,而是一般的行为规则、行为基准的提示机能、告知机能。换言之,行为无价值论使罪刑法定主义演变为行为基准法定主义。这一点,连行为无价值论者也难以否认。例如,井田良教授在讨论抽象的事实错误(如行为人以侵占脱离占有物罪的故意实现了盗窃罪的客观构成要件)时指出:"关于这一点,我是这样考虑的。刑罚法规本身是裁判规范,将其向国民进行'翻译'而形成的是行为规范;如果行为人以'翻译后的用语'认识到了构成要件的意义内容,就应认定有故意。如同侵占脱离占有物罪与盗窃罪的关系,即使在构成要件要素即裁判规范的层面上,A 罪与 B 罪是相互排他的关系,但符合 A 罪的故意要件的认识内容与符合 B 罪的故意要件的认识内容,在行为规范违反这种意义的认识层面上,可能存在重合。这是裁判规范层面的可罚领域的区分,与行为规范层面的行动基准的类型化之间,产生偏离的情形。在此,如果能够在'重合'限度内认定成立较轻的 A 罪,那么,尽管客观上是较重的 B 罪的事实,也成立与行为人的故意相应的较轻的 A 罪。亦即,不得不进行一种特殊处理:尽管不存在符合 A 罪的客观事实,但由于主观面有故意,而认定 A 罪的成立。进行这种特殊处理的根据,是裁判规范与行为规范的偏离,是法的概念构成与外行人的认识之间的不一致。"[①]井田良教授为解决抽象的事实错误所提出的理论根据本身是否合适,是另外的问题,不在本书讨论之列,但由此可以看出,行为无价值论者也承认行为规范与裁判规范不一致。刑罚法规本身是裁判规范,对裁判规范进行"翻译"后形成的规范才是行为规范。不管是行为人"翻译",还

---

① 〔日〕井田良:《コメント》,载〔日〕山口厚、井田良、佐伯仁志:《理论刑法学の最前线》,岩波书店 2001 年版,第 137—138 页。

是一般人"翻译",抑或法学家"翻译",都意味着行为人必须遵守不是刑罚法规本身确定的,而是经过"翻译"的行为规范。很难认为,这种观念与罪刑法定主义的要求相契合。

第三,部分行为无价值论者强调刑法是行为规范。因为是行为规范,所以,刑法必须在行为时告知国民什么行为合法、什么行为违法。诚然,从解释论上而言,可以得出刑法规范包含了行为规范的结论。但是,认为刑法包含了行为规范,并不能够从逻辑上推导出行为无价值论。根据麦茨格的观点,刑法在作为命令规范发挥机能之前,首先是作为评价规范发挥机能。亦即,只有从客观的法秩序的观点来看被评价为不合适时,才禁止引起这种不合适的现象。这种以"从法的视点对一定的事实或者状态作出判断"为内容的规范,就是评价规范。不法,作为对这种评价规范的违反,被定义为"变更法所认可的状态或者引起法所否认的状态"。另一方面,命令规范违反,是在确定了作为评价规范违反的不法之后,在责任论阶段检讨的内容。以对人的意思起作用为内容的命令规范,总是与具体的行为人相联系的,否则就不可能具有实效性。① 表面上看,麦茨格的观点只是符合法规范的制定阶段的情形,而不符合法的适用阶段的现状。② "但是,即使在刑法的适用阶段,以事态无价值为对象的评价规范的作用也是先行的规范。因为,只有确定了作为不合适的事态的法益侵害、危险化(事态无价值)之后,才可以说应当真正禁止该行为。在没有发生事态无价值的场合,原本就不存在禁止该行为的必要,禁止规范的投入是'多余的'。如果将没有引起任何不合适的事态,因而没有违反客观的法秩序的行为,作为'不法'而予以禁止,便脱离了法的任务。根据'评价规范',对作为不合适状态的法益的侵害、危险化的确认,即使在刑法的适用阶段,原本也应先行于命令规范违反的确认。"③ 概言之,因为行为规范可以分为"事态评价规范"与"意思决定规范"两个方面,前者是判断行

---

① 参见〔日〕松原芳博:《犯罪概念と可罚性》,成文堂1997年版,第218页。
② 例如,大塚仁教授指出:"在将法规范作为法规范而定立的阶段,的确应当是评价先行于决定的,但是,在适用一旦定立的法规范的阶段,则相反应是法的命令、禁止先行于评价。"〔日〕大塚仁:《刑法概说(总论)》,有斐阁2008年版,第359页。
③ 〔日〕松原芳博:《犯罪概念と可罚性》,成文堂1997年版,第219页。

为本身正当与否的标准,后者是判断行为人应否就不正当的行为承担责任的标准;前者与违法相对应,后者与责任相对应。由此并不能得出行为无价值论的结论。

部分行为无价值论者并不否认刑法规范既是行为规范也是裁判规范。但是,只要承认刑法规范是裁判规范,就难以赞成行为无价值论的观点。这是因为,行为是否构成犯罪,是由法官裁判的。在三阶层体系中,法官需要裁判行为是否符合构成要件,裁判行为是否违法,裁判行为人是否有责,最终裁判是否构成犯罪。法官在进行裁判时,当然需要遵守裁判规范。而行为无价值论强调要根据行为规范判断行为是否违法,根据行为规范判断行为是否构成犯罪。于是,不少问题涌现在我们面前:其一,法官究竟是根据行为规范作出裁判,还是根据裁判规范作出裁判?如果仅根据行为规范作出裁判,岂不是完全否认了刑法规范是裁判规范?倘若仅根据裁判规范作出裁判,便意味着行为是否违反行为规范,并不左右法官根据裁判规范得出结论。其二,法官在对违法性进行裁判时,是否同时以行为规范和裁判规范为基准?如果得出肯定答案,在行为规范与裁判规范存在分离或不一致时①,应当如何处理?如果行为规范优于裁判

---

① "加州伯克利分校的 Meir Dan-Cohen 教授设想出一个著名的思想实验。他要我们想象一个声音隔离实验,让普通公民只能'听见'行为规则,而让官员(尤其是法官)只能'听见'裁判规则。这样一来我们马上就会想到这个问题:裁判规则和行为规则是否应当具有相同的内容?如果内容不同,法律如何防止'声音泄漏',如何防止普通国民获知裁判规则的内容。"(〔美〕劳伦斯·索伦:《法理词汇》,王凌皞译,中国政法大学出版社 2010 年版,第 71 页)从理论上说,行为规范与裁判规范的内容不完全相同,似乎是有可能的。刑法典虽然只有一个文本,但是,相同的用语对于不同的读者会具有不同的含义;读者的变化,必然导致文本含义的变化。质言之,一般国民阅读某个刑法条文所得出的结论,与司法人员阅读某个条文所得出的结论,不一定是相同的。事实上,我们也的确可以从国外的司法实践中看到行为规范与裁判规范相分离的现象。例如,国外刑法没有对盗窃、诈骗、敲诈勒索、故意毁坏财物等罪规定数额起点。再如,国外刑法规定的故意伤害罪,并不要求伤害结果达到我国这样的"轻伤"程度,故意造成任何轻微伤都可能成为故意伤害罪。又如,国外刑法规定的侮辱、诽谤罪并不像我国刑法这样以情节严重为前提。如此等等,不胜枚举。换言之,从国外刑法规定上看,盗窃一支铅笔构成盗窃罪,骗取一张报纸构成诈骗罪,砸坏他人普通水杯构成故意毁坏财物罪,打人一耳光构成暴行罪,殴打他人导致皮下出血构成故意伤害罪,一般的骂人也会构成侮辱罪,如此等等。我们偶尔也能看到类似案例。但是,在国外,符合刑法分则规定的构成要件的违法、有责行为,在现实生活中均被作为犯罪处理了吗?答案是否定的。在国外,检察机关充分行使自由裁量权,而不将刑法规定的犯罪起诉至法院的现象非常普遍;警察对刑法规定的轻微犯罪不予立案侦查的现象也十分正常。

规范,既会使行为人遭受不必要处罚,也导致法官违反裁判规范,违反罪刑法定原则;如果裁判规范优于行为规范,则意味着行为规范对法官的裁判结论不起作用,既然如此,法规范违反说就不能成立。其三,法官只能根据裁判规范判断行为是否符合构成要件,对于违法性的判断必须以行为规范为标准吗?果真如此,又如何理解构成要件是违法类型呢?其四,能否认为法官必须以行为规范为标准判断违法性,以裁判规范为标准判断有责性?答案也应该是否定的。因为责任是对违法的责任,难以采用不同的规范判断违法与责任。

第四,可以肯定的是,一般预防也能为罪刑法定主义提供思想基础。如果刑法追求一般预防的目的与效果,就要求在事前明确规定被禁止的行为,从而使人们不实施犯罪行为。因此,可以从一般预防原理引申出成文法主义、刑法的明确性、禁止溯及既往等内容。① 但是,一般预防与罪刑法定原则所要求的事前明确规定犯罪与刑罚,基本上属于立法阶段的问题,而不直接决定在司法阶段如何判断违法性。不能因为必须事前明确规定犯罪与刑罚,就直接得出应当重视行为时的提示机能、告知机能的结论,更不能以此为由直接否认根据裁判规范判断违法性的结论。

况且,"社会共同生活的规则不是透过刑法传介给人民,人民学习规则较常是在日常生活的沟通中并相互操作。他对于法与不法的想象不是透过法律语言的范畴来进行,而是由日常交往语言来确定"②。在通过刑法的颁布使国民知法这一点上,行为无价值论的愿望是好的,但仅此还不能真正贯彻罪刑法定主义。行为无价值论认为,刑法的颁布使一般人在行为时明确何种行为违法、何种行为合法。然而,一方面,由于国民通过日常交往语言了解社会共同生活的规则,所以,有时会根本不知法,有时会产生法律认识错误。另一方面,当行为无价值论以国民都知法、懂法为前提时,就应当将违法性的认识作为成立犯罪的条件。但是,当今的刑法理论通说包括行为无价值论者也认为,成立犯罪不要求具有违法性的认

---

① Claus Roxin, Strafrecht Allgemeiner Teil, Band I, 4. Aufl., C. H. Beck 2006, S. 147.
② 〔德〕亚图·考夫曼:《法律哲学》,刘幸义等译,台北五南图书出版公司2000年版,第130页。

识,只要求有违法性认识的可能性。① 就此而言,或许可以认为,行为无价值论有自相矛盾之嫌。

行为无价值论认为,在法益的侵害或危险发生后进行刑罚威吓就过于迟缓了,故应当对具有这种可能的行为样态进行刑罚威吓,从而对各人个别的具体的行为意思发挥积极的作用,据此进行事前的预防,以便保全法益或者维持秩序,实现刑法的作用与机能(有时称为"规范的规制机能")。"费尔巴哈的心理强制说,也是主张通过由法律明示犯罪和与之相应的刑罚威吓来对人们的心理起作用,从而预防权利侵害,在此限度内具有同样的内容。行为无价值论与费尔巴哈的理论的不同在于,在费尔巴哈那里,将权利侵害作为犯罪的本质内容,与之相对,行为无价值论重视行为样态的反规范性。对于费尔巴哈的心理强制说存在的强烈批判是,由于国民并不是了解了各种刑罚法规而行为的,故心理强制是一种虚构。行为无价值论者在这一点会如何考虑呢?可能会认为规范的规制机能,不是通过明确的刑罚法规规制,而是通过漠然的刑法规范规制。但是,果真如此,结局必然是轻视了罪刑法定原则。"②

第五,行为无价值论声称,"在进行构成要件该当性的判断(即类型的违法性的判断)时,如果不考虑一切主观的要素,或许的确使构成要件的外延更为明确。但是,其代价是大幅度地扩大了范围。这种无限度的构成要件概念,不能对国民发挥明确处罚范围的机能,不能发挥按条文的文言限定处罚范围的机能。这与罪刑法定主义的要求不相适应。就'窃取'(《刑法》第235条)与'诈骗'(《刑法》第246条)等构成要件要素而言,其概念本身就包含了主观的要素。如果认为行为人误以为是自己的伞而实际上拿走了他人的伞的行为符合'窃取',或者行为人误记货款后请求他人多交付一万元的行为符合'诈骗',进而肯定其具有构成要件该当性,反而遭受违反罪刑法定主义的异议"③。周光权教授也指出:"如果

---

① 参见〔日〕井田良:《讲义刑法学·总论》,有斐阁2008年版,第372页以下;周光权:《刑法总论》,中国人民大学出版社2011年版,第172页以下。
② 〔日〕生田胜义:《行为原理と刑事违法论》,信山社2002年版,第79—80页。
③ 〔日〕井田良:《刑法总论の理论构造》,成文堂2005年版,第5页。

对于误把他人的手表以为是自己的手表拿走的行为认定为窃取,把基于强行与妇女发生性行为的意思而实施的抚摸被害人胸部的行为认定为猥亵,从而肯定构成要件的该当性,肯定行为的违法性,都可能出现违反罪刑法定原则的情况。"①

首先,联系上述学者的其他论述,不难发现其中的自相矛盾之处。例如,井田良教授指出:"我认为,抽象的事实错误的根本问题在于,基于何种理论根据,可以认定行为成立现实上并没有实现的(即不存在符合构成要件的客观事实)A 罪。在以侵占脱离占有物罪的故意实现了盗窃的事实的场合,如果认定为侵占脱离占有物罪的既遂,那么,严格地说,这属于不存在符合侵占脱离占有物罪的客观事实(客观上只有盗窃的事实),却认定成立侵占脱离占有物罪。"②不难看出,即使主观上没有盗窃的故意,也能认定盗窃的事实。既然如此,就不能认为"窃取概念本身就包含了主观的要素"。再如,周光权教授举例指出:"甲以为留在长途汽车坐椅上的高级皮包是刚才下车的乙的遗忘物,于是就拿起来提前下车逃走了。但是,该皮包是到汽车尾部卖票的售票员丙暂时放在座位上的财物,由于甲想犯的是侵占罪,实际上实施的是盗窃行为,两罪有重合关系,在重合的范围内,成立侵占罪既遂。"还举例说:"例如,为盗窃普通财物而错误盗窃枪支,只对其认识的盗窃罪既遂(轻罪)承担责任。也即在抽象的对象认识错误中,行为人一般只对其能够认识的轻罪负责,理由在于:行为人主观上是盗窃普通财物,客观上虽然盗窃了普通财物及枪支,但是,按主、客观相统一的原则,只能对其能够认识的犯罪负责。"③这也充分说明,即使离开行为人的故意内容,也能判断其客观行为是符合何种构成要

---

① 周光权:《违法性判断的基准与行为无价值论》,载《中国社会科学》2008 年第 4 期,第 127 页。
② 〔日〕井田良:《コメント》,载〔日〕山口厚、井田良、佐伯仁志:《理论刑法学の最前线》,岩波书店 2001 年版,第 137 页。
③ 周光权:《刑法总论》,中国人民大学出版社 2011 年版,第 133 页。

件的行为。①

其次,在三阶层体系中,肯定没有盗窃故意的客观盗窃行为符合盗窃罪的构成要件,肯定没有诈骗故意的客观诈骗行为符合诈骗罪的构成要件,不会"遭受违反罪刑法定主义"的异议。一方面,在三阶层体系中,符合构成要件的行为并不必然是违法行为。例如,正当防卫的杀人、伤人符合构成要件,但并不违法。相反,不符合构成要件的行为,也可能是一般违法行为,如骗取他人少量财物。另一方面,即使行为人主观上没有盗窃的故意,但是,其客观上将他人占有的财物转移给自己占有的行为,也侵害了他人法益,是他人可以制止乃至防卫的行为,当然是违法行为,认定其行为符合盗窃罪的构成要件,并不违反罪刑法定原则。由此可见,违反罪刑法定主义的异议,只是行为无价值论者强加的。

最后,上述观点显然是在仅将罪刑法定主义发挥作用的范围限定在构成要件符合性与违法性领域,进而认为责任与罪刑法定主义无关的前提下得出的结论。

井田良教授指出:"如同罪刑法定主义在责任的阶层不是问题一样,行为规范违反也不是责任问题。例如,《刑法》第39条(关于责任能力的规定——引者注)的规定(与《刑法》第36条不同)并不向国民设定行动基准。"②诚然,没有人会认为,刑法关于责任能力的规定为个人设定了行动基准。但是,其一,像行为无价值论那样,将故意、过失与特殊的主观要素纳入违法要素之后,责任要件中几乎没有积极的要素,当然导致责任阶层几乎不存在罪刑法定主义的问题。反之,如果将故意、过失纳入责任要素,罪刑法定原则当然在责任的层面也成为问题。在我国,将意外事件以

---

① 当然,在个别场合,离开行为人的故意内容,仅能判断行为是符合哪几个犯罪的构成要件的行为。例如,在致人死亡的案件(危害公共安全的除外)中,离开行为人的故意内容,只能认定行为符合故意杀人罪、故意伤害(致死罪)、过失致人死亡罪的构成要件。至于行为人应当承担什么责任,则取决于其故意、过失的内容。可是肯定的是,这对于认定犯罪并不产生任何不利影响。
② 〔日〕井田良:《刑法总论の理论构造》,成文堂2005年版,第11页。

犯罪论处,无疑违反了罪刑法定原则。① 其二,倘若认为刑法关于责任能力的规定,并没有为个人设定行为基准,那么,刑法关于故意、过失本身的规定,也没有对个人设定行动基准。换言之,刑法关于故意、过失本身的规定,以及"故意犯罪,应当负刑事责任","过失犯罪,法律有规定的才负刑事责任"之类的规定,也是告诉法官如何认定故意犯罪与过失犯罪(裁判规范),并不是告诉行为人如何行动。其三,刑法关于责任能力的规定,虽然没有为个人设定行为基准,却为法官设定了裁判基准。根据行为无价值论的观点,如果法官将没有辨认控制能力的精神病人的行为认定为犯罪,只是违反了裁判规范,而并没有违反罪刑法定原则。但这种结论难以令人赞成。其四,即使站在法规范违反说的立场,也不能否认违法性认识的可能性(责任要素)与行为规范违反具有密切关系。因为不可能认识到行为具有违法性的人,不可能产生反对动机,行为规范对之不起任何作用。

构成要件具有罪刑法定主义的机能,或者说构成要件有利于罪刑法定主义的实现。但是,保证罪刑法定主义实现的,并不是仅有构成要件。构成要件只是在如果刑罚法规没有规定处罚某行为时便不得定罪处罚的意义上,发挥罪刑法定主义机能。换言之,构成要件只是在与刑罚法规的存在相关联的意义上发挥罪刑法定主义机能。但罪刑法定主义的要求并非仅仅如此。即使在违法阻却事由、责任阻却事由领域,也应当贯彻罪刑法定主义原则。例如,没有责任能力的人所实施的违法行为认定为犯罪,或者将《刑法》第16条规定的"不可抗力"(缺乏期待可能性)的行为认定为犯罪,必然是违反罪刑法定原则的。同样,无视刑法关于限制责任能力的规定,一概不从宽处罚,也是不当的。"当然,与构成要件中的法文拘束力相比,违法阻却事由、责任阻却事由中的法文的拘束力或许较为缓和,可能具有实质解释的余地。但这只是程度的差异。不能认为罪刑法定主

---

① 或许行为无价值论者会认为,在这种场合,法官仅仅违反了责任主义,而没有违反罪刑法定主义。但是,意外事件也是法无明文规定的行为,将其作为犯罪处理,同样是处罚了法无明文规定的行为,当然也违反了罪刑法定主义。

义不适用于犯罪阻却事由中。"①

二、结果无价值论的出发点

罪刑法定主义具有形式侧面与实质侧面。法律主义、禁止适用事后法、禁止类推解释,是传统的罪刑法定主义的内容,被称为形式的侧面;禁止不明确的刑罚法规、禁止残虐刑、禁止处罚不当罚的行为,是现代罪刑法定主义的内容,被称为实质的侧面。形式侧面的主旨,在于限制国家的司法权力;实质侧面的主旨,在于限制国家的立法权力。结果无价值论强调刑法规范是裁判规范,强调刑法对国家司法权力的限制。显然,与行为无价值论相比,结果无价值论更有利于贯彻罪刑法定主义。

犯罪的实体是违法与责任,从实质上说,具备了违法性与有责性,就成立犯罪。但是,为了贯彻罪刑法定主义,保障国民的自由,违法性的认定必须以行为符合构成要件为前提。在此意义上说,构成要件具有罪刑法定主义的机能。由于客观要素是容易判断的要素,所以,将构成要件的要素限定为客观要素,便有利于贯彻罪刑法定原则。另一方面,将构成要件的要素限定为客观要素,就可以使构成要件发挥故意的规制机能,从而容易认定故意。概言之,结果无价值论的出发点,是从非常明确的保护客观的、外部的生活利益的立场出发,既防止构成要件符合性判断的恣意性,从而保障国民的自由,又将违法行为限定在发生了法益侵害或者危险结果的情形,从而使刑罚成为保护生活利益的最后手段。②

其实,故意、过失也是刑法规定的主观要素,根据结果无价值论的观点将它们作为责任要素时,罪刑法定主义无疑在责任领域也发挥着重大作用。根据责任主义原理,刑罚以行为人具有非难可能性为条件;然而,只有当行为人在事前已经知道或者至少有机会知道自己的行为被刑法所禁止时,才能讨论行为人是否具有非难可能性。因此,责任主义要求事前

---

① 〔日〕町野朔:《犯罪论の展开Ⅰ》,有斐阁1989年版,第52页。
② 参见〔日〕内藤谦:《刑法讲义总论(上)》,有斐阁1983年版,第117—118页。

明确规定被禁止的行为,也引申出罪刑法定主义的部分内容,为罪刑法定主义提供根据。就前述井田良教授所举之例而言,一方面,误拿了他人的伞和误使他人多交货款的行为,都使他人值得刑法保护的法益遭受了侵害,不具有合法性,相反应肯定其行为的客观违法性。另一方面,由于盗窃、诈骗只能由故意构成,故即使肯定上述行为具有构成要件符合性与违法性,也因为没有责任而不成立犯罪。就此而言,结果无价值论并未违反罪刑法定原则。

"可以说,以侵害刑法思想为基础的结果无价值论认为,刑法的作用、机能,是在对法益的侵害、危险发生后,通过对引起这种结果的行为追究责任、科处刑罚,事后确证法规范的妥当性。"① 结果无价值论同样能够很好地贯彻罪刑法定原则。结果无价值论将违法性限定在造成法益侵害或者危险的范围内,这就有利于从刑事立法上控制处罚范围,也有利于从司法上控制刑罚权,从而保障国民的行动自由。即使从刑法的提示机能、告知机能来说,结果无价值论同样提供了行为基准:即不得实施造成法益侵害或者危险的行为。况且,如后所述,结果无价值论所确定的犯罪范围实际上并不宽于行为无价值论,这也能从一个侧面说明结果无价值论更好地贯彻了罪刑法定原则。

当然,人们也会提出这样的疑问:像结果无价值论那样,将故意、过失作为责任要素,就不会导致判断的恣意性吗?笔者的回答是,行为无价值论将客观要素与主观要素综合起来判断违法性时,不意味着客观要素是基础,导致难以判断的主观要素影响对客观要素的判断,因而容易形成判断的恣意性。结果无价值论明确区分客观要素与主观要素,客观要素是违法性的基础,而且客观要素容易判断。在对客观要素或客观的违法性作出明确判断后,再考察行为人对违法事实是否具有认识与认识的可能性,就限制了主观要素的判断对象与判断范围。

以周光权教授所举的"警察被控玩忽职守案"为例。甲因涉嫌故意杀人罪被抓捕后,向司法机关交待,其曾经抢劫他人价值高昂的金戒指,

---

① 〔日〕生田胜义:《行为原理と刑事违法论》,信山社 2002 年版,第 79 页。

赃物保存在自己家中。警察乙、丙、丁按照甲的交待去其家里搜查,并未找到赃物,后来便根据领导的安排带着甲去其家里进行搜查。甲进入自己家里后,先后指认多个藏匿赃物的地点,但均未找到该财物。最后,甲声称赃物藏在电视柜最下层盒子里堆放的杂物中,且只有自己才能找到,便要求警察为其打开手铐。乙、丙、丁没有办法,便给他打开手铐,并紧紧跟随在甲的身后。甲弯腰跪下取出电视柜中放着的一个盒子,打开盒子后,以极快的速度将盒子里早就藏好的毒药放入口中吞下。乙、丙、丁赶紧将甲送往医院,但甲仍然死亡。警察乙、丙、丁的行为是否具有违法性?周光权教授指出:"结果无价值论认为,乙、丙、丁的行为引起了法益侵害的结果,具有违法性。当然,因为被告人甲的自杀,乙、丙、丁对死亡结果的发生没有预见可能性,从而否定其玩忽职守的责任。"[1]但在持结果无价值论的笔者看来,本案并没有发生玩忽职守罪所要求的法益侵害结果,乙、丙、丁也没有玩忽职守的行为,甲的死亡由其自己负责。退一步而言,即使有的结果无价值论者肯定乙、丙、丁的行为引起了法益侵害结果,也要考察行为人对结果有无具体的预见可能性。[2] 由于行为人缺乏预见可能性,也不成立犯罪。就此而言,结果无价值论并无不当之处。正如周光权教授所说:"如果按照行为无价值论的立场,就会对所有事实(行为与结果)作统一的、整体的评价:乙、丙、丁在甲的房间是否已经察觉到其举止异常,或者事先是否已经感觉到甲对其藏匿赃物一事反反复复,明显不符合常理。如果有类似感觉,仍然没有保持警觉,没有及时制止甲的自杀行为,乙、丙、丁的违法性当然存在;如果有警觉且保持高度警惕,但仅仅是由于甲自杀之心过于迫切,自杀举动瞬间完成,吞服的药品毒性太强,任何人在当时情况下都难以制止甲的自杀身亡的后果发生,那么,警察的行为并无违法性。因此,不是仅仅因为有死亡后果就认为行为具有违法

---

[1] 周光权:《违法性判断的基准与行为无价值论》,载《中国社会科学》2008 年第 4 期,第 125 页。
[2] 结果无价值论者都不采取危惧感说,倒是行为无价值论者采取危惧感说(参见〔日〕藤木英雄:《刑法》,弘文堂 1978 年版,第 123 页;〔日〕井田良:《変革の時代における理論刑法学》,慶应義塾大学出版会 2007 年版,第 154 页)。

性,行为人基于何种主观认识,实施何种行为,也左右着违法性判断。"① 显然,行为无价值论对违法性的判断,并不是以客观的法益侵害事实为基准限定预见可能性的范围,而要根据行为人有无某种"感觉"来判断行为是否违法,这当然会使违法性的判断产生恣意性。

---

① 周光权:《违法性判断的基准与行为无价值论》,载《中国社会科学》2008年第4期,第125—126页。

第三章 构成要件论

行为无价值论与结果无价值论,原本是在违法性领域的争论。但是,通说认为,构成要件是违法类型,违法要素必然是构成要件要素,所以,行为无价值论与结果无价值论的分歧,必然影响对构成要件的认识。

一、构成要件

一般认为,构成要件是违法行为类型,所以,凡是影响违法性的要素,都是构成要件要素。行为无价值论不仅普遍承认特殊的主观违法要素,而且普遍承认故意、过失是主观的违法要素进而属于构成要件要素。

在三阶层体系中,构成要件是违法类型,还是违法有责类型,存在不同观点。从表面上看,行为无价值论与结果无价值论似乎对此不存在争议,但实质上不是如此。一方面,行为无价值论者也会认为构成要件是违法类型。但是,持这种观点的行为无价值论者一定认为,故意、过失是违法要素,而不是责任要素。另一方面,结果无价值论者可能认为构成要件是违法类型,也可能认为构成要件是违法有责类型。但是,认为构成要件是违法有责类型的结果无价值论者,虽然主张故意、过失是构成要件要素,但一定是将故意、过失作为责任要素而不是作为违法要素归入构成要件的。概言之,行为无价值论与结果无价值论可能都得出构成要件是违法类型的结论,但由于对违法的理解不同而存在明显差异。

结果无价值论的违法类型说,是违法类型说的原型。该说站在违法的实质是对法益的侵害及其危险(结果无价值)的立场,认为刑罚法规所类型化的侵害或者威胁法益的行为,就是构成要件的基本内容。据此,故意犯与过失犯都是侵害、威胁法益的一定行为,而且在这一点上没有区别,故作为其类型化的构成要件也是相同的。例如,故意杀人罪与过失致人死亡罪的构成要件,在类型化的侵害生命的行为这一点上是相同的;两罪作为犯罪类型的差异,在于故意、过失这两种责任类型不同。显然,结果无价值论的违法类型说,或者否定主观的违法要素,即否定主观要素影响违法性;或者例外地、有限地承认主观的违法要素,即例外地承认主观要素影响违法性。根据后一种观点,当主观要素超出客观的要素的范围,对法益侵害性添加了新的内容时,就承认该主观的要素是主观的违法要素。① 例如,在日本,伪造货币罪必须以行使为目的。换言之,没有该目的而伪造货币的,要么法益侵害性很小,要么没有法益侵害性,所以,行使目的是主观的违法要素。平野龙一教授指出,在具有一定的主观要素,其行为才具有侵害法益的客观危险性时,该主观要素就与违法性或构成要件具有关系。② 山口厚教授也指出:"由于构成要件是违法行为类型,换言之,是引起法益侵害、危险的行为类型,所以,本来由客观的要素形成(这是客观的构成要件要素),但例外地有时也包含以一定的行为为目的的主观的要素(主观的构成要件要素)。例如,伪造货币罪(《刑法》第148条第1项),以'行使的目的'为其成立要件。"③但是,结果无价值论的违法类型说,否认故意、过失是主观的违法要素,因而否认故意、过失是主观的构成要件要素。

结果无价值论的违法类型说,之所以否认或者只是例外有限地承认主观的违法要素(主观的构成要件要素),其根本理由在于:违法性的实质是法益的侵害与危险;"有无法益侵害的危险,是指客观的危险性,所以,是否存在法益侵害的危险,必须基于行为的客观要素作出判断;行为人主观上是怎么想的,是责任的问题,而不是违法性与作为违法行为类型

---

① 参见〔日〕内藤谦:《刑法讲义总论(上)》,有斐阁1983年版,第182页以下。
② 〔日〕平野龙一:《刑法概说》,东京大学出版会1977年版,第42—43页。
③ 〔日〕山口厚:《刑法总论》,有斐阁2007年版,第93页。

的构成要件的问题。"①此外,如果将故意、过失作为主观的违法要素使之成为构成要件要素,那么,就必然陷入犯罪的整体考察,从而损害构成要件的罪刑法定主义机能。②

行为无价值论的违法类型说,则以行为无价值论为基础,认为故意、过失是主观的违法要素(主观的构成要件要素),故意犯与过失犯的构成要件存在本质区别。之所以如此,是因为受威尔采尔的目的行为论的影响,认为对构成要件的结果具有目的性的故意行为,与对构成要件的结果没有目的性的行为,在行为的存在构造方面存在本质差异,所以,故意犯与过失犯在行为、构成要件、违法阶段就存在本质区别。即使故意犯与过失犯对法益的侵害、危险(结果无价值)相同,其行为无价值也不同,因而违法性不同。因为故意犯的行为无价值表现为行为人有目的地指向构成要件的结果,而过失犯的行为无价值表现为没有适当地实施有目的的行为。根据这种观点,以故意、过失为首的主观要素都是违法要素,因而是构成要件要素。例如,故意杀人罪与过失致人死亡罪的构成要件不同,因而能够实现构成要件的个别化机能。但是,由于构成要件包括了故意、过失,而故意、过失不可能成为故意的认识对象,所以,构成要件不具有故意规制机能。③

结果无价值论的违法有责类型说认为,构成要件是违法类型,还是违法有责类型,取决于使构成要件发挥何种机能;而构成要件的机能中最重要、最基本的机能是罪刑法定主义的机能;只有当构成要件是违法有责类型时,构成要件才能充分发挥罪刑法定主义的机能。因为立法者在刑罚法规中规定值得处罚的行为类型时,不仅考虑了行为的类型的违法性,而且考虑了类型的有责性;构成各个犯罪的要素,不仅包含违法要素,而且包含责任要素。例如,刑法分则所规定的主观要素,不管是主观的违法要素,还是主观的责任要素,都必须作为构成要件要素。这并不意味着违法与责任的混淆。将构成要件作为违法有责类型,依然应当严格区分违法

---

① 〔日〕平野龙一:《刑法概说》,东京大学出版会1977年版,第42页。
② 参见〔日〕平野龙一:《刑法总论I》,有斐阁1972年版,第98页。
③ 参见〔日〕内藤谦:《刑法讲义总论(上)》,有斐阁1983年版,第184页以下。

判断与责任判断。① 可以肯定的是,结果无价值论的违法有责类型说,虽然认为故意、过失是构成要件要素,但它们不是违法要素,而是责任要素。

行为无价值论的违法有责类型说,则可谓五花八门。有人认为,期待可能性应当包含在作为有责类型的构成要件之中。如大塚仁教授指出:"认为犯罪的主观要素也具有作为违法性的要素的意义时(主观的违法要素),采取构成要件只是违法类型的立场,大体也有其理由。但是,例如,像适法行为的期待可能性等,本来是责任要素,也被认为是构成要件的内容。着眼于此,就必须认为构成要件不只是违法类型,而且是责任类型。于是,构成要件符合性应是违法性与责任的认识根据(ratio cognoscendi)。"②有人认为,行为人类型(如常习赌博罪中的常习性)也属于有责类型的构成要件。③ 此外,行为无价值论的违法有责类型说,一般认为故意、过失既是违法要素,也是责任要素。例如,小野清一郎指出:"犯罪的实体是违法的行为、行为者对此负有道义上的责任的行为,是违法且有责的行为类型。但是要成为可罚的行为的话,要依据特殊的刑法各本条的规定。刑法各本条所规定的特殊的、类型的违法、有责的行为,即是构成要件。在前面表现出来的是构成要件,其背后的实体的意义是违法性与道义的责任。"④根据小野清一郎等人的观点,构成要件符合性,不仅推定违法性的存在,而且推定责任的存在。

由上可见,主观的违法要素与主观的构成要件要素,既有联系,也有区别。由于构成要件至少是违法行为类型,所以,行为无价值论将故意、过失作为主观的违法要素,进而将其作为主观的构成要件要素。在行为无价值论那里,大体可以说,主观的构成要件要素,就是主观的违法要素。但是,结果无价值论的违法类型说中,故意、过失既不是违法要素,也不是主观的构成要件要素,充其量只是例外地、有限地承认目的等特殊的主观的违法要素。在结果无价值论的违法有责类型说中,故意、过失虽然是主

---

① 〔日〕佐伯仁志:《构成要件论》,载《法学教室》第285号(2004年),第34页。
② 〔日〕大塚仁:《刑法概说(总论)》,有斐阁2008年版,第122页。
③ 〔日〕团藤重光:《刑法纲要总论》,创文社1990年版,第124页以下。
④ 〔日〕小野清一郎:《犯罪构成要件の理论》,有斐阁1953年版,第19页。

观的构成要件要素,但不是主观的违法要素,而是责任要素。可见,在结果无价值论的违法有责类型中,主观的构成要件要素与主观的违法要素不是等同的概念。

二、客观要素

可以肯定的是,不管是行为无价值论还是结果无价值论,都会将表明违法性的客观要素纳入构成要件要素。但是,各种客观要素的作用与意义是什么,行为无价值论与结果无价值论的结论不一定是相同的。

(一)行为主体

在三阶层体系中,行为主体本身是构成要件要素。就此而言,行为无价值论与结果无价值论没有分歧。因为不管是从行为规范的角度来说,还是从裁判规范的角度来说,违法的主体只能是自然人与法人(单位)。问题是,行为主体的特殊身份的实质意义何在?对单位犯罪中的自然人的处罚与对自然人犯该罪的处罚不同时,说明了什么?

周光权教授指出:"在很多犯罪中,都不得不承认行为的无价值。刑法对许多犯罪构成要件的规定,其不法都以客观的主体要素或特殊的行为方式作为其成立条件。例如,身份犯的身份,这一要素明显属于客观不法要素,但难以划入结果无价值的范畴,而必须将其列入行为无价值的讨论要素。再比如,我国刑法规定了大量单位犯罪,作为主体存在的单位就是行为要素。"[①] 其实,结果无价值论不可能忽视身份要素。但应注意的是,由于犯罪的实体是违法与责任,所以,身份要么是违法身份,要么是责任身份。就违法身份而言,身份的意义不在于说明行为的规范违反性,更不在于说明行为的反伦理性与缺乏社会的相当性,而在于说明法益侵害。例如,受贿罪中的国家工作人员身份,就是表明行为侵害了职务行为不可收买性的要素。再如,国家机关工作人员的身份,就是表明滥用职权行为

---

① 周光权:《行为无价值论的法益观》,载《中外法学》2011年第5期,第945页。

侵害了国家机关公务的合法、公正、有效执行以及国民对国家机关公务的客观、公正、有效执行的信赖的要素。违法身份当然是不法要素,周光权教授所说的身份"难以划入结果无价值论的范畴"的观点,显然是难以成立的。此外,不管是单位犯罪中的行为主体还是自然人犯罪中的行为主体,本身都是违法要素。这不是结果无价值论与行为无价值论的分歧所在。

周光权教授还指出:"刑法分则对许多单位犯罪的自然人的处罚轻于个人犯该罪的情况,实际上也是认可单位这一主体要素对违法性有影响。"①可是,这一说法并不表明结果无价值论的缺陷。其一,刑法分则中,对单位犯罪中的自然人的处罚同于个人犯该罪的情形,远远多于对单位犯罪的自然人的处罚轻于个人犯该罪的情形。周光权教授以少数否认多数的做法,难以被人接受。换言之,倘若认为,刑法分则中"对单位犯罪的自然人的处罚轻于个人犯该罪"就是行为无价值论的结论,那么,刑法分则中更多的"对单位犯罪的自然人的处罚同于个人犯该罪",就否认了行为无价值论的结论。其二,仔细考察就会发现,刑法分则对少数单位犯罪的自然人的处罚轻于个人犯该罪的情况,要么是为了限制死刑(如《刑法》第200条),要么是因为对单位判处了罚金而不再对其中的自然人判处罚金(如《刑法》第158条),要么是特定的单位犯罪中自然人所起的作用较小(如《刑法》第180条)。显然,这些规定与行为无价值论、结果无价值论没有直接关系。其三,行为主体之所以成为违法要素,也是因为行为主体通过实施侵害法益的行为造成了法益侵害的结果。周光权教授显然是想说明,行为主体是在行为无价值意义上对违法性有影响。可是,如果说行为主体本身影响所谓主观恶性,那就不是所谓行为无价值论的法益观,而是主观主义理论;如果说行为主体本身影响行为的规范违反,则是难以成立的,因为违反规范的是行为而不是行为主体本身。

(二) 行为

首先需要说明的是,结果无价值论虽然在违法性问题上采取的是一

---

① 周光权:《行为无价值论的法益观》,载《中外法学》2011年第5期,第945页。

元的结果无价值论,但并非仅将结果作为构成要件要素,对于刑法分则条文所规定的构成要件客观要素,结果无价值论不可能予以否认。周光权教授指出:"像一元的结果无价值论那样,只将法益置于违法性评价的核心,完全不考虑行为本身的不妥当性的主张,存在诸多显而易见的缺陷,是令人难以接受的。"①但是,这一说法存在疑问。如所周知,行为无价值论与结果无价值论原本是在违法性领域的分歧,但是,由于构成要件是违法类型,所以,表明违法性的要素当然成为构成要件要素。结果无价值论认为,违法性的实质是法益侵害(包括危险),所以构成要件的要素都是表明法益侵害的要素。结果无价值论并不是"完全不考虑行为本身",而是不在伦理、社会的相当性和规范违反的意义上考虑行为本身,只是在法益侵害的意义上考虑行为本身。换言之,作为构成要件要素的行为,只能是具有侵害法益危险或者造成法益侵害结果的行为,而不是其他意义上的行为。

周光权教授指出:"行为无价值论强调行为与法益侵害的关联性,从其思维逻辑出发,能够对构成要件的特定性、犯罪形态的特定性进行界定,将法益和构成要件、犯罪形态连续起来。结果无价值论弱化构成要件的价值,可能笼统地得出因为存在损害,所以具有结果无价值论的结论,至于是什么具体犯罪的结果无价值,在所不论,因此会得出故意杀人、过失致人死亡、故意伤害致死的违法性相同的观点。"②但是,其一,法益侵害讨论的是违法性的问题,认为结果无价值论弱化构成要件的价值的说法,恐怕是对结果无价值论的严重歪曲。其二,结果无价值论只是认为故意杀人、故意伤害致死与过失致人死亡的违法性相同,因为三者侵害的法益完全相同,而不会认为故意杀人与盗窃的违法性相同。相反,根据行为无价值论的思维逻辑,任何行为规范都是绝对有效、不得违反的,任何犯罪都是对绝对有效的行为规范的绝对违反,因而任何具体犯罪的行为无价值都是完全相同的,因而违法性是相同的。

---

① 周光权:《行为无价值论的法益观》,载《中外法学》2011年第5期,第945页。
② 同上书,第956页。

国内外的行为无价值论者几乎无一例外地认为,刑法分则规定的行为方式或者样态,不仅考虑了结果无价值,而且考虑了行为无价值,即考虑了行为的方法、样态。例如,德国学者耶赛克(Hans-Heinrich Jescheck)和魏根特(Thomas Weigend)教授指出:"只要看一看最熟悉的犯罪构成要件,就会发现,许多犯罪类型的不法内容,不仅是由受保护的行为客体受侵害或者危险决定的,同时也是由行为的方法与样态决定的,而且该犯罪类型的固有的当罚性正是存在于行为的方法与样态中。例如,刑法并不是保护财产不受任何可能想象到的侵害,只是保护财产不受到被认为特别危险的一定种类的攻击。以欺骗方法侵害财产的是诈骗罪(第263条),以强制方法侵害财产的是恐吓罪(第253条),以违反诚信方式侵害财产的是背任罪(第266条),以剥削方式侵害财产的是暴利罪(第302条a)。但是,并不存在一般性的财产侵害犯。……行为的结果无价值存在于受保护的行为客体受侵害或者危险化中,行为无价值存在于行为的种类与样态中。因为行为无价值由行为人的态度的外部的样式与存在于行为人人格的事项所构成。"[1]周光权教授指出:"刑法中一些条文的设计与法益侵害自然有关,但是,其可能更多地考虑了惩治规范违反行为的要求。例如,在《日本刑法》中,对遗弃因老幼、疾病需要扶助者,区别为单纯遗弃罪(第217条)和保护责任者遗弃罪(第218条1项),对前者规定为1年以下惩役,对后者规定为3个月以上5年以下惩役。对此,不是只从对被害人的生命、身体的安全这种法益的侵害的观点就能够说明的。立法者是在重点考虑了身份者的义务违反这种行为无价值之后对犯罪进行了区别规定。"[2]这种观点看起来有一定道理,但笔者对此持有异议。

首先,不可否认,在违法性判断过程中,"不是仅考虑现实所产生的结果,而且也必须考虑行为方法、样态。但即使在这种场合,也是为了考虑行为方法、样态所具有的侵害法益的一般危险性,而不是考虑方法、样态

---

[1] Hans-Heinrich Jescheck/Thomas Weigend, Lehrbuch des Strafrecht Allgemeiner Teil, 5. Aufl., Duncker & Humblot 1996, S.240.
[2] 周光权:《违法性判断的基准与行为无价值论》,载《中国社会科学》2008年第4期,第125页。

本身的反伦理性、行为无价值性"①。就德国的财产罪而言,区分诈骗罪与恐吓罪,显然不只是因为方法不同,而是因为恐吓罪不仅侵犯了财产,而且侵犯了被害人的意思决定自由(其行为同时触犯胁迫罪),故在德国,恐吓罪的法定刑重于诈骗罪。②《德国刑法》第255条还规定了抢劫性恐吓,其法定刑与恐吓罪相同,这并不是因为行为方式本身不同,而是因为行为对法益的侵害程度不同。我国刑法规定的诈骗罪的法定刑之所以高于敲诈勒索罪的法定刑,一方面是因为我国刑法没有规定胁迫罪,没有将被害人的意思决定自由作为刑法上的保护法益,另一方面是因为诈骗罪所骗取的财产数额通常远远高于敲诈勒索所造成的财产损失。就日本的单纯遗弃罪与保护责任者遗弃罪而言,结果无价值论也可以从不同角度作出合理解释。其一,保护责任者遗弃罪的法定刑重,是基于保护责任者是违法身份。"因为对需要扶助者的生命危险处于支配地位的保护责任者这一身份,可以说在由第三者难以救助这种意义上奠定了不保护的违法性基础、加重了遗弃的违法性。"③其二,"保护责任具有作为责任要素的意义,由此才加重处罚保护责任者遗弃罪"④。更为重要的是,保护责任者的义务违反,是作为义务的违反。作为义务是保护(救助)法益的义务,故义务违反是法益保护义务的违反。法益保护义务的违反,意味着对法益的侵害或者威胁。所以,"这种场合的身份,是基于法益保护的理由而要求的"⑤,并不是行为无价值的体现。再以我国刑法规定的挪用公款罪为例。《刑法》第384条第1款规定:"国家工作人员利用职务上的便利,挪用公款归个人使用,进行非法活动的,或者挪用公款数额较大、进行营利活动的,或者挪用公款数额较大、超过3个月未还的,是挪用公款罪……"。该条将挪用公款分为三种行为类型,并不是考虑了挪用行为本身的方式、样态,也不意味着三种行为类型对法规范违反的程度不同,

---

① 〔日〕平野龙一:《刑法总论Ⅱ》,有斐阁1975年版,第216页。
② 德国刑法规定的背信罪的法定刑虽然与诈骗罪相同,但是,背信罪发生在家庭之间或者造成的损失较小时,需要适用告诉才处理的规定,而诈骗罪则不需要适用告诉才处理的规定。
③ 〔日〕西田典之:《刑法各论》,弘文堂2011年版,第34页。
④ 〔日〕山口厚:《刑法各论》,有斐阁2011年版,第37页。
⑤ 〔日〕井田良:《刑法各论》,弘文堂2007年版,第44页。

而是因为三种行为类型对法益的侵害程度有别。挪用公款进行非法活动的,使公款处于被没收的状态,因而对法益的侵害最严重;挪用公款进行营利活动的,使公款处于风险(甚至高度风险)之中,但对法益的侵害轻于进行非法活动;挪用公款进行其他个人活动的,对法益的侵害会更轻。① 正因为如此,刑法对三种不同类型规定了不同的成立条件。显然,刑法在此所注重的不是行为无价值,而是结果无价值。

其次,刑法根据行为的方式、样态将侵害相同法益的犯罪规定为不同的罪名,并不能说明立法者注重行为无价值。罪刑法定原则决定了刑法分则条文必然要将各种犯罪进行分类,即使是侵害相同法益的行为,为了避免构成要件过于抽象与概括,也必须尽可能进行分类,否则罪刑法定原则在任何程度上都不可能得以实现。② 所以,根据行为样态对犯罪进行分类,是为了明确处罚范围、贯彻罪刑法定原则,而不意味着重视行为无价值。③ 例如,按照行为无价值论者的观点,日本刑法区分盗窃罪、侵夺不动产罪、诈骗罪、使用电子计算机诈骗罪、恐吓罪,就是因为这些犯罪的行为无价值程度不同,因而违法性不同。④ 可是,日本刑法对这些犯罪规定的法定刑完全相同。同样,在中国,诈骗罪与抢夺罪的行为样态不同,但法定刑完全相同。这充分说明,所谓的行为无价值,在这些犯罪中不对违法性起任何作用。换言之,刑法对财产罪作上述分类,完全是为了使财产犯罪类型化,从而贯彻罪刑法定原则。

最后,联系到我国刑法分则的规定,更能说明行为无价值没有意义。例如,根据行为无价值论的观点,敲诈勒索罪的行为方式的"不当性"重于盗窃罪、诈骗罪,可是我国刑法对其规定的法定刑反而轻于盗窃罪、诈

---

① 如果挪用的数额小,用于个人消费,行为人完全具有归还的可能性;如果挪用的数额大,用于购买汽车或者不动产等,即使没有归还公款的可能性,也可以通过拍卖行为人所购之物挽回损失。

② 如果不对犯罪进行分类,刑法分则就只需要一个条文:"犯罪的,处刑。"但这显然违反罪刑法定原则。

③ 参见〔日〕前田雅英:《现代社会と实质的犯罪论》,东京大学出版会1992年版,第78—79页。

④ 参见〔日〕大塚仁:《人格的刑法学の构想》,载《法学教室》第113号(1990年),第23页。

骗罪。另一方面,与日本刑法一样,我国刑法也没有将故意杀人罪分成若干类型。这表明,杀人的行为样态,对于违法性不起实质作用。相反,刑法几乎完全按照伤害结果对故意伤害罪规定了不同的法定刑。①

(三)不作为

德国刑法理论的通说认为,真正不作为犯,是指仅仅没有履行法律所要求的义务而成立的犯罪;如果实施了法律所要求的行为,就能够避免法秩序的否定评价,但是,立法者并没有将避免结果规定为不作为者的义务,也没有将特定结果的发生规定为构成要件要素;因此,真正不作为犯是行为犯的对应物。与之相对,不真正不作为犯则要求保证人履行结果回避义务,结果的发生属于构成要件要素,违反结果回避义务的保证人,对构成要件的结果具有刑法上的答责性;因此,不真正不作为犯是结果犯的对应物。② 亦即,行为犯是只要有作为的举动就构成犯罪,而真正不作为犯是只要没有履行义务就构成犯罪;结果犯是基于作为造成构成要件结果的犯罪,而不真正不作为犯是因为没有履行义务造成构成要件结果的犯罪。例如,《德国刑法》第323条c规定:"行为人在发生不幸事故或者公共的危险或者紧急危难时,尽管要求和根据状况能够期待他进行救助,特别是不存在显著的自己的危险和不侵害其他重要的义务,却不予救助的,处一年以下的自由刑或者金钱刑。"③据此,成立本罪并不需要过问"能否避免'结果'(如被害人的死亡)";反之,"得到即将发生特定的重大犯罪的可靠情报的主管警官,在紧急状态下即使冒着生命危险也必须阻止犯罪,否则,他将作为该犯罪的帮助犯受到处罚"④。前者是真正不作为犯,后者为不真正不作为犯。正因为德国刑法理论的通说是根据是

---

① 根据结果无价值论的观点,对于《刑法》第234条中的"特别残忍手段",必须联系手段造成或者可能造成的侵害结果予以理解和限定。
② Hans-Heinrich Jescheck/Tomas Weisend, Lehrbuch des Strafrechts: Allgemeiner Teil, 5. Aufl., Duncker & Humblot 1996, S.605f.
③ 《德国刑法典》,冯军译,中国政法大学出版社2000年版,第195页。
④ Hans-Heinrich Jescheck/Tomas Weisend, Lehrbuch des Strafrechts: Allgemeiner Teil, 5. Aufl., Duncker & Humblot 1996, S.606f.

否要求发生构成要件的结果来区分的,所以,德国有学者认为,真正不作为犯与不真正不作为犯的称谓并不理想,其中,有的学者主张使用单纯的不作为犯与加重的不作为犯的概念,有的学者主张使用主要的不作为犯与次要的不作为犯的概念,有的学者主张使用无结果的不作为犯与有结果的不作为犯的概念。① 在本书看来,这种分类实际上是行为无价值论的反映,并不可取。

首先,对事物分类是有目的的,以便对根据一定标准区分出来的子项进行不同的处理。如果按照所谓构成要件是否要求发生结果来区分不作为犯,那么,只要有行为犯与结果犯的区分即可。可是,不作为犯的最大问题在于,当刑法没有明文规定保证人(行为主体)时,如何确定保证人?这是德国实质的分类没有解决的问题。

其次,按照德国学者的观点,不真正不作为犯又可以分为两类:一类是刑法明文规定了行为主体与不作为内容的犯罪,另一类是刑法没有明文规定行为主体与不作为内容的犯罪。例如,德国学者认为《德国刑法》第 315 条 c 第 1 款第 2 项 g 规定的是不真正不作为犯②,但德国的刑法理论与判例均认为,下列行为成立不真正不作为犯:"引起事故的机动驾驶人,应当使被害人接受医生的治疗。否则,他可能承担杀人罪的责任(BGH 7,287[288])。"③可是,在行为主体与不作为的内容已经有明文规定的情况下,对其解释与认定就不存在问题;存在问题的是,刑法没有明文规定行为主体与不作为的内容的场合。不真正不作为犯的核心问题就在这里。而德国刑法理论所称的不真正不作为犯的问题,只是其中行为主体与不作为的内容没有被明文规定场合的不真正不作为犯的问题,亦即,只是部分不真正不作为犯的问题。这种将两种不同类型的问题归入到一类的做法,不利于问题的解决。

---

① Vgl.,Hans-Heinrich Jescheck/Tomas Weisend, Lehrbuch des Strafrechts: Allgemeiner Teil, 5. Aufl.,Duncker & Humblot 1996, S.606.

② 所规定的构成要件是,"违反交通安全的要求","不使停止的或者不前进的交通工具保持可辨识的足够距离","因此给他人的身体、生命或者具有重大价值的物品造成危险"。

③ Hans-Heinrich Jescheck/Tomas Weisend, Lehrbuch des Strafrechts: Allgemeiner Teil, 5. Aufl.,Duncker & Humblot 1996, S.607.

最后,认为真正不作为犯没有将危险或者实害作为构成要件要素是不合适的,换言之,真正不作为犯的既遂,仍以结果发生为要件。只是行为与结果同时发生而已。即使是采取二元论的罗克信教授也认为,行为犯与结果犯的区分,只在是否需要查明因果关系(客观归责)方面具有意义。"否则,会引起误解。一方面,所有的犯罪都有结果,在行为犯的场合,结果存在于行为人所实施的充足构成要件的行为中。另一方面,在结果犯的场合,归责论意义上的结果必须被构成要件的行为所包含。因此,结果的分离只具有相对的意义。"①

在作为义务的发生根据问题上,行为无价值论与结果无价值论似乎没有明显的对立。行为无价值论与结果无价值论都可能对作为义务的发生根据采取形式的三分说或者多元说(法令、合同、事务管理、条理、习惯等)。② 按照行为无价值论的逻辑,法令产生作为义务,以及违反法令的行为能够成为先前行为,或许是理所当然的。也正因为如此,国外的行为无价值论者仍然对形式的多元说采取肯定立场。例如,井田良教授指出,基于行为构造对作为义务实质根据的探讨是重要的,具有补充多元说的意义,但并不能完全替代多元说的判断构造。③ 可是,形式的多元说既存在理论上的缺陷,也导致司法实践上确定的保证人范围不合理。(1)根据形式的多元说,只要行为人负有其他法律规定的义务,他便成为保证人,如果不履行义务,就承担刑事责任。可是,这种观点难以回答如下问题:一个以作为方式违反了其他法律的行为,并不直接成立刑法上的犯罪;既然如此,为什么一个以不作为方式违反了其他法律的行为,反而可以直接成立刑法上的犯罪?再如,对于违反合同的行为,为什么不是仅按合同法处理,而可以直接认定为犯罪?④(2)形式的多元说将其他法律规定的义务视为作为义务的首要来源(旨在说明作为义务是法律义务而不是道德义务),可是,在一些场合,即使行为人没有履行其他法律规定的

---

① Claus Roxin, Strafrecht Allgemeiner Teil, Band I, 4. Aufl., C. H. Beck 2006. S. 330.
② 参见〔日〕大谷实:《刑法讲义总论》,成文堂2009年第3版,第150页以下;〔日〕曾根威彦:《刑法总论》,弘文堂2008年版,第203页以下。
③ 〔日〕井田良:《刑法总论の理论构造》,成文堂2005年版,第44页。
④ 参见〔日〕山口厚:《刑法总论》,有斐阁2007年版,第81页。

义务,也不成立犯罪。例如,《消防法》第 5 条规定:"任何单位和个人都有……报告火警的义务。"第 44 条规定:"任何人发现火灾都应当立即报警。"然而,普通公民发现火灾后不报警的不作为,并不成立放火罪,也难以成立其他任何犯罪。由此可见,形式的多元说自相矛盾。(3) 形式的多元说对某些应当处罚的行为不能提供合理根据。例如,成年男子甲一人在家里时,邻居 7 岁的女孩主动对其实施猥亵行为,但甲并不制止。认定甲的行为属于作为并不合适,宣告甲的行为不构成犯罪更无道理。① 可是,根据形式的多元说,甲却缺乏作为义务的来源,不是保证人,但这种结论难以被人接受。再如,按照约定为他人抚养婴儿的乙,故意不提供食物导致婴儿死亡,即使约定无效或者已经超过了约定的期限,对乙也应当以不作为犯论处。但是,如若按照形式的多元说,乙也不具备作为义务的来源。(4) 从形式上理解先前行为,存在的问题更为严重,突出地表现在不当扩大不作为犯的处罚范围。例如,男子与女子经过一段时间恋爱后提出分手,女子不同意,声称如果分手就自杀,男子仍然决意分手。于是,女子在男子面前自杀,男子既不制止,也不送医院抢救。对于这类案件,以往的司法实践大多以先前行为为根据,认定男子的行为构成不作为犯罪。② 可是,恋爱也好、分手也罢,都是普通的、正常的、没有危险的行为。将这种行为认定为先前行为,使行为人承担由此引起的一切结果的责任,就意味着国民的一举一动都使其产生作为义务,显然违背刑法保障国民自由的基本原理。

与考察作为导致法益侵害的过程一样考察作为义务的来源,是结果无价值论的逻辑。由作为导致法益侵害的过程表现为,制造危险(行为制造了他人死亡的危险)→危险增大(他人的死亡危险增大)→实害结果的现实化(他人死亡)。要使不作为犯符合作为犯的构成要件,一方面,要求有危险的产生→危险增大→实害结果的现实化的过程;另一方面,要求

---

① 英国学者指出:"甚至'作为'有时候可以由不作为实施,例如,某人因为完全被动地接受儿童的作为行为,而被认为实施了严重猥亵儿童罪。"J. C. 史密斯、B. 霍根:《英国刑法》,李贵方等译,法律出版社 2000 年版,第 56 页。

② 参见岳耀勇:《见死不救　罪责难逃》,载《检察日报》2000 年 5 月 9 日,第 1 版;柴文斌、王辉:《听任女友寻短见　见死不救被判刑》,载《法制日报》2000 年 12 月 2 日,第 7 版。

行为人处于阻止危险的地位,却又没有阻止既存的危险。① 就此而言,可以将不作为导致法益侵害结果的过程分为两种类型:其一,由于某种原因(如人为的或法益主体自身的原因等)法益处于脆弱(或者无助)状态,因而出现危险→危险增大→实害结果的现实化。在这一过程中,当脆弱的法益依赖于特定人时,特定人对法益的保护是一项实质的法义务。当特定人与被害法益具有特殊关系时,该特定人就成为保证人。其二,由危险源产生的危险→危险增大→实害结果的现实化。在这一过程中,只有切断危险源,才能避免实害结果的发生,切断危险源是一项实质的法义务。其中,对危险源具有监督(支配)义务的人成为保证人。② 当然,上述两种类型的区分并不绝对,而是可能相互交叉的。③

(四) 结果

在二元论那里,结果只是限制处罚范围的附加因素或者条件。④ 例如,根据行为无价值论的观点,存在行为无价值、缺乏结果无价值时,至少成立犯罪未遂。反之,如果存在结果无价值、缺乏行为无价值,则不可能成立犯罪。

至少在结果犯的既遂的场合,二元论将结果无价值作为不法的构成要素。那么,为什么二元论在将行为无价值作为不法的核心要素时,不得不将结果无价值作为不法的构成要素呢?主要理由是,考虑"结果"具有现实的必要性。⑤ 首先,结果在实定法上和审判实务上具有重要性。实定法以处罚既遂犯为原则,对轻微犯罪的未遂基本上都不处罚,对严重犯罪的未遂也实行任意从轻、减轻处罚的制度;另一方面,在结果加重犯的场合,法定刑明显重于基本犯的法定刑。所以,结果对于量刑的重要意义

---

① 参见〔日〕山口厚:《刑法总论》,有斐阁2007年版,第80页;Claus Roxin, Strafrecht Allgemeiner Teil, Band Ⅱ, C. H. Beck 2003, S. 683f。
② 参见〔日〕山口厚:《新判例から見た刑法》,有斐阁2008年版,第41—42页。
③ 不可否认,机能的二分说是德国刑法理论的通说。但在本书看来,机能的二分说并不是规范违反说的逻辑结论,而是法益侵害说的逻辑结论。
④ 参见〔日〕井田良:《刑法总论の理论构造》,成文堂2005年版,第15页。
⑤ 参见〔日〕松原芳博:《犯罪概念と可罚性》,成文堂1997年版,第204—205页。

也不可否认。① 既然在实定法上是否处罚以及处罚的轻重依赖于结果,那么,与实定法相对应的刑法理论就应当肯定结果具有不法构成机能。其次,为了显示结果的重要性,二元的行为无价值论援用了对人的行为的日常评价。例如,将救生圈扔给落水者的行为,能否救助落水者,依赖于偶然的事项。但是,只有当救助成功了,救助者才能受到表彰。所以,对人的行为的评价受到其结果的影响。② 最后,二元的行为无价值论援用犯罪与刑罚的社会的性格来论证结果具有不法构成机能。亦即,犯罪是一种社会现象,不仅与行为人有关,而且与被害人和公众有关,故应当从被害的重大性与法秩序的扰乱的观点来考虑不法论。发生结果时,导致社会的处罚欲求增高,故需要发动刑罚。③ 但是,上述观点存在疑问。

二元论关于结果在体系上地位的结论,与作为其前提的命令规范论相矛盾。只要将刑法规范理解为命令规范,将违法性理解为违反刑法规范,那么,由于结果不是命令的对象,结果便不能纳入违法概念之中。"即使回避'命令规范'的表述,单纯称为'行为规范',也不可能包摄'结果'。'行为规范'是作为人们选择行为时的指针而发挥机能的,所以,如果不是在行为时已经确定就没有意义。因此,行为规范的对象,毕竟在于导致结果发生的行为。不允许根据行为后的'结果'如何,回溯性地变更行为的'指针'。所以,对于行为规范的违反而言,离开了行为人之手的'结果'没有任何意义。"④ 总之,只要以命令规范论或者行为规范论为前提,就不可能采取二元论,而只能采取主观的一元的行为无价值论。因此,二元论关于结果在体系上的地位的结论,是难以被人接受的。

结果无价值论的基本观点是,"鉴于法的任务是规律社会生活的外部的侧面,与法益侵害说相联结的客观的评价规范论的立场应得到支持,而且从刑法的机能这一点看,也显示了这一立场的正当性。既然刑法的任

---

① 〔日〕野村稔:《未遂犯の研究》,成文堂1984年版,第144页。
② M. Maiwald, Die Bedeutung des Erfolsunwertes im Strafrecht, in: Heinz Schöch (hrsg.), Wiedgutmachung und Strafrecht, Fink Verlag 1989, S. 70.
③ Stratenwerth, Zur Relevanz des Erfolsunwertes im Strafrecht, in: Festchrift für Friedrich Schaffstein, Göttingen 1975, S. 186.
④ 〔日〕松原芳博:《犯罪概念と可罚性》,成文堂1997年版,第211页。

务是对作为社会的现实纷争的犯罪进行(事后的)处理,那么,就必然以社会的现实中的犯罪为对象。而作为社会的现实的犯罪的意义,首先是它引起了作为不合适事态的法益的侵害、危险化。因此,结果(包含危险)的发生,就不只是'媒介'或者'征表',而必须作为发动刑罚权根据的'实体'来把握。如果忽视作为这种'实体'的'结果'的意义,就会导致不法论中的现实性、社会性的丧失"①。概言之,结果是违法性的根据,而不只是限制处罚范围的条件。

周光权教授指出:"结果无价值论在法益实害和法益危险这两者之间,为了保证所谓的判断标准明确性、客观性,通常会更重视实害(既遂结果),而对未遂犯的具体危险,即便并不忽视,也只是从'作为结果的危险'的角度解释未遂犯的处罚根据。""行为无价值论重视未遂意义上的法益危险,至少将未遂的危险与既遂结果同视,并且从'行为危险'的角度解释未遂犯的处罚根据。"②在本书看来,这种归纳并不妥当。其一,结果无价值论所称的结果,包括危险结果,而不是仅指实害结果,否则结果无价值论便不能解释未遂犯与中止犯的处罚根据,因而没有存在的余地。在此意义上说,结果无价值论更重视危险结果。其二,是重视实害还是重视危险,既取决于案件的具体情况,也取决于刑法的规定。在杀人未遂时,结果无价值论当然重视危险结果;在杀人既遂时,结果无价值论就重视实害结果。在刑法处罚危险犯时,结果无价值论重视的是危险结果;在刑法不处罚未遂犯只处罚既遂犯时,结果无价值论便只重视实害结果。其三,行为无价值论也不可能将未遂的危险与既遂结果等同看待,否则不可能解释未遂犯的处罚为什么轻于既遂犯。其四,仅从行为危险的角度解释未遂犯的处罚根据,必然导致未遂犯的处罚范围过于宽泛,也不能说明未遂犯的处罚轻于既遂犯的根据。

其实,行为无价值论重视的并不是犯罪行为本身对法益侵害的危险,而是"如果不处罚此行为人的此行为,其他人模仿此行为可能产生的危

---

① 〔日〕松原芳博:《犯罪概念と可罚性》,成文堂1997年版,第219—220页。
② 周光权:《行为无价值论的法益观》,载《中外法学》2011年第5期,第955—956页。

险"。于是,行为无价值论将其他人将来实施此行为可能造成的危险,当作处罚此行为人的此行为的根据。由此可以清楚地看出,不将报应作为限定刑罚的正当化根据,必然导致将行为人作为预防他人犯罪的工具。

值得讨论的还有抽象危险的概念。行为无价值论者一般认为,抽象危险犯中的抽象危险虽然是处罚根据,但不是构成要件要素。① 井田良教授指出:在抽象的危险犯中,"不必逐一考虑行为在具体状况下具有何种意义(或者何种程度)的危险"②。冯军教授指出:"在抽象危险犯中,只要行为人实施了刑法分则条文规定的行为,就大体上相应地产生了抽象危险。刑事法官在认定抽象危险犯时,一般只需要判断行为人是否实施了刑法分则条文规定的行为,而无需具体判断是否从行为人的行为中产生了抽象危险。"③本书难以赞成这样的观点。

抽象危险存在不同类型。首先,在某些场合,抽象危险是指具有发生实害的特别重大、紧迫的危险。例如,《日本刑法》第108条规定:"放火烧毁现供人居住或者现有人在内的建筑物、火车、电车、船舰或者矿井的,处死刑、无期或者5年以上惩役。"第109条第1项规定:"放火烧毁现非供人居住并且现无人在内的建筑物、船舰或者矿井的,处2年以上有期惩役。"第110条第1项规定:"放火烧毁前两条规定以外之物,因而发生公共危险的,处1年以上10年以下惩役。"显而易见的是,前两条规定的是抽象危险犯,后一条规定的是具体危险犯。前两条的法定刑之所以重于后一条规定的法定刑,是因为前两条的行为致人伤亡的危险很大、很紧迫。此外,第108条所规定的法定刑之所以重于第109条规定的法定刑,显然是因为前者致人伤亡的危险特别大、特别紧迫。我国《刑法》的相关规定也说明了这一点。例如,我国《刑法》第144条将生产、销售有毒、有害食品罪规定为抽象危险犯,第143条将生产、销售不符合安全标准的食品罪规定为具体危险犯,是因为前者对生命、身体的危险更加紧迫。不难

---

① Vgl., Claus Roxin, Strafrecht Allgemeiner Teil, Band I, 4. Aufl., C. H. Beck 2006, S. 338.
② 〔日〕井田良:《刑法各论》,弘文堂2007年版,第41页。
③ 冯军:《论〈刑法〉第133条之1的规范目的及其适用》,载《中国法学》2011年第5期,第148页。从冯军教授文的上下文可以看出,这里的"无需具体判断……抽象危险",实际上是指"无需判断抽象危险"。

看出,在这种场合,将"具体危险犯所造成的是紧迫的危险,抽象的危险犯造成的是缓和的危险"作为区分标准①,并不妥当。

其次,在某些场合,抽象危险实际上几乎等同于实害。例如,侮辱、诽谤罪属于抽象的危险犯②,但是,侮辱、诽谤行为对他人名誉造成的侵犯几乎相当于实害犯,只是因为这种实害难以具体测量,刑法才将其规定为抽象危险犯。在这种场合,既不能认为抽象危险是缓和的危险,也不能认为抽象危险只是行为的危险、具体危险是作为结果的危险。

最后,在某些场合,抽象危险是比较缓和的危险,亦即距离实害比较远的危险。例如,毒品不仅能使人形成瘾癖,而且足以危害人的身体健康;接触毒品的人,可能吸食、注射毒品。也正因为如此,刑法不仅处罚已经侵害了公众健康的毒品犯罪行为,而且针对毒品对公众的健康进行提前保护。所以,毒品犯罪是"以公众的健康为保护法益的抽象危险犯"③。既然如此,成立毒品犯罪,就要求发生公众健康的抽象危险。但是,各种毒品犯罪对公众健康的危险不必是紧迫的、立即造成人员伤亡的危险。再如,危险驾驶罪中的抽象危险,也属于这一类。即使危险驾驶行为所形成的造成他人伤亡的危险并不紧迫,但只要具有比较缓和的危险,也不影响本罪的成立。

不难看出,要想以单一的实体标准区分具体危险与抽象危险,并不可行。可行的是根据判断方法区分具体危险与抽象危险。抽象危险的判断,只需要一般性的、类型性的判断;而具体危险的判断,需要个别的、具体的判断。详言之,具体危险犯与抽象危险犯是以对事实的抽象程度为标准的:具体危险犯中的危险,是"在司法上"以行为当时的具体情况为根据,认定行为具有发生侵害结果的可能性;抽象危险犯中的危险,是"在司法上"以行为本身的一般情况为根据或者说以一般的社会生活经验为根据,认定行为具有发生侵害结果的可能性。因此,不管是具体危险犯中的危险,还是抽象危险犯中的危险,都是现实的危险,因而都是需要在司

---

① 参见〔日〕平野龙一:《刑法总论I》,有斐阁1972年版,第120—122页。
② 参见〔日〕西田典之:《刑法总论》,弘文堂2011年版,第85页。
③ 〔日〕大谷实:《刑法讲义各论》,成文堂2009年第3版,第406页。

法上认定和考察的,但只是对作为认定根据的事实的抽象程度不同:认定具体危险犯中的危险时,对作为判断基础的事实进行的抽象程度低;反之,认定抽象危险犯中的危险时,对作为判断基础的事实进行的抽象程度高。例如,放火罪是具体危险犯,根据行为当时的具体情况,认定使对象物燃烧的行为具有公共危险时,才能成立放火罪。盗窃枪支、弹药、爆炸物罪是抽象危险犯,根据一般社会生活经验,认定窃取枪支、弹药、爆炸物的行为具有公共危险时,便成立盗窃枪支、弹药、爆炸物罪。

　　认为抽象危险是处罚根据、不是构成要件要素的观点,意味着只要立法上认为有抽象危险,即使司法上认为完全没有危险,也成立犯罪。这显然难以成立。因为只有当现实案件具备了刑法条文所要求的处罚根据时,才能够认定为相应的犯罪。换言之,在司法上,将没有任何危险的行为认定为危险犯,进而给予刑罚处罚,违反了刑法处罚危险犯的本旨。其实,人们之所以认为抽象危险不需要判断或者不需要具体判断,主要是因为立法者凭借一般的生活经验认定其所规定的行为有抽象危险。但是,这种经验的依据,在有些时候是靠不住的。例如,《日本刑法》第108条所规定的对现住建筑物放火罪属于抽象危险犯,公共危险和对建筑物内的人的危险,是本罪的处罚根据。日本刑法理论的通说认为,如果对建筑物放火的行为客观上没有发生上述两种危险,就不可能成立对现住建筑物放火罪。① 再如,根据《德国刑法》第306条的规定,只要对供人居住用的建筑物、船舶或者房屋放火,就构成放火罪(抽象危险犯)。根据抽象危险不需要判断的观点,即使房屋的价值低廉、没有左邻右舍、行为人确定房屋内没有人,但只要该屋舍是供人居住使用的,对其实施放火行为,就成立放火罪。亦即,在这种情况下,虽然实际上不存在任何公共危险,但也成立作为公共危险罪的放火罪。这便使行为人对现实上并不存在的危险承担责任。概言之,根据抽象危险不需要判断的观点,在抽象危险犯的

---

① 参见〔日〕内田文昭:《刑法各论》,青林书院1996年版,第443页;〔日〕中森喜彦:《刑法各论》,有斐阁1996年版,第200页;〔日〕曾根威彦:《刑法各论》,弘文堂2008年版,第209页;〔日〕前田雅英:《刑法各论讲义》,东京大学出版社2007年版,第369页;〔日〕山口厚:《刑法各论》,有斐阁2010年版,第377页;〔日〕林幹人:《刑法各论》,东京大学出版社2007年版,第330页。

场合,即使行为在客观上没有任何危险、行为人主观上确证了没有任何危险,也必须承担危险犯的刑事责任。这显然违反责任主义。①

按照结果无价值论的观点,行为所造成的抽象危险,也是结果。结果与行为毕竟是不同的构成要件要素,既然如此,就不能只判断行为,不判断危险。换言之,既然抽象危险这一结果是独立于行为要素的,在任何案件中就都需要判断抽象危险,而不是"一般只需要判断行为、无需判断结果"。

(五) 因果关系

在本书看来,在因果关系的认定问题上,行为无价值论与结果无价值论并没有明显区别。例如,在日本,行为无价值论与结果无价值论都会采取相当因果关系说。不过,行为无价值论者往往采取其中的主观说或者折中说,而结果无价值论者一般采取其中的客观说。同样,结果无价值论者也可能采取客观归责理论。

周光权教授指出:"赞成结果无价值,就应该在因果关系上坚持彻底的条件说。但是,由于条件说所确定的因果关系范围过于广泛,况且,在出现介入因素的场合,用条件说不能很好地处理案件,所以,各种修正理论开始出现。这些理论的出现,似乎与结果无价值论背离,而更多地体现了行为无价值的思路。"②但在本书看来,这一说法缺乏道理。首先,结果无价值论主张因果违法论,认为行为造成了法益侵害结果时,该行为就是违法的。所谓行为造成了法益侵害结果,意味着行为与结果之间具有因果关系。至于如何认定因果关系,则是另一问题。但是,一方面,条件关系并不等于因果关系。所以,认为结果无价值论应当坚持彻底的条件说,是缺乏根据的。另一方面,在认定行为与结果之间的因果关系时,对条件说的限定或者修正,并没有背离结果无价值论所主张的任何观点。其次,对条件说的限定或者修正,抑或采取客观归责理论,反而是以法益保护为

---

① Vgl. ,Schröder, Die Gefahrdungsdlikte im Strafrecht, ZStW 1969,S.15.
② 周光权:《行为无价值论的法益观》,载《中外法学》2011 年第 5 期,第 947 页。

导向的。为客观归责理论作出了卓越贡献的罗克信教授指出:"从法益保护原则出发经过一定的必然发展衍生出了客观归责理论……因为如果刑法希望保护法益免受人为的侵害,恰恰只有借此理论方能实现:刑法禁止制造威胁法益存在的不允许的危险,并且将以法益侵害的形式违反禁止规定的实现该种危险的情形评价为刑事不法。因此,构成要件行为始终都是以实现人为制造的不允许危险的形式存在的法益侵害行为。"①

三、主 观 要 素

本部分所商榷的是将故意、过失作为主观的违法要素纳入构成要件的行为无价值论的观点。

为什么行为无价值论者一定要将故意作为违法要素而纳入构成要件呢?德国刑法学者所提出的首要理由是:"故意的意义在于,它包含了过失犯罪里缺乏的、反对受法律保护利益的决定,所以,这就使得将其划入不法构成要件具有了重要意义,因为,如果行为人意识到了被包含的法益并故意加以侵害,显然比过失伤害法益的行为更为严重地违反了刑法保护的规范。因此,故意是受刑罚威胁的行为的要素之一,这些要素决定了违法程度,也就是说,故意是不法的组成部分。"②日本的行为无价值论者井田良教授指出:"将刑法的任务理解为保护法益的立场来看,将故意作为违法要素来把握是更为合理的。刑法是保护法益的手段,刑法只能通过向国民明示禁止一定行为的规范(或者为了保全法益而命令一定行为的规范),对违反者科处刑罚来维持规范的效力,使人们产生按照规范行事的动机。于是,为了更有效地保护法益,就必须对直接指向法益侵害的故意行为,比并非这种行为作出更为强烈的禁止。正是因为立足于法益保护思想,故意是为更严重的规范违反性奠定基础的东西,所以必须将其

---

① Claus Roxin, Das strafrechtliche Unrecht im Spannungsfeld von Rechtsgüterschutz und individueller Freiheit, in: Zeitschrift für die gesamte Strafrechtswissenschaft, 116(2004), S. 929ff.
② 〔德〕冈特·施特拉腾韦特、洛塔尔·库伦:《刑法总论 I——犯罪论》,杨萌译,法律出版社 2006 年版,第 108 页。

作为违法要素。"①换言之,"将故意置于构成要件要素的地位,是基于故意是类型的违法要素。根据规范的一般预防论的立场,直接指向法益侵害的故意的行为,与并非这种行为相比,必须被更强有力地禁止。禁止故意犯的规范与禁止过失犯的规范不同,前者的规范违反值得进行更重的违法评价。故意行为与过失行为都是违法行为,但并不是在违法层次上不加以区别,故意是为更重的违法评价奠定基础的违法要素,而且原则上是为更重的违法性奠定基础的类型的违法要素,所以应作为(积极的)构成要件要素予以定位"②。概言之,故意之所以作为违法要素纳入构成要件,是因为故意表明行为人更为严重地违反了规范,而违法性的实质是违反法规范,所以故意行为具有更严重的违法性;为了实现规范一般预防,要求对故意犯罪科处更重的刑罚,这表明故意犯的违法性重于过失犯的违法性。

但是,如前所述,法规范违反说本身就存在疑问。既然法规范违反说本身存在疑问,那么,以此为根据将故意、过失作为主观的违法要素,也是存在疑问的。

没有人否认故意犯重于过失犯,问题是,为什么行为无价值论者认为,故意犯之所以重于过失犯,是因为故意犯的违法性重于过失犯的违法性?根据行为无价值论的观点,故意犯与过失犯在构成要件与违法性层面是不同的,但在责任层面是相同的。因为如后所述,在责任层面,故意犯与过失犯在责任能力、违法性认识的可能性与期待可能性方面都是相同的。可是,既然责任是对符合构成要件的违法行为的非难可能性,我们就更有理由认为,与过失犯相比,故意犯更加值得非难、谴责,所以,故意犯的责任重于过失犯的责任。

况且,在我国,存在少数故意犯与过失犯法定刑相同的情形,如滥用职权罪与玩忽职守罪、故意泄露国家秘密罪与过失泄露国家秘密罪、执行判决、裁定失职罪与执行判决、裁定滥用职权罪、故意泄露军事秘密罪与过失泄露军事秘密罪。这多多少少说明,在我国,很难认为故意犯与过失

---

① 〔日〕井田良:《変革の時代における理論刑法学》,庆应义塾大学出版会2007年版,第120页。
② 〔日〕井田良:《刑法総論の理論構造》,成文堂2005年版,第72页。

犯的区别,在于违法性不同。

在行为无价值论的阵营中,也有学者以故意犯与过失犯的法益侵害样态不同为根据,将故意、过失作为违法要素纳入构成要件。如福田平教授指出:"一旦采取结果无价值论,例如,杀人罪与过失致死罪,都因为引起了死亡结果(同一法益侵害),其违法性便没有差异。但是,直接指向法益侵害的行为,与不以法益侵害为目的、而因失误引起法益侵害的行为,是法益侵害的样态的类型的不同,认为它们的违法性相同只是责任不同的观点果真妥当吗?再者,根据结果无价值论的立场,过失犯的违法性,不是归结为结果发生＝法益侵害,结果发生的实质的危险性也是影响违法性的要素,倘若果真如此,就应当着眼于故意犯与过失犯对结果发生的危险性的类型性的差异,进而承认两者间在违法性阶段存在差异。"①大塚仁教授也指出:"例如,故意的杀人行为与过失的致死行为,从侵害被害人的生命这一结果无价值的观点来看,应当没有任何不同,但这明显与我们的法感情相矛盾。故意行为与过失行为的评价不同,并不只是在责任论考虑就够了,在违法性论中也必须成为问题。我国的结果无价值论,无视20世纪初期以来关于主观的违法要素的刑法学的发展过程,可以说要退回到以前的状态。"②在本书看来,这些说法不无缺陷。

首先,将行为的样态本身作为判断违法性轻重的根据,没有合理性。例如,开枪射击致人死亡,既可能出于故意,也可能出于过失,还可能是意外事件;同样,一刀刺中他人心脏,导致他人死亡,既可能是出于故意,也可能是出于过失。但这不是行为样态本身的区别,而是故意、过失的区别。不难看出,上述观点实际上是将故意、过失的区别当作行为无价值的区别,因而与主观主义没有实质区别。

其次,基于同样的理由,对法益侵害的危险并不因故意与过失有所区别。例如,甲从乙手中接过一支手枪,以为手枪中没有子弹。只要甲玩弄该手枪,就存在致人伤亡的危险;如果甲没有扣动扳机的行为意志,致人

---

① 〔日〕福田平:《全订刑法总论》,有斐阁2004年版,第142页。
② 〔日〕大塚仁:《刑法概说(总论)》,有斐阁2008年版,第368页。

伤亡的危险就比较小;反过来,倘若甲有扣动扳机的行为意志,就会扣动扳机,致人伤亡的危险就增大,甚至产生伤亡结果。即使甲不可能预见手枪中有子弹(行为人没有过失),也不能否认侵害法益的危险。再如,行为人A持手枪对着被害人X的心脏。在这种场合,X是否有被杀害的危险性,取决于A是否扣动扳机;而A是否扣动扳机,取决于其是否有扣动扳机的意志。但联系上述甲以为手枪中没有子弹一例来考虑,就会发现,扣动扳机的意志,并不等于故意,也不等于过失。① 行为无价值论者,实际上将扣动扳机的意志理解为故意,因而不妥当。

再次,没有根据表明,认为故意杀人与过失致人死亡的违法性相同的观点,违反了一般人的法感情。质言之,认为故意杀人与过失致人死亡的违法性相同的观点,只是不符合行为无价值论者的法感情。但是,这一点不是结果无价值论的缺陷。

最后,认为故意杀人罪、故意伤害(致死)罪与过失致人死亡罪的违法性相同、责任不同,不仅没有不当之处,反而有利于作出合理判决。例如,按照行为无价值论的观点,"杀人罪与伤害罪的关键区别在于故意内容不同"。这一说法隐含的观点是,即使客观上不可能导致他人死亡,只能导致伤害,但只要行为人具有杀人故意,也要认定为故意杀人罪。这显然难以令人信服。其实,杀人罪与伤害罪的区别首先在于客观行为不同:杀人罪的行为是具有导致他人死亡的紧迫危险的行为,而伤害行为则是具有导致他人身体受到伤害的紧迫危险的行为。当客观行为不属于类型性的足以致人死亡的行为时,即使行为人自己承认想杀人,也不得认定为故意杀人罪。例如,行为人使用木棒殴打他人大腿,造成他人骨折。即使行为人供述想杀害被害人,也只能认定为故意伤害罪。另一方面,故意杀人致人死亡、故意伤害致死与过失致人死亡,在客观上都是"杀人"。在故意伤害致死的场合,认为其客观行为不是杀人只是伤害的观点,是不成立的。既然被害人已经死亡,就足以表明客观行为是杀人。任何人都不能否认致人死亡的行为是一种"杀人"行为。之所以出现定罪上的区别,

---

① 倘若行为人手中没有手枪,就不可能独立判断其想开枪的意志。

只是因为责任不同。例如,在发生了被害人死亡的结果,并已经得出行为人的客观行为导致了死亡的结论的场合,首先要肯定该客观行为是杀人行为。接下来要判断的是行为人是否认识到自己的客观行为会发生他人死亡的结果,并且希望或者放任这种结果发生,如果得出肯定结论,就认定为故意杀人罪,不再进行其他判断。如果得出否定结论,就判断行为人是否认识到自己的客观行为会发生伤害他人身体的结果,希望或者放任伤害结果的发生,并对死亡结果具有过失,如果得出肯定结论,就认定为故意伤害(致死)罪。如果得出否定结论,就判断行为人对死亡结果是否具有过失,如果得出肯定结论,就认定为过失致人死亡罪;如果得出否定结论,就只能认定为意外事件。

行为无价值论将故意、过失作为违法要素纳入构成要件,还有如下理由:(1)构成要件是犯罪类型,如果不将故意、过失作为构成要件要素,故意杀人、故意伤害致死、过失致人死亡这三种犯罪的类型便相同,从而动摇了构成要件是犯罪类型的观点。(2)在未遂犯中,不考虑行为人的故意就不可能认定为未遂犯;既然未遂犯中的故意是主观的违法要素,那么,既遂犯中的故意也应当是主观的违法要素。(3)构成要件的行为由动词表述,而这些动词本身就包括了主观要素。如周光权教授指出:"刑法中大量的违法性要素,如'窃取'、'猥亵'等,都必然包含了主观的要素。"[①](4)目的犯中的目的、倾向犯中的内心倾向、表现犯中的内心经过,都是主观的违法要素,而它们的存在是以故意为前提的。[②] 但本书认为,这些理由难以成立。

第一,既然认为犯罪的成立必须具备构成要件符合性、违法性与有责性,却要求构成要件一个条件成为犯罪类型,完成犯罪的个别化机能,这是对构成要件的过分要求。换言之,没有必要强求构成要件具有个别化机能,维持其违法推定机能、故意规制机能即可。此外,由于构成要件具有故意规制机能,所以,一旦将故意、过失纳入构成要件要素,那么,就不

[①] 周光权:《违法性判断的基准与行为无价值论》,载《中国社会科学》2008年第4期,第127页。

[②] Vgl., Claus Roxin, Strafrecht Allgemeiner Teil, Band I, 4. Aufl., C. H. Beck, 2006, S. 310ff.

得不承认,具有故意规制机能的构成要件仅限于客观的构成要件。这种为了使构成要件具有个别化机能而将故意、过失纳入构成要件的做法,使构成要件丧失了另外的机能。

事实上,构成要件是否具有使此罪与彼罪相区别的个别化机能并不特别重要。"诚然,使犯罪个别化,是构成要件的罪刑法定主义机能的一个侧面。但是,构成要件的本来的罪刑法定主义的机能,在于明确限制处罚范围,明确划定应受处罚的行为与不受处罚的行为的界限,这与区分个别犯罪与其他犯罪的问题并不一定是一致的。例如,认为故意犯罪与过失犯的构成要件,在行为无价值论这一点上存在本质不同见解,以此为根据,使犯罪个别化的机能彻底化。但其反面所产生的问题是,由于其主张过失犯的本质在于行为无价值(违反行为基准),使处罚范围不明确。"①

第二,在三阶层体系中,违法性阶层实际上讨论的是违法阻却事由。将故意、过失、目的等作为主观的违法要素纳入构成要件后,只有责任能力、违法性认识的可能性与期待可能性成为责任要素。然而,在一般情况下,行为人都具备这些责任要素,缺乏责任要素的情形很罕见。于是,刑法理论实际上讨论的是在何种情形下没有责任能力、没有违法性认识的可能性与期待可能性;换言之,责任要件所讨论的便只是责任阻却事由。这样,三阶层体系必须转变成构成要件符合性——违法阻却事由——责任阻却事由。② 但是,如果在责任论所讨论的只是责任阻却事由,那么,构成要件就成为违法有责类型了。

或许正因为如此,一种观点认为,构成要件不仅是违法类型,而且是责任类型;故意、过失虽然是构成要件要素,但仍然是两种不同的责任形式,其本籍在责任中。于是,故意、过失分为构成要件的故意、过失与责任故意、责任过失。例如,德国学者耶赛克、魏根特教授指出:"人的不法是'主体的客观的不法'。作为直接违反规范命令的行为意思的故意,是人的行为不法的核心。……但是,故意并非仅仅属于不法构成要素,而是具

---

① 〔日〕内藤谦:《刑法讲义总论(上)》,有斐阁1983年版,第171—172页。
② 在日本,大谷实教授采取了构成要件——犯罪阻却事由(包括违法性阻却事由与责任阻却事由)的体系。〔日〕大谷实:《刑法讲义总论》,成文堂2009年第3版。

有二重的地位。作为态度的操纵要素,故意虽然是符合构成要件的行为不法的核心,但它作为属于行为人责任的意思形成过程的最终结果,也是责任构成要素。责任反映了所实行的不法的种类与程度,行为人是故意实行其行为,还是欠缺对回避法益侵害命令的注意,对责任非难的种类与程度也是有区别的。与故意的场合相同,过失也决定不法与行为人的责任。"①日本学者福田平教授指出:"关于这一点,我现在依然维持故意是不法要素的同时也是责任要素的见解。故意(事实的故意)作为行为(意思实现)的构成的要素,与其客观的侧面成为一体,构成具有主观=客观的整体构造的行为;在作为整体的行为成为违法判断的对象这种意义上,是不法要素;与此同时,这种事实的故意,作为行为时表现出来的行为人的心理的活动形成,从意思形成方面成为责任判断的对象,在此意义上,它是责任要素。"②

但是,这种做法要么导致对故意、过失进行重复评价,要么导致责任故意与责任过失徒有虚名,要么在责任故意、责任过失中添加其他并非属于故意、过失的要素(如将违法性认识的可能性归入故意、过失的要素),导致构成要件故意、过失与责任故意、过失不一致。例如,这种观点认为,假想防卫的行为人具有构成要件的故意,但没有责任故意,仅有责任过失。③ 可是,该观点本来的宗旨是将故意、过失纳入构成要件,使构成要件成为犯罪类型,在假想防卫等场合却出现了原本属于故意类型的犯罪最后被认定过失犯罪的现象。这不仅违背其初衷,而且自相矛盾。更为重要的是,主张构成要件是违法有责类型的观点,容易导致整体性判断,从而有损刑法的安定性。正如日本学者内藤谦教授所言:"认为构成要件是违法、有责行为类型的立场,存在着这样的倾向,即不是将重点置于犯罪成立要件的分析的检讨,而是将重点置于犯罪成立要件的综合的、整体的考察。"④也许行为无价值论者会指出,将故意、过失纳入构成要件,并

---

① Hans-Heinrich Jescheck /Thomas Weigend, Lehrbuch des Strafrecht Allgemeiner Teil, 5. Aufl., Duncker & Humblot 1996, S. 242f.
② 〔日〕福田平:《刑法解释学の诸问题》,有斐阁2007年版,第15页。
③ 〔日〕团藤重光:《刑法纲要总论》,创文社1990年版,第134页、第242页。
④ 〔日〕内藤谦:《刑法讲义总论(上)》,有斐阁1983年版,第187页。

不意味着整体的考察,而是先考察构成要件的客观内容,再考察构成要件的主观内容。果真如此,则犯罪论体系演变成客观构成要件—主观构成要件—违法阻却事由—责任阻却事由。但是,这种体系割裂了构成要件与对应的犯罪阻却事由之间的内在联系。

持上述观点的学者也许会认为,在违法性阶段,根据一般人标准判断违法性,使故意、过失影响违法性;在责任阶段,根据行为人标准,使故意、过失影响有责性。但是,即使在违法性阶段,不是也不可能是根据一般人标准判断故意、过失。因为故意、过失是行为人的主观内容,而不可能采取一般人标准。例如,在判断预见可能性时,即使先判断一般人能否预见,再进一步判断行为人能否预见,也不是先判断违法性,再判断有责性,而只是对行为人有无过失进而是否有责的判断。

此外,将构成要件视为违法类型,同时认为故意、过失既是违法要素也是责任要素的观点,也显得首尾不一。例如,福田平教授一方面主张故意、过失既是违法要素也是责任要素,同时又指出:"构成要件是将禁止的素材对象性地记述下来的东西,所以,构成要件符合性,是违法性的征表(Indiz),是违法性的认识根据。在此意义上说,可以将构成要件理解为违法类型。与此相对,也有观点主张,构成要件不仅是违法类型,而且是责任类型,构成要件符合性,是违法性与责任的认识根据。诚然,不能否定构成要件是与责任有关联的东西,但是,构成要件与责任,不是无媒介就产生关系的,而是以违法行为为媒介产生关系的。在犯罪论体系中,构成要件符合性、违法性、责任,后者分别是以前者为前提的,在此意义上说是一种逻辑的结合;构成要件符合性在逻辑上先行于违法性,违法性在逻辑上先行于责任。因此,虽然能够承认没有责任的违法,但不能承认有不违法的责任。所以,说构成要件是责任类型是没有什么意义的。而且,一旦认为构成要件是违法性与责任的认识根据,那么,某种行态符合构成要件时,不仅可以推定该行态的违法性,而且可以推定实施该行态的人具有责任。但是,违法性被推定的结果,是在违法性的判断中,可以采用是否存在违法阻却事由这种消极的方法来确定违法性的;而在责任中,不能采用同样消极的方法确定责任,而是必然积极地判断责任的有无。于是,即使通过构成要件符合性推定责任,不仅没有意义,而且从与违法性相区别的意义上说,构成要件符合性不推定责任,即不是责任的认识根据。"①但是,由于责任故意、过失与构成要件的故意、过失并不存在区别,将故意、过失纳入构成要件后,实际上使构成要件成为违法有责类型。在这种情况下,要否认构成要件是违法有责类型,可能只是自欺欺人了。

正是因为行为无价值论将故意、过失作为违法要素纳入构成要件,故德国也有学者认为,"德国刑法体系的最新发展又失去了区分不法与罪责所产生的好处"②。因为行为无价值论的观点,使构成要件包含了成立犯罪所需要的全部积极要素,从而导致整体性的判断。不可否认的是,犯罪原本就是一个整体,但整体性地认定犯罪必然导致恣意性,所以需要建立防止认定犯罪的恣意性的犯罪论体系。"可以确保法的安定性,做到认定容易,且排除恣意性的犯罪论体系应如何构成呢? 首先,必须有某种程度分析的思考。'直观地判断是否犯罪(整体的考察法)'是危险的,无论如何都会使判断者的恣意性很大。"③绝大多数案件都没有违法阻却事由与责任阻却事由,所以,行为无价值论的犯罪论体系的分析性的思考,已经名存实亡。

第三,认为未遂犯的故意是主观的违法要素,缺乏合理性。以两种代表性的情形为例:其一,被害人牵着自己的宠物狗散步,行为人发射的子弹从狗与被害人中间穿过。行为无价值论认为,如果撇开行为人有无故意,就不能判断是否成立杀人未遂。但是,只要该行为具有致人死亡的具体危险,行为人对此有认识,就不难认定为杀人未遂;反之,即使行为人对此没有认识,任何人也不能否认其行为具有致人死亡的具体危险(只是因为不处罚过失的未遂犯,才不可罚)。就这种类型的未遂犯而言,行为是否发生了危险,并不需要考虑行为人的故意。其二,行为人用手握手枪瞄准对方,但还没有射击。如果不查明行为人是出于胁迫的故意,还是出于

---

① 〔日〕福田平:《全订刑法总论》,有斐阁 2004 年版,第 69—70 页。
② 这是德国学者 Hans-Joachim Hirsch 特别一再表达的忧虑,转引自〔德〕许逎曼:《区分不法与罪责的功能》,许玉秀、陈志辉合编:《不移不惑献身法与正义——许逎曼教授刑事法论文选辑》,台北春风煦日论坛 2006 年版,第 419 页。
③ 〔日〕前田雅英:《刑法总论讲义》,东京大学出版会 2011 年版,第 32 页。

伤害或者杀人的故意,就不能以某种未遂犯处罚。在行为无价值论看来,当行为人持枪对准他人时,是否成立杀人未遂,要以行为人有无故意来确定;如果没有故意,就没有致人死亡的危险,因而没有违法性。所以,未遂犯的故意影响违法性。① 但是,在这种场合,是有无扣动扳机的行为意志影响法益侵害的危险,而不是故意本身影响法益侵害的危险。如前所述,只要手枪中有子弹,行为人具有扣动扳机的行为意志,即使行为人不可能预见手枪中有子弹,也不能否认法益侵害的危险。"只有当行为人具有故意时才处罚未遂犯",并不说明故意本身影响未遂犯的违法性。因为按照行为无价值的观点,过失也是影响违法性的构成要件要素,可是,刑法并不处罚过失的未遂犯。况且,即使承认未遂犯的故意是主观的违法要素,也不意味着既遂犯的故意一定是主观的违法要素。因为在既遂的场合,法益侵害的结果已经发生,不需要根据故意判断是否发生了法益侵害的结果。同样,即使承认目的、内心倾向、内心经过等是主观违法要素,也不意味着故意、过失是主观的违法要素。

第四,不可否认,刑法分则条文表述行为的是动词,某些动词乍一看就包含了故意,而不可能是过失或者无意识的,如放火、破坏交通工具、盗窃、强奸等。但这是因为学者们事先知道这些犯罪属于故意犯罪,所以产生了这些行为离不开故意的印象。换言之,认为刑法分则条文使用的动词本身就包括了主观要素,只不过是一种思维惯性而已。首先,从法律规定上说,认为某些动词包含了故意就是不成立的。例如,《刑法》第115条第1款规定:"放火、决水、爆炸以及投放毒害性、放射性、传染病病原体等物质或者以其他危险方法致人重伤、死亡或者使公私财产遭受重大损失的,处10年以上有期徒刑、无期徒刑或者死刑。"其中"放火"、"决水"、

---

① 也有部分结果无价值论者承认未遂犯的故意是主观的违法要素。例如,平野龙一教授指出:"杀人未遂,是以杀人的意思实施了杀人的实行行为时便成立,不要求发生死亡结果。相当于发生了结果场合的故意的'杀人的意思',在未遂的场合是主观的超过要素,是主观的违法要素。"(〔日〕平野龙一:《刑法总论Ⅰ》,有斐阁1975年版,第124页)山口厚教授指出:"未遂犯中引导起结果的意思(既遂行为意思),是为作为未遂犯处罚根据的既遂的危险奠定基础的要素,也是主观的违法要素。"(〔日〕山口厚:《刑法总论》,有斐阁2007年版,第95页)持这种观点的学者,将未遂犯的引起既遂结果的意思归入目的犯的目的。

"投放"等动词,的确给人以实施该行为只能出于故意的印象。可是,该条第 2 款规定:"过失犯前款罪的,处 3 年以上 7 年以下有期徒刑;情节较轻的,处 3 年以下有期徒刑或者拘役。"亦即,"过失放火、决水、爆炸以及投放毒害性、放射性、传染病病原体等物质或者以其他危险方法致人重伤、死亡或者使公私财产遭受重大损失的,处 3 年以上 7 年以下有期徒刑;情节较轻的,处 3 年以下有期徒刑或者拘役"。如果说决水、投放只能是故意的,就无法解释过失决水罪、过失投放危险物质罪。事实上,如果司法解释不将过失放火确定为失火罪,而是确定为过失放火罪,也是没有任何问题的。再如,《刑法》第 119 条第 1 款规定:"破坏交通工具、交通设施、电力设备、燃气设备、易燃易爆设备,造成严重后果的,处 10 年以上有期徒刑、无期徒刑或者死刑。"一提及"破坏",人们就以为是故意的。可是,该条第 2 款规定:"过失犯前款罪的,处 3 年以上 7 年以下有期徒刑;情节较轻的,处 3 年以下有期徒刑或者拘役。"显然,在刑法规定上,完全存在"过失破坏交通工具"的情形。诚然,司法解释将《刑法》第 119 条第 2 款规定的犯罪分解概括为过失损坏交通工具罪、过失损坏交通设施罪、过失损坏电力设备罪、过失损坏易燃易爆设备罪,但是,这绝对不意味着破坏行为必然是故意的。其次,从事实上说,过失也可能实施放火、破坏交通工具、盗窃、强奸等行为。例如,误以为他人占有的财物是自己占有的财物而取走的,客观上也是盗窃行为,只不过缺乏盗窃罪的故意而已。再如,误以为对方是自己熟睡的妻子或者误以为幼女已满 14 周岁且同意而与之发生性交的,客观上也是强奸行为,只不过没有故意罢了。而且,这些客观行为本身就是侵害法益的,被害人或者第三者是可以阻止乃至防卫的。

周光权教授认为,结果无价值论将故意、过失作为责任要素的观点导致违法性的外延过大,最后只能依靠责任来限定处罚范围,因而不经济。周光权教授举例指出:"A 参加旅行社,在导游 C 带领游客到某旅游商店购物时,将价值 2 万元的古玩偷偷放入 B 的背包中(A 企图在 B 回到旅馆后,再从同住一室的 B 的背包中偷取该财物),不知情的 B 背着背包外出时被店员查获,按照结果无价值论,B 有盗窃的违法行为,具有违法性,只是由于其在当时没有故意而否定其责任。"①本书对此作三点说明:其一,违法性是具体的,而不是抽象的。具有盗窃罪的违法性的行为,并不具有杀人罪的违法性。如若认为,A将古玩放入B的背包时,A的盗窃行为并未既遂,结果无价值论者会认为,B的行为属于盗窃行为,因而盗窃罪的违法性,只是因为没有责任而不成立该罪。倘若认为,A将古玩放入B的背包时,A的盗窃行为已经既遂,任何结果无价值论者都不说B的行为具有盗窃罪的违法性;但会认为,B的行为属于类型化的掩饰、隐瞒犯罪所得的客观行为,因而具有掩饰、隐瞒犯罪所得罪的违法性,只是因为没有责任而不成立该罪。但周光权教授对两种不同犯罪的违法性不加区别,一概用"违法性"说明,恐怕不合适。其二,应当说,在违法性阶段所要解决的是行为是否具有违法性的问题,在有责性阶段所要回答的是是否具有责任的问题,而不是解决一个笼统的有无可罚性的问题。周光权教授声称"说B的行为违法,没有任何实际意义"。事实上,周光权教授只是考虑了B是否可罚的问题,而忽视了被害人在刑法上的权利主体地位。换言之,肯定B的行为具有盗窃罪(A盗窃未既遂时)的违法性或者掩饰、隐瞒犯罪所得罪(A盗窃既遂时)的违法性是具有意义的。亦即,只有肯定B的行为违法,才能肯定被害人(包括店员)有权查获、索回古玩。因为只要肯定B的行为是合法的,任何人都无权向B索要古玩。假如像行为无价值论者那样,认为B的行为是合法的,那么,当被害人发现古玩在B背包中时,反而不能向B查获、索回。这显然不合适。其三,周光权教授所主张的经济做法是,故意、过失等主观要素都在违法性阶段一起判断。但是,事实表明,从客观到主观、从违法到责任的判断,才是最经济、最合理的做法。

周光权教授还指出:"在刑法只处罚某些犯罪的故意犯(例如故意毁坏财物罪),不处罚过失行为(过失毁坏财物)的场合,依据行为无价值论很容易否认该过失行为的违法性。但是,按照结果无价值论会先认定过失毁坏财物行为具有违法性,再否定其有责性。问题是过失毁坏财物行

---

① 周光权:《行为无价值论的法益观》,载《中外法学》2011年第5期,第947页。

为本身就不是刑法要类型化地加以处罚的行为,即刑法对过失毁坏财物行为本身就能够容忍,说它具有刑法意义上的违法性既没有依据,也没有意义,同时造成判断上的不经济,无罪结论的形成也太晚。"① 显然,周光权教授在判断行为的违法性时,只是将违法性与可罚性联系起来,将国民当作被动的客体,而不考虑国民(尤其是被害人)在刑法上的权利主体地位。一个可能造成法益侵害结果的行为,即使行为人没有故意、过失等责任要素,国民也是可以制止、阻止或者防卫的。例如,即使狩猎者甲根本不可能预见到前方是人而事实上在向人开枪时,其他国民都可以阻止甲的行为。同样,即使乙过失毁坏他人财物,国民也是可以阻止其行为的。显然,要肯定国民有权制止、阻止或者防卫某种行为,就必须肯定该行为是违法的。按照行为无价值论的逻辑,由于甲不具有过失、乙不具有故意,所以,其行为并不违法,而是合法行为。可是,这种观点难以回答这样的问题:国民为什么有权阻止合法行为?哪些合法行为是国民有权阻止的,哪些合法行为是国民无权阻止的?

其实,行为无价值论将故意、过失作为违法要素纳入构成要件后,面临着诸多难以解决的问题。

例如,行为无价值论难以解决不作为犯中的先前行为问题。以往的德国帝国法院的判例,不问先前行为违法与适法,有责与无责,甚至只要先前行为是结果的一个条件时,就赋予行为人以作为义务,因而广泛地认定不作为的可罚性。但是,在学说上,在 19 世纪初,斯鸠别尔(Stübel)就认为,只有当先前行为是可罚的或者至少是违法行为时,才能成为作为义务的发生根据。19 世纪后叶,刑法理论普遍主张应当对基于先前行为的作为义务进行某种限制。特别是第二次世界大战以后,要求先前行为具有义务违反性,成为最有力的学说(义务违反性要求说),这种观点也被德国联邦法院采纳。② 之所以如此,在很大程度上是因为德国刑法理论将故意、过失当作违法要素,导致没有故意、过失的先前行为不是违法行

---

① 周光权:《行为无价值论的法益观》,载《中外法学》2011 年第 5 期,第 948 页。
② 参见〔日〕岩间康夫:《制造物责任と不作为犯论》,成文堂 2010 年版,第 24—25 页。

为,不能产生作为义务,但这种结论不妥当,故不得不使用义务违反性的概念。① 但是,义务违反的界限并不明确。在德国,虽然义务违反要求说得到了诸多支持,但是,只有鲁道菲(Rudolphi)教授作了较为具体的说明。"按照鲁道菲的观点,义务违反性的界限,由有关共犯的法律上的特别规定、答责性原理、分则的构成要件解释以及不法论的一般原则来决定。"② 不难看出,义务违反要求说并没有一个明确的标准。

再如,行为无价值论难以处理事实认识错误问题。例如,甲误将乙占有的手提电脑当作丙的遗忘物而据为己有。在行为无价值论看来,甲没有盗窃故意,故不能将其行为评价为盗窃行为。另一方面,甲只有侵占遗忘物的故意,但其客观上侵占的不是遗忘物。按照行为无价值论的逻辑,应得出甲无罪的结论。但是,无罪的结论并不合理。于是,行为无价值论只能认为,甲的客观行为是盗窃,主观故意是侵占,二者在重合的限度内成立轻罪(侵占罪)。可是,认为甲的客观行为是盗窃,与行为无价值论的基本观点相冲突(因为没有盗窃故意的行为不可能属于盗窃行为)。也许行为无价值论者会辩解说,在这种场合,行为无价值论只是在构成要件阶段而非在违法性阶段承认甲的客观行为是盗窃。可是,既然构成要件是违法类型,违法性阶段实际上只是讨论违法阻却事由,就必须承认构成要件阶段的盗窃行为在违法性阶段也是盗窃行为。根据结果无价值论的观点,客观行为是不是盗窃,并不取决于行为人主观上是否存在盗窃故意。在上例中,甲的客观行为是盗窃,且具有盗窃罪的违法性;但甲仅具有侵占罪的故意,故在二者重合的限度内成立轻罪(侵占罪)。不难看出,只有将故意、过失与客观行为相分离,才有承认和正确处理事实认识错误的可能;行为无价值论实际上是在按结果无价值论的观点处理事实认识错误。

此外,如后所述,将故意、过失作为违法要素纳入构成要件,也不利于解决正当防卫、共犯的从属性等诸多问题。

---

① 此外,要求先前行为违反义务,也是为了将正当防卫排除在先前行为之外。
② 〔日〕岩间康夫:《制造物责任と不作为犯论》,成文堂2010年版,第46页。

第四章 违法性论

　　犯罪的实体是违法与责任,责任是对违法的责任,因而不能脱离违法而存在。但是,违法的存在不依赖责任,亦即,存在无责任的违法。另一方面,对违法性的理解不同,必然导致对责任的理解不同。由于行为无价值论与结果无价值论源于对违法性的认识分歧,所以,本部分的讨论成为本书的重点。

一、违法性论的基础概念

　　以往,在违法性领域存在主观的违法性论与客观的违法性论的对立。主观的违法性论将法理解为命令规范,这种规范的接受者只能是能够理解规范的具有责任能力的人。于是,不存在没有责任的不法。显然,这种主观的违法性论在同一层面上把握违法与责任,造成了违法性与有责性的融合,因而被否定。客观的违法性论,将法理解为客观的评价规范,违法性是违反了作为客观的评价规范的法。因此,行为人是否具有责任能力,并不影响对其行为是否违法的评价。于是,存在没有责任的不法。客观的违法性论,明显区分了违法与责任,与犯罪的实体相符合。

　　关于违法性还存在形式的违法性与实质的违法性之分。根据李斯特(v. Liszt)的观点,形式的违法性,是指行为违反国家的规范,即违反法秩序的命令或禁止;实质的违法性,是指行为具有社会侵害性、反社会性或者非社会性。形式的违法性论与规范违反说相联结,进而走向行为无价值论,实质的违法性论采取法益侵害说,其延长线上是结果无价值论。李斯特认为,形式的违法性与实质的违法性可能存在矛盾与抵触,在这种场合,应当按照实定法规处理。① 日本以往的通说认为,形式的违法性与实质的违法性并非是对立、矛盾的,二者分别从形式的、外部的观点和实质的、内容的观点追求违法性的本质。但也有学者认为形式的违法性与实质的违法性并不是统一的。如小暮得雄教授认为,形式的违法性,是指与包含于各构成要件中、作为构成要件前提的规范相矛盾、相抵触;实质的违法性,是从更具体、更实质的见地来看,否定违法阻却事由的存在,维持构成要件对违法性的推定,而最终赋予行为以违法性色彩的东西。换言之,形式的违法性,是在构成要件符合性的判断所确认的范围内的"类型的违法性";实质的违法性是以整体法秩序的理念为背景的具体的、内容的违法性。所以,形式的违法性可能被实质的违法性所否定。② 但是,这种将形式违法性与实质违法性对立的观点,难以为本书所赞成。至为明显的是,在三阶层体系中,这种观点导致正当防卫、紧急避险是具有形式的违法性、缺乏实质的违法性的行为。可是,这样的结论并不妥当。正当防卫、紧急避险是刑法明文规定的违法阻却事由,既不具有形式的违法性,也不具有实质的违法性。

以上是从犯罪成立条件的角度而言。如果从违法阻却事由的角度考察,形式的违法性论与实质的违法性论则可能存在对立。亦即,形式的违法性论主张,只能从法律的明文规定中寻找违法阻却事由的根据,因而否认超法规的违法阻却事由;实质的违法性论主张,即使没有法律的明文规定,也可以基于实质理由承认违法阻却事由,因而肯定超法规的违法阻却事由。显然,刑法不可能没有遗漏地规定所有的违法阻却事由,在此意义上说,只能肯定实质的违法性论。

行为无价值论与结果无价值论的对立,并不等同于主观的违法性论与客观的违法性论的对立,而是关于实质的违法性的对立,相当于人的违

---

① 参见〔日〕川端博:《刑法总论讲义》,成文堂2006年版,第279—280页。
② 参见〔日〕小暮得雄:《违法论の系谱と法益论》,载《法学协会杂志》第80卷第5号(1963年),第77页以下。

法论与物的违法论的对立。人的违法论认为,违法的构成要素不仅有结果无价值,而且包括将行为人的主观要素考虑在内的行为无价值。物的违法论认为,只有法益侵害及其危险这种结果无价值是违法性的构成要素,所以,只有客观的要素是违法性的要素。

行为无价值论或者人的违法论,其实是一种主观的违法性论,但是,行为无价值论者却认为自己采取了客观的违法性论。那么,行为无价值论者所称的"客观"指什么呢?显然不是判断对象的客观性。因为根据行为无价值论,作为判断对象的事实,不限于法益侵害及其危险这种结果无价值,而且包括行为人的故意、过失等主观要素。所以,行为无价值论者所称的"客观"仅仅是指判断基准的"客观性"。换言之,在行为无价值论那里,"客观的违法性的意义,不是判断对象的客观性,而是判断基准的客观性。亦即,违法评价是以一般人为基准的,而责任评价是以行为人本人为基准的。从这样的理解出发,在即使是一般人也实施这种行为的场合,违法性就已经被否认,在倘若一般人不实施这样的行为的场合,就肯定违法性。在此意义上说,在这样的理解之下,违法性与责任的区别(不是对引起法益侵害、危险的消极评价与非难可能性的质的区别,只不过是以不同的基准判断反规范性这种实体)就相对化了"①。

二、违法性论的哲学基础

(一)规则功利主义与行为功利主义

从形式上说,违法是指实施了刑法所禁止的行为,而刑法所禁止的行为一定是恶的行为。问题是,依据什么标准判断行为的善恶?实质的问题是,刑法应当禁止什么样的行为?为什么禁止某种行为?伦理学讨论行为的善恶标准、讨论行为正当与否的判断标准,其中具有影响力的学说是行为功利主义(行动功利主义、行为功用主义)与规则功利主义(准则

---

① 〔日〕山口厚:《刑法总论》,有斐阁 2007 年版,第 100 页。

功利主义)。粗略地说,"行动功利主义依据行动自身所产生的好或坏的效果,来判断行动的正确或错误;准则功利主义则根据在相同的具体境遇里,每个人的行动所应遵守准则的好或坏的效果,来判定行动的正确或错误"①。规则功利主义认为,"既定行为的对错取决于它是否遵守了有效的道德规则;依照规则功利主义,如果(大致上说)对这些规则的普遍遵守会促进功利主义者实现其最高目标,也就是给所有相关者带来最大的积聚性后果,那么这些规则就可以是有效的"②。根据行为功利主义的观点,问题不在于什么规则具有最大的功利,而在于什么行为具有最大的功利;与此相反,根据规则功利主义的观点,"问题不在于什么行为具有最大功利,而在于哪一种准则具有最大的功利"③。

结果无价值论与行为无价值论(二元论)的对立,是行为功利主义与规则功利主义在刑法学上的反映。如前所述,结果无价值论的基本立场是,刑法的目的与任务是保护法益,违法性的实质(或根据)是法益侵害及其危险;没有造成法益侵害及其危险的行为,即使违反社会伦理秩序,缺乏社会的相当性,乃至违反某种规则,也不是违法行为;应当客观地考察违法性,主观要素原则上不是违法性的判断资料,故意、过失不是违法要素,而是责任要素;违法评价的对象是事后查明的客观事实。法规范违反说的行为无价值论认为,只要遵守了保护法益所需要遵守的行为规范、规则,就是合法的;反之,则是违法的(违法二元论)。采取这种立场的日本学者井田良教授指出:"即使现在通行的违法二元论,也必须基本上与结果无价值论一样站在功利主义立场。如果说二者有什么不同的话,那就是,结果无价值论是行为功利主义(行动功利主义),与此相对,我采取的是规则功利主义。亦即,如果不考虑'大体上一般地允许某种行为时,对社会会产生什么样的负面效果','为了防止这样的负面效果发生,显示什么样的行动准则使人遵守就可以了'(基于这样的考虑,在对该行为

---

① 〔澳〕斯马特、威廉斯:《功利主义:赞成与反对》,牟文武译,中国社会科学出版社1992年版,第9页。
② 〔美〕汤姆·雷根:《动物权利研究》,李曦译,北京大学出版社2010年版,第211页。
③ 〔美〕弗兰克纳:《伦理学》,关键译,生活·读书·新知三联书店1987年版,第81页。

加以[强的或者弱的]否定性评价时,该评价只能是行为无价值的评价),就不可能作出合理的刑法判断。"①

在三阶层体系下,违法性领域所要讨论的是,符合构成要件的行为,在什么样的情况下阻却违法性。可以肯定的是,在三阶层体系中,符合构成要件的行为,都是"损害"②了法益的行为。例如,一般的故意杀人与正当防卫杀人,都导致他人死亡(损害了他人生命),在这一点上二者没有区别。然而,虽然一般来说,符合构成要件、"损害"了法益的行为,是不正当的违法行为,但在例外情况下,却可能认定该行为是正当的、不违法的。因此,需要讨论的是,对于一个符合构成要件、"损害"了法益的行为而言,我们根据什么可以得出它是正当的、不违法的结论(阻却违法性)。显然,认定一个符合构成要件、"损害"了法益的行为并不违法,必然是进行个别权衡的结果。那么,这种权衡所依据的原理是什么呢？权衡的标准是什么呢？表现在具体层面的问题是,符合构成要件的行为之所以阻却违法,是因为行为符合规则(或者例外规则),还是因为行为保护了更为优越至少同等的法益？根据二元论的观点,符合构成要件的行为,只要不符合规则,即使客观上保护了更为优越至少同等的法益,也不阻却违法性。亦即,行为是否违反刑法,取决于行为是否违反了为保护法益所必须遵守的规则,法益侵害结果只是限制处罚范围的一种附加要素。③ 根据结果无价值论的观点,符合构成要件的行为,即使违反了规则,但只要客观上保护了更为优越或者至少同等的法益,也阻却违法性。④ 显然,结果无价值论采取的是法益衡量的立场,因而属于行为功利主义;二元论不是直接进行法益衡量,而是强调对规则的遵守与维护,根据行为是否违反了保护法益所需要遵守的规则来判断的,因而属于规则功利主义。

需要说明的是,什么行为是正当的,与处罚什么是正当的,是两个不

---

① 〔日〕井田良:《変革の時代における理論刑法学》,庆应义塾大学出版会2007年版,第119页。
② 笔者在此不使用"侵害"一词,是因为在汉语中"侵害"一词本身含有否定性评价。然而,正当防卫等行为虽然损害了不法侵害者的生命、身体,却不能对之进行否定性评价。
③ 参见〔日〕井田良:《刑法総論の理論構造》,成文堂2005年版,第15页。
④ 一个完全遵守刑法规则(包括例外规则)的行为不可能成立犯罪,对此没有争议。

同的问题。或者说,行为的正当性与处罚某种行为的正当性,虽然具有联系,但不是同一问题。倘若均以功利主义为标准来衡量,前者讨论的问题是具体的行为是否产生最大的功利,因而是否正当;后者讨论的问题是,国家以刑罚处罚某种行为是否产生最大的功利,因而该刑罚处罚是否正当。如后所述,人们对行为功利主义的批判之一是,当处罚正当行为能够获得最大的功利时,行为功利主义也会主张处罚正当行为。但显而易见的是,刑法绝对排斥对正当行为的处罚;一个国家处罚正当行为(善有恶报),奖励不正当的行为(恶有善报)的后果,是不堪设想的。所以,国家只能从不正当行为中挑选出部分行为作为处罚对象。正因为如此,我们可以独立地讨论,在刑法意义上,什么行为是正当的①、什么行为是不正当的。②

(二) 理论地位

"对规则功利主义的一些反对是大家所熟悉的,比如,是否其非理想形式实际上无法和行为功利主义相区别,因此分享了行为功利主义面临的所有反对,其理想形式又究竟是否为真正的功利主义。"③换言之,规则功利主义的地位十分尴尬,缺乏内在一致的理论体系。如果规则功利主

---

① 虽然刑法是规定犯罪与刑罚的法律,似乎与正当行为无关,但事实上并非如此。在三阶层体系中,违法性理论实际上讨论的是正当化事由。
② 以下仅从这一角度讨论。换言之,以下只讨论符合构成要件的行为为什么可能阻却违法性,也可以说只是讨论违法阻却事由的根据问题,还可以讨论正当化事由为什么正当的问题,而不讨论刑罚的正当化根据。所以,请读者不要将本节的论题与良性违法、法治、规则之治、罪刑法定原则等纠缠在一起。换言之,不要以为行为功利主义就是主张良性违法,就是不讲法治、不讲规则之治、不讲罪刑法定原则;而规则功利主义就是主张严格依法,就是讲法治、讲规则之治、讲罪刑法定原则。
③ 〔美〕汤姆·雷根:《动物权利研究》,李曦译,北京大学出版社2010年版,第211页。"理想形式,亦即理想的规则功利主义:如果所有人都遵守某规则会带来最佳后果,那么这一规则就是有效的,尽管很多人都遵守规则的可能性很小;非理想形式,亦即非理想化的功利主义:合理地相信多数人通常会遵守的规则,至少多数人通常认为应当遵守的规则,就是有效的规则。""当今最得宠的准则功利主义是理想准则功利主义,这种准则功利主义又有两种主要的形式。其一认为:一个行为是正当的,当且仅当它符合这样一套规则——对它们的普遍奉行将导致最大的功利;其二认为:一个行为是正当的,当且仅当它符合这样一套规则——对它们的普遍认可将导致最大的功利。"(〔美〕弗兰克纳:《伦理学》,关键译,生活·读书·新知三联书店1987年版,第83—84页)。

义者强调,经验证明违反某些规则通常造成恶的结果时,人们就无论如何都必须遵守这些规则,便成为义务论者。如果规则功利主义者否认自己是义务论者,时时刻刻用行为的结果来辩护规则,那么,它便转向了行为功利主义;如果违背某一规则比遵守这项规则会产生更好的结果,规则功利主义又可能按照行为功利主义来辩护。之所以如此,是因为当规则与功利(最终结果)有冲突时,规则功利主义要么违反规则追求好的结果,要么维护规则舍弃好的结果。"如莱昂斯提出,假定一个在 R 准则规定之外的行动产生了最好的可能效果,这就证明应该修正 R 准则,使它能应付这种例外事件,由此便产生出一个新的准则公式,即'除了 C 情况之外按照 R 行动'。这样一修改,'合理的'准则功利主义与行动功利主义是相同的。斯马特认为,修改准则功利主义的准则而考虑后果了,也就从不合理的变成合理的了。在斯马特看来,合理的准则功利主义不仅在实践中等价于行动功利主义原则,事实上它只包括了一个原则,这就是行动功利主义的'最大可能的利益'。"①这种只包含一个原则的准则功利主义,与行动功利主义没有区别。

众所周知,不要伤害他人、不要不遵守诺言等规则,都会有例外。如正当防卫时可以伤害他人,当不遵守诺言的行为可以挽救他人生命时,可以不遵守诺言,等等。"从不要伤害他人、不要不遵守诺言等道德规则的特殊例外条款的规定中,人们能够得到功利。如果这是正确的,那么,规则后果主义被迫以他们自己的规则选择标准去赞同那些有着例外条款的规则。同类的推理将有利于所有处境下增加的特殊例外,在这些处境中,如果遵守某些规则,将不带来最好的后果。一旦所有的例外条款增加了,规则后果主义将具有行动后果主义所有的同样行为含义。这将是对其致命的摧毁。"②

伦理学上常举的例子是,"第二次世界大战期间,有位荷兰人把犹太人藏在自家的阁楼上,我们应当如何看待这一做法?根据准则功利主义

---

① 龚群:《论斯马特的行动功利主义》,载《齐鲁学刊》2003 年第 2 期,第 62 页。
② 〔美〕布拉德·胡克:《规则后果主义》,载〔美〕休·拉福莱特主编:《伦理学理论》,龚群主译,中国人民大学出版社 2008 年版,第 223 页。

的观点,当盖世太保去他们家搜寻犹太人时,他们是否应该据实说出真相(判断根据是:总的说来,说谎总比诚实造成更多的不幸,因此人们不应该说谎)?不过,准则功利主义者们当然会按照总的原则来处理这件事:'说谎是不对的,除非为了挽救无辜者的生命而对恶人说谎。'"①但是,按照行为功利主义的观点,一方面,这种重视结果的考量,进而对规则提出限制与例外的做法,已经转向行为功利主义(在刑法学上成为结果无价值论);另一方面,倘若规则功利主义坚持认为,说谎是违反规则的,没有任何例外,那么,规则功利主义者就成为义务论者。在上述场合,就意味着荷兰人必须说出真相(否则成立窝藏罪),其结局只能是造成恶的结果。于是,即使说出真相的行为造成了法益侵害结果,但由于荷兰人遵守了生活规则,其行为是正当的。显然,这种结论难以令人赞成。

再以正当防卫与偶然防卫为例。不得杀人是一条规则,但是这个规则必然有例外。当行为人面对严重不法侵害而有意识地实施防卫行为,杀害了不法侵害者时,规则功利主义会说"杀人是不正当的,除非为了适当的自卫"。此时,规则功利主义与行为功利主义相同,或者说二元论与结果无价值论相同。可是,当行为人客观上面对严重不法侵害,却出于杀人故意杀害了不法侵害者时,二元论者并没有提出例外规则,仍然让偶然防卫者承担故意杀人罪的责任。此时,二元论者并没有考量结果,没有考量功利,已经演变成一元的行为无价值论者。由此看来,"虽然准则功利主义有直觉的吸引力②,但它仍然是功利主义和常识之间并不稳定的折中"③。正因为如此,事实上,二元论在结局上基本上都是一元的行为无价值论。也因为如此,二元论不仅受到了结果无价值论的批判,而且受到

---

① 〔美〕唐纳德·帕尔玛:《西方哲学导论》,杨洋、曹洪洋译,上海社会科学院出版社 2009 年版,第 274—275 页。
② 人们之所以认为偶然防卫并不正当,一是重视偶然防卫者的主观故意;二是没有重视无辜者的利益;三是重视自己的直觉。然而,一方面,这是忽视刑法的保益保护目的,由道德观念左右刑法理念的表现;另一方面,"直觉可能是历史成见和偏见的错误产物"(〔美〕唐纳德·帕尔玛:《为什么做个好人很难?——伦理学导论》,黄少婷译,上海社会科学出版社 2010 年版,第 170 页)。
③ 〔美〕詹姆斯·雷切斯特著,斯图亚特·雷切斯特第 5 版修订:《道德的理由》,杨宗元译,中国人民大学出版社 2009 年版,第 112 页。

了一元的行为无价值论的批判。

按照行为功利主义的观点,判断行为的正当与否取决于结果的好坏。所以,当盖世太保去荷兰人家搜寻犹太人时,荷兰人说谎就是正当的,因为这种违背规则的说谎行为,避免了坏的结果,阻却违法性。当凶手乙询问被害人行踪时,甲不说谎、讲真话的行为①,因为帮助凶手乙造成了杀人结果,并不阻却违法性,反而构成帮助犯(当然,还需要具备责任要素)。同样,面对正当防卫与偶然防卫案件,行为功利主义都能得出不成立犯罪的结论②,因为二者的功利完全相同。行为功利主义没有摇摆不定的现象,将它运用到刑法学的违法性领域,会使违法性的认定更为明确,能够防止司法人员的恣意判断。

(三) 行为规范

二元论认为,违法就是违反了行为规范。如前所述,二元论将规则功利主义运用到刑法学中来,旨在事前告知国民什么行为是允许的、什么行为是禁止的,从而使刑法规范的一般预防的要求浸透到犯罪论中。正如日本学者井田良教授所言:"行为无价值论与结果无价值论的分水岭,不在于是否采取道德主义立场,也不在于是否倾向于以'社会的相当性'这种一般条款得出结论;二者的分道扬镳之处在于:是否认可将'事前向国民告知行为的允许性的机能'作为违法论的指导原理,与此同时,是否尽可能地使罪刑法定主义的原则以及刑法规范的一般预防的要求浸透到犯罪论中。"③也正因为如此,二元论者与规则功利主义者一样,对规则极为崇拜。具体表现为,只要行为违反了保护法益需要遵守的一般规则④,即

---

① 即使有人认为甲不说谎、讲真话是符合日常行为规则的行为,也不能据此认为它是符合刑法规则的行为。

② 即使有的结果无价值论者认为偶然防卫成立杀人未遂,也不是因为偶然防卫违反了规则,而是因为偶然防卫具有法益侵害的危险(参见〔日〕西田典之:《刑法总论》,弘文堂2010年版,第171页、第307页以下)。

③ 参见〔日〕井田良:《变革的时代における理论刑法学》,庆应义塾大学出版会2007年版,第113页。

④ 二元论所所称的遵守保护法益所需要遵守的一般规则,并不限于刑法规则,而是包括了日常生活规则。根据二元论的观点,过失犯就是违反日常生活规则的行为。

使没有造成法益侵害结果,也应认定为违法;反之,即使行为造成了法益侵害结果,但只要其行为是符合日常生活规则的,也不能认定为违法。但是,在刑法学中,崇拜规则(尤其是日常生活规则)的结果,总是适得其反。

(1)规则功利主义过于限制国民的行动自由。二元论的逻辑是,一个对保护法益通常有用的规则,必须无条件地适用于任何场合。因此,为了保护人的生命,必须禁止无正当理由的杀人行为,任何无正当理由的杀人行为都是违法的。于是,为了保护人的生命,必须向国民告知:只有具有正当理由的杀人,才是允许的。

其实,二元论是为了追求处罚的功利性,而将通常属于无正当理由的杀人行为,全面予以禁止。换言之,由于禁止偶然防卫可以产生处罚的功利性(即有利于预防他人杀人),所以,必须禁止偶然防卫。但是,如前所述,刑法只能禁止不正当的行为。一个在通常情形下属于刑法禁止的杀人行为,在特殊情况下可能成为正当行为,正当防卫就是如此;一个在通常情形下属于无正当理由的杀人,在特殊情况下可能成为正当的杀人,偶然防卫就是如此。二元论实际上是想通过禁止部分正当行为,达到保护法益的效果。但这种做法,导致某些保护了法益的行为也被刑法所禁止,这便过于限制了国民的行动自由。

况且,规则都是滞后的,"今天的规则往往是昨日问题的解决方式。事件、危机和争论往往先于规则变化而发生"①。一些国家机关喜欢制定规则,而且喜欢制定单纯限制国民自由的规则(国民不能从该规则中获得好处)。而且,一个规则制定之后,即使明明知道规则有问题,也不会马上修改与废止,因为刚颁布就废止,太不符合情理。然而,因为国民没有遵守陈旧的规则,就认定其行为具有违法性,必然形成过于限制国民的行动自由的负面效果。同样,以行为人没有遵守落后的规则为根据,否认其行为阻却违法性,也是不合适的。

---

① 〔美〕詹姆斯·马奇、马丁·舒尔茨、周雪光:《规则的动态演变》,童根兴译,上海人民出版社 2005 年版,第 45—46 页。

例如,我国《森林法》第32条第1款前段规定:"采伐林木必须申请采伐许可证,按许可证的规定进行采伐。"第39条第2款规定:"滥伐森林或者其他林木,由林业主管部门责令补种滥伐株数5倍的树木,并处滥伐林木价值2倍以上5倍以下的罚款。"《刑法》第345条规定了滥伐林木罪。根据《森林法》及相关法规规定,即使砍伐枯死树木,也需要权力机关批准。国家林业局林函策字(2003)15号明确规定了未申请林木采伐许可证擅自采伐"火烧枯死木"等因自然灾害毁损的林木,应当依法分别定性为盗伐或者滥伐林木行为。① 据此,即使承包林地的农民,为了种植林木,未申请林木采伐许可证而砍伐枯死树木的,也成立滥伐林木罪。但笔者难以赞成这种观点。滥伐自己承包林地的枯死树木,以便种植活树的行为,虽然违反了相关规则,但不仅没有侵害森林资源,而且保护了森林资源。即使认为其行为符合了滥伐林木罪的构成要件,也应认为具备违法阻却事由。

或许有人认为,笔者只是以不合理的规则为例在说明问题;笔者也承认,即使是规则功利主义者,也必然对没有功利的规则(比如单纯限制国民自由的规则)持否定态度。可问题是,人类似乎还不具备制定出可以获得最大利益的规则体系的能力。换言之,不能保证所有的规则都能获得最大利益。否则,就不可能存在行为功利主义与规则功利主义之争。

(2)规则都有例外,规则功利主义者也不否认这一点。但是,一方面,对任何一项规则,都难以列举出它的全部例外。例如,即使是不得杀人这条规则,究竟有多少例外,是很难回答的。如果要穷尽,那便又是一个抽象的规则:"不得杀人,但正当的杀人除外。"可是,又该如何判断正当呢?再如,就不得撒谎而言,将例外纳入进来后,所确定的规则是:"不得撒谎,但为了正当目的对恶人撒谎的除外。"可是,又该如何判断正当目的与恶人呢?对听话人是正当目的,对第三人是不正当目的的该怎么办呢?显然,这些对例外的抽象归纳实际上没有任何意义。所以,别说规则

---

① 国家林业局2003年3月3日《关于未申请林木采伐许可证采伐"火烧枯死木"行为定性的复函》。

功利主义者,就是义务论者,也没有"给过我们一种规定了我们在现实中所应采取行动的无冲突、无例外的具体准则的体系"①。另一方面,如果将例外纳入规则,就会导致规则太多或者太具体以至于难以遵守。② 这是因为,"人们学习的规则越充分越复杂,学习规则的成本就将越高。在某些时候学习更多的规则、更为复杂的规则,所付成本会超过其收益。因此,其教育和内化会有最好后果的规则在其数量和复杂性上是有限的"③。此外,笔者还想重复指出的是,"对于任何规则,人们至少都能在什么地方找到一个例外,而当你把所有可能的例外都纳入规则时,你实际上就是在提倡行为功利主义了"④。

如所周知,刑法学中的违法性领域实际上是对例外现象的处理。按照通说,构成要件是违法类型,即符合构成要件的行为原则上具有违法

---

① 〔美〕弗兰克纳:《伦理学》,关键译,生活·读书·新知三联书店1987年版,第53—53页。
② 2000年7月16日晨,四川威远县,一位即将临产的孕妇在丈夫陪同下乘长安面包车向医院疾驶途中,交管所四名执法人员发现该面包车有非法营之嫌,于是对其检查。在明知该车运载的是急需到医院抢救的临盆产妇后,仍继续询问驾驶员、检查有关手续、取下点火开关钥匙不让车开走;同时对产妇丈夫进行询问、记录材料,致使延误了产妇的抢救时间,导致产妇到医院后因呼吸循环衰竭而死亡(交警拦车案例一)。2000年8月22日上午,沈阳法库县,一位乘"板的"临产孕妇在距医院仅5分钟路程时被交通协警拦住,根据的就是规则:此为迎宾道,县政府规定不许"板的"经过,命令绕行。当时,男婴的姑姑跪在交警面前哭着说:"大哥,求求你,赶紧让我们过吧,要生孩子了!"可交通协警就是不同意,"板的"只好绕道多走了25分钟,绕行至医院的孕妇将婴儿产于医院门口,男婴夭折,产妇因大出血送入医院急救(交警拦车案例二)。有学者就交警拦车案例一指出:《人民警察法》第21条第1款明确规定:人民警察遇到公民人身、财产安全受到侵犯或者处于其他危难情形,应当立即救助。公安部《交通民警道路执勤执法规则》第17条规定得也非常清楚。此外,《交通警察执勤规则》第10条还规定,交通警察要密切与群众的联系,虚心听取群众的意见,热心帮助群众排忧解难。有学者就交警拦车案例二指出:交警所谓的依法行政,是根据县里的规定,这条路不让走,但是县里的规定,和人民警察法以及公安部所规定的警察的义务恰恰是矛盾的,应该根据《人民警察法》的规定来认定这个事情的性质,不应该根据县里的规定。《立法法》规定得很清楚,县级机关是没有立法权的。因此,交警这种行为有违法的性质(舒飞:《评论:阻止分娩孕妇通行是秉公执法吗?》,http://news.sina.com.cn/china/2000-09-05/123983.html。访问日期:2010年3月21日)。然而,交警为什么没有遵守这些例外规定呢?因为他们脑子里不可能装那么多规定。换言之,正是因为规则多了,导致这些人员不考虑结果;如果只让他们考虑结果,他们就不会只遵守所谓的规则了。笔者还要说的是,提出上述观点的学者,也是花了不少时间查找法律规定才得出上述结论的,如果不查找法律他也不知道。可是,一般人不可能背诵着"法律大全"从事日常生活。
③ 〔美〕布拉德·胡克:《规则后果主义》,载〔美〕休·拉福莱特主编:《伦理学理论》,龚群主译,中国人民大学出版社2008年版,第223页。
④ 〔美〕雅克·蒂洛、基思·克拉斯曼:《伦理学与生活》,程立显、刘建等译,世界图书出版公司2008年版,第42页。

性,但在例外情况下,当符合构成要件的行为具备正当化事由时,就阻却违法性。所以,违法性领域所讨论的实际上是例外现象。但是,刑法不可能规定出所有的例外,所以,当今世界的刑法理论都承认超法规的违法阻却事由。超法规的违法阻却事由的存在与承认,就意味着不宜在违法性领域运用规则功利主义。

（3）"斯马特认为,规则功利主义者建立其道德原则的基础只不过是凭借以往的经验,所以,这些规则只不过是'粗浅的常识',它只会要求人们对习惯行为的盲目遵循,而没有实际的意义。"[①]换言之,在当今社会,特殊的、不正常的情况或境遇越来越普遍,人们事先确立的许多规则只不过是"笨手笨脚的规则"、"行为的粗糙指导"。

例如,按照规则,首都机场高速路外侧道的最低速度为每小时60公里,中间道的最低速度为80公里,内侧道的最低速度为100公里。显然不能说,这样的规则是不合理的,譬如,那些缓慢驾驶的新手在最外侧行驶,的确有利于交通顺畅。但是,人们又不可能完全按照这个规则行驶。笔者经常发现,外侧道的车辆有时比内侧道的车辆速度快得多。原因是,对速度的这种规定,只是行为的粗糙指导,大体引导。

即使是接近自然科学的规则,也未必就是绝对可靠的。例如,我们经常见到如下的例子:如果医生对患者使用X药,治愈率为90%,死亡率为10%;如果医生对患者使用Y药,治愈率为10%,死亡率为90%;如果不用药,患者的死亡率为100%。在这种场合,规则功利主义要求医生使用X药。即使客观事实是对某患者使用X药会导致患者死亡,甲医生使用Y药治愈了患者,规则功利主义也会认为甲医生的行为是不正当的,因为他没有遵守规则。但是,这种结论难以令人赞成。反过来说,如果乙医生使用X药,导致患者死亡。规则功利主义会认为医生的行为仍然是正当的,因为他遵守了规则。其实,乙医生的行为并不是正当的,只不过是可以原谅的。不难看出,应当做的正当事情和一个人有理由相信是正当的

[①] 吴映平:《黑尔之功利主义观述评》,载《武汉理工大学学报(社会科学版)》2008年第2期,第170页。

事情,并不相同。① 规则功利主义实际上是将有理由相信是正当的事情当作应当做的正当事情。不仅如此,规则功利主义的"理由"也是自相矛盾和不充分的。"RC(指规则功利主义——引者注)的提倡者们能向我们提供什么样的理由使得我们认为,正当性在于遵守规则,而不是去做最有可能将功利最大化的事?似乎她所能说的一切都只是,如果我们去做 RC 告诉我们应当去做的事,我们就是在遵守规则,这种规则如果为大多数人所接受就能产生最好的后果。但是这一回答依然诉诸产生好的后果,所以并不总是令人满意的。因为,如果我们认为好的后果是重要的,我们就没有理由去遵守规则,而是去做那种能产生好的后果的行为。"②

既然规则只不过"笨手笨脚的规则"、"行为的粗糙指导",那就不能直接以行为是否遵守规则为根据判断行为是否具有刑法上的违法性。按照斯马特的说法,"如果把它(粗浅的规则——引者注)作为个人行为的标准,那么将会导致人们在一些特殊的境遇中,只会使他们盲目崇拜规则,而难以对现实情况作出合理判断,从而选择最佳的行为。规则功利主义不能解决一切具体境遇中发生的道德冲突,甚至允许一些并不能产生好效果的行为存在,从而给社会带来不必要的灾难"③。换言之,只要某种行为保护了更为优越或者同等的法益,即使违反了"笨手笨脚的规则",也要承认违法性的阻却。

(4)规则之间存在冲突是常有的现象,通过使国民遵守规则以预防犯罪的观念,在一些场合会使国民束手无策。

人们在选择行为时,面临着相互冲突的两种或者两种以上的义务或者规则时,按照一种规则,一个人应当做 A 行为,按照另一种规则,他应当做 B 行为,但是,他不能够同时兼顾二者,这就陷入了一种两难的处境。如果选择做 A 或者 B,就会因为没有遵守行为 B 或者 A 所含有的规则而

---

① 参见〔美〕戴维·索萨:《后果主义的后果》,载徐向东编:《后果主义与义务论》,浙江大学出版社 2011 年版,第 57 页。
② 〔苏格兰〕艾恩·劳:《规则后果主义的两难困境》,载徐向东编:《后果主义与义务论》,浙江大学出版社 2011 年版,第 180 页。
③ 吴映平:《黑尔之功利主义观述评》,载《武汉理工大学学报(社会科学版)》2008 年第 2 期,第 170—171 页。

陷入良心的不安;人们也不能学"布里丹的驴子"①,既不做 A,也不做 B,因为回避选择会带来双重的规则违反。② 义务冲突便是如此。当然,规则功利主义者会说,在义务冲突时,完全能确定一个总的规则,即履行重大义务懈怠轻缓义务。问题是,重大义务与轻缓义务最终又是由什么决定的? 其实,在这种场合,人们不需要考虑义务本身的轻重,而且义务本身无所谓轻重,只需要考虑履行何种义务会保护更重大的法益。因此,即使履行道德义务而违反法定义务,但只要保护了更为优越的利益,就是正当的。这便是行为功利主义的主张。

例如,A 与 B 是长相极为相似的双胞胎兄弟,A 对 X 实施了伤害行为,此时 B 也在现场,但 A 的伤害行为与 B 无关。警察到达现场后,X 及现场围观人员均指认 B 为伤害者,于是,警察要将 B 带到公安局。在现场的 Y 知道 X 和围观人员指认错误,向警察说明真相,但警察相信 X 和多数人的指认,于是,B 被刑事拘留。B 从看守所脱逃后找到 Y,Y 窝藏了 B,并继续向警察说明真相。问题是,当警察前往 Y 的住宅询问 B 的下落时,Y 应当如何回答? Y 只有两个选择:一是将 B 交给警察,二是继续窝藏 B。但此时存在两个相互冲突的规则:一是"向警察隐瞒 B 的下落是不正当的"或者"窝藏犯罪嫌疑人是不正当的";二是"帮助警察拘禁无辜者是不正当的"。在这种场合,要按照哪个规则行事,会使 Y 束手无策。规则功利主义很可能因为前一规则更应当遵守,而认定 Y 的行为成立窝藏罪。但这种结论难以被人接受。

"行动后果主义主张,当且仅当有某种特别行为所产生的实际(或可预料的)善至少和该行为者所易于采取的其他行为的善一样大,该行为才是道德上正当的(得到许可并且是必要的)。"③按照行为功利主义的观点,违反一个规则可以带来数量更大、范围更广的功利时,该行为就具有正当性(阻却违法性)。

---

① 一则寓言:一头驴子在与自己等距离的干草与清水之间徘徊,不能决定是先吃草还是先喝水,因为它饥饿和干渴的程度是相同的,以致最终饿死。
② 参见牛京辉:《英国功用主义伦理思想研究》,人民出版社 2002 年版,第 199 页。
③ 〔美〕布拉德·胡克:《规则后果主义》,载〔美〕休·拉福莱特主编:《伦理学理论》,龚群主译,中国人民大学出版社 2008 年版,第 219 页。

首先,结果无价值论并非不讲规则。一方面,在通常情况下,遵守规则就意味着保护法益,所以,在这种场合,结果无价值论必然也主张遵守规则。但结果无价值论主张遵守规则,是因为遵守规则才能保护法益,而不是为了遵守规则而遵守规则。另一方面,结果无价值论还有一个简单的、基本的规则(指导),并且要将这种简单的、基本的规则贯彻到具体境遇中。行为功利主义反对用事先确定的"规则"来校正人们在例外情况下的行为,强调人们行动境遇的当下特殊性,以当下特殊的具体境遇中对法益的保护作为行为的基本规则,所以,就特殊的具体境遇而言,无需人为地事先设定"规则"这个中介。对于具体的特殊境遇下的行为选择来说,普遍性的规则既无必要,也不可能。在具体的实际生活中,尤其是在冲突的境遇中,在与刑法相关联的意义上,人们只需要问"我的行为虽然符合构成要件,但能否最有效地保护法益"即可,而不需要问"我的行为虽然符合构成要件,但我实施这一行为是否符合既定的规则,是否属于规则允许的例外?"不难看出,结果无价值论在遇到冲突时有其独特的魅力,亦即,它既具有简便性,也具有灵活性。

其次,"行为功利主义受到的一个广泛的批评是,当人们准备做某一种行为时,他们必须对这种行为可能产生的快乐与痛苦做一个计算,只有当人们预计快乐减去痛苦得到正值时,他们的行为才可能是道德的,因而也才是应当去做的。但是,一方面人们在做每一个行为之前并不见得有那么多的时间去进行这种计算,另一方面,由于事情的复杂性,事前的计算也很难是准确的,有时甚至是无法计算的"①。但是,其一,"一个行为具有最好的结果,这一事实实际上就是一个行为指导……这一事实能够而且经常在适当的意义上呈现在行为者头脑里"②。其二,退一步说,即使这种针对传统功利主义的批评是妥当的,但在刑法学领域,不存在这样的问题。也就是说,即使认为这种针对传统功利主义的批评是妥当的,也是因为人们对每时每刻所追求的幸福、快乐有不同的理解,不同的人对幸

---

① 张传有:《伦理学引论》,人民出版社年2007版,第160页。
② 〔美〕戴维·索萨:《后果主义的后果》,载徐向东编:《后果主义与义务论》,浙江大学出版社2011年版,第59页。

福、快乐的具体理解不同,导致难以计算快乐与痛苦的大小。① 但是,将行为功利主义运用到刑法学的违法性领域中来时,其中的快乐与痛苦就是法益衡量问题。如果从行为规范的角度出发,行为功利主义要求行为人的行为不造成法益侵害结果;在不得已必须侵害法益时,不能侵害更大的法益。如果从裁判规范的角度出发,行为功利主义要求法官将客观上保护了法益的行为认定为违法阻却事由。其三,因"无法计算"而导致实施的行为造成了坏的结果时,是应否原谅、能否宽恕的问题,在刑法学中是责任问题,而不是违法问题。

再次,"行为功用主义不反对选择那些人们已经习惯了的遵守某些准则(例如信守承诺)的行为,但是在行为功用主义看来,准则只不过是常识性的准则,便利的经验法则,只是大体上用来指导行为的;在没有充足的时间考虑可能的后果时,或者当花在计算上的时间带来的坏后果超过考虑后果所带来的好处时,可以依据准则来行动。……斯马特指出:'至关重要的是认识到,在日常生活中,行动功利主义者按照习惯和依据固定的准则作出的任何行动都不与行动功利主义本身相矛盾。'"② 在刑法学领域,允许人们按照已经习惯了的某些规则实施行为,也不会与结果无价值论相冲突。其一,刑法并非禁止任何法益侵害行为,而是禁止严重的法益侵害行为;而且,刑法必须权衡法益保护与自由保障之间的关系。当人们按照已经习惯了的某些规则实施行为,导致轻微的法益侵害时,应当允许这种法益侵害,以保障行动自由优先。其二,刑事立法中可能出现这样的现象,某种行为的法益侵害相当严重,但人们习惯了这种做法,因而没有将这种行为规定为犯罪。这不仅是权衡法益保护与自由保障的结果,而且,按照罪刑法定原则,当人们按照已经习惯了的某些规则实施行为,导致刑法并未禁止的严重的法益侵害时,不能认为这种行为是违法的。

---

① 边沁"使用了七条标准,企图创造一种衡量快乐和痛苦的方法。这七条十分标准是:快乐的强度、持续时间、确实性、近似性、丰富性、纯度和范围。在这一点上,穆勒却有所不同。他不但以数量,而且还以质量来估价快乐。但是如果这样来评价快乐,就很难了解功利主义的标准是怎样提出来的,穆勒从来也没有把这个问题说清楚。"(〔美〕弗兰克纳:《伦理学》,关键译,生活·读书·新知三联书店1987年版,第71页)。

② 牛京辉:《英国功用主义伦理思想研究》,人民出版社2002年版,第201—202页。

其三，行为人遵守了习以为常的某些规则，但造成了法益侵害结果时，即使符合构成要件并被评价为违法，也可能因为缺乏有责性而不承担刑事责任。

最后，我们还需要区分行为本身的效果与称赞或者谴责这种行为本身的效果。偶然防卫行为本身的效果是保护了法益，这是必须肯定的，根据行为功利主义的观点，它就是正当的。至于在刑事司法上，处罚偶然防卫是否具有功利或效果，则是另一回事。如前所述，刑法绝对排斥处罚正当行为，所以，刑事司法上不能处罚偶然防卫。尽管如此，笔者还是想顺便指出，刑事司法宣布偶然防卫不违法，并不会带来消极效果。这是因为，刑事司法宣布偶然防卫不违法，既保护了偶然防卫者的法益，也不会导致有人在故意杀人时期待自己的行为产生偶然防卫的效果。否则，这种人的行为比守株待兔还可笑。换言之，在刑事司法上宣布偶然防卫不违法，不可能起到鼓励人们实施偶然防卫的作用。倘若真的有人因为偶然防卫不违法，就长时期跟踪自己的仇人，打算乘仇人杀人时将仇人杀死，则他的行为已经是具有防卫意识的正当防卫了，更不可能违法。

（四）违法本质

"规则后果主义主张，当且仅当某行为由规则所准许，而这个规则能够合理地被预想到所产生的善与任何其他可识别的规则能够合理地被预想到所产生的善一样多，该行为就是得到许可的。"[①]二元论也主张，违法性是指行为违反了保护法益所应当遵守的规范。所以，二元论都会得出如下结论：当符合规则的行为造成了法益侵害结果时，该行为也是正当的、合法的；当违反规则的行为保护了法益时，该行为也是不正当的、违法的。

但是，行为时的行为规则或者行为基准，并不是完全与法益侵害结果相对应的，并不是实施任何行为时，就已经存在行为规则，已有的行为规

---

① 〔美〕布拉德·胡克：《规则后果主义》，载〔美〕休·拉福莱特主编：《伦理学理论》，龚群主译，中国人民大学出版社2008年版，第219页。

则也可能是多余的、不必要的,而且,许多所谓的规则并不为人们所知。二元论将一般境遇与特殊境遇混为一谈,要求人们在特殊境遇时也按照一般境遇时的规则行事。从总量来说,也不符合支撑二元论的规则功利主义所追求的效果。

二元论者举例说,在 X 按照绿灯信号通过十字路口时,与无视红灯信号闯入道口的 Y 发生碰撞导致 Y 死亡的场合,结果无价值论会认为,由于 X 的行为造成了法益侵害的结果,所以,X 的行为违法,其后只是讨论 X 有无责任的问题。但这样的观点有悖常识。按照二元论的观点,虽然 X 的行为造成了法益侵害结果,但由于 X 没有违反保护法益所需要遵守的规则,所以,X 的行为并不违法。① 可是,一方面,就此案来说,笔者不赞成 X 造成了法益侵害结果的观点,只能认为 Y 自己违章导致自己死亡。倘若在这种情形下也认定为 X 造成了法益侵害结果,那么,当 Y 开车不小心撞到建筑物导致其死亡时,我们还要说建筑物的主人或者建筑商造成了 Y 死亡的结果吗?另一方面,如果 Y 先违章闯入道口,而 X 向 Y 撞去导致 Y 死亡,只要能肯定 X 的行为与 Y 的死亡结果之间有因果关系,当然能肯定 X 的行为是不正当的。②

如前所述,规则功利主义也承认规则有例外,之所以如此,是为了获得更大的功利。但是,规则功利主义不理会行为间的任何细微的差异,从而使得这种差异成为一种例外。例如,规则功利主义承认,如果在不得已的境遇下通过损害他人价值 99 万元的财产来保护一个人的生命,就应当承认"不得毁损他人财产"的规则存在例外。但是,如果行为人在不得已的境遇下通过损害他人价值 99 万元的财产来保护自己价值 100 万元的财产,规则功利主义就表示反对了。如刘明祥教授指出:"那种为保护自己的利益而给他人造成严重损害的紧急避险,就很难说是对社会有益的。例如,为保全自己的生命而致他人重残,或者为保全自己 100 万元的财产而毁掉了他人价值 99 万元的财物。这种转嫁危难于他人的行为并不符

---

① 〔日〕井田良:《刑法总论的理论构造》,成文堂 2005 年版,第 3 页。
② 参见〔日〕西田典之:《刑法总论》,弘文堂 2010 年版,第 131—132 页。

合我国的传统道德观念。即便是从社会整体利益而言,它虽然避免了更大的损失,但也不能不承认对他人合法利益所造成的损害仍然是一种灾害,把造成这种灾害的紧急避险说成是对社会有益的行为,自然是不合情理的。"①

但是,根据客观主义立场,这种观点值得研究。首先,这种观点在视角上存在疑问。如果从个人主义的观点出发,就不应当将自己面临的危难转嫁于他人;但从社会整体的立场出发,在不得不丧失两个合法利益中的某一利益时,不管是谁的利益,保存价值更高的利益才是理想的,正是基于对整体社会利益的考虑,紧急避险在刑法上才是允许的。② 因此,说紧急避险对社会有益是完全成立的。其次,最为关键的是,上述观点认为紧急避险可能对社会有害及其所举之例,显然只是从主观上判断的,而忽视了客观行为的性质与结果。根据其逻辑,甲为了自己价值 100 万元的利益而损害乙价值 99 万元的利益、甲为了保全自己的生命而致乙伤残,就是有害的;A 为了 B(含国家、集体)价值 100 万元的利益而损害 C 价值 99 万元的利益,A 为了保全 B 的生命而致 C 伤残,就是有利的。可是,甲与 A 的避险行为,在客观上完全相同,只不过各自的动机与目的不同,前者为了自己,后者为了他人,而根据刑法的规定,为自己与为他人都是合法的,为什么甲与 A 的行为性质(有害与无害)就存在区别了呢? 这实在难以被人接受。究其原因,无非是将道德的评价带进了刑法领域,而道德重视人的内心,于是,任何为了自己的利益而不得已损害他人利益的紧急避险的行为,都会被视为自私自利的行为,因而都是违反社会伦理秩序的,从而对社会有害。由此看来,仅根据行为人的主观动机与目的来评价行为是有利还是有害,是存有疑问的。

只有存在某种冲突时,才需要认定是否存在违法阻却事由。规则功利主义总是要求人们在冲突时,也完全按事先确定的规则行事。"确实,在民主社会,可以运用合法程序来寻求变革;但这还不足以说明,使用非

---

① 刘明祥:《论紧急避险的性质》,载《法学研究》1997 年第 4 期,第 99 页。
② 参见〔日〕平野龙一:《刑法总论 II》,有斐阁 1975 年版,第 229 页。

法手段就是错误的。合法渠道也许存在，但在可预见的将来运用这些手段实现改变的前景仍然可能很暗淡。当人们通过合法渠道而实现缓慢而痛苦的进步（也许毫无进步）时，试图加以阻止的、毫无道理的错事本身也许仍在继续。"① 所以，当国民难以通过遵守规则保护更大法益时，即使保护更为优越或者同等法益的行为违反了某种规则，也应认定为违法阻却事由。

例如，建在某村附近的工厂污染极为严重，所排浓烟导致附近能见度极低，来往车辆只能缓慢行驶，村民的生命、身体受到明显威胁。村民多次向上级反映，要求关闭该工厂。但上级既不同意，也没有要求工厂整改。于是，村民组织起来，不准进出工厂的车辆通过唯一必经马路，导致工厂停产。按理说，村民应当继续运用合法程序来寻求问题的解决。但是，我们不能据此认为村民的行为是违法的。即使村民的行为造成了工厂的损失，符合了某个犯罪的构成要件，也由于该行为保护了更为优越的利益，阻却违法性。

如前所述，三阶层体系中的违法性领域，所讨论的是违法阻却事由，而正当防卫、紧急避险等违法阻却事由，本身就是行动功利主义在刑事立法中的体现。因为，承认正当防卫与紧急避险是正当化事由，就是因为该行为从结局上讲是功利的。而且，这种讲功利，不应是抽象地讲功利，而必须是具体地讲功利。

关于紧急避险的限度，我国刑法理论的通说认为，凡是避险行为所引起的损害小于所避免的损害时，就是没有超过必要限度；只要避险行为造成的损害等于所避免的损害，就属于超过了必要限度。据此，行为人为了保护某种利益而不得已损失他人同等利益，也超过了必要限度，应当追究刑事责任。原因之一是，在实践中，紧急避险大多是为了保护本人的利益而不得已损失他人同等价值的利益，这种主观上的自私（对伦理规则的违反）成为追究其刑事责任的基本理由。然而，如果站在行动功利主义的立场，就会发现两点：其一，在不得已的情况下损害同等利益的，也不一定超

---

① 〔美〕彼德·辛格：《实践伦理学》，刘莘译，东方出版社2005年版，第294页。

过了必要限度。即在甲法益与乙法益等值的情况下,如果保护甲法益的唯一方法是损害乙法益,那么,充其量只能认为,这种避险行为没有意义。因为紧急避险制度并非旨在保护相互关爱的伦理,而"是从功利主义的见地防止社会整体利益减少的制度"①。但在上述情况下,从社会整体上说,法益并没有受到损害。既然如此,就不能认定为犯罪。行为无价值论者习惯于认为,为了保全自己价值100万元的利益而牺牲他人价值100万元的利益,就是不妥当的。然而,这只是伦理的不妥当性,而非刑法上的不妥当性。当价值100万元的甲利益与价值100万元的乙利益发生冲突,保护甲利益的唯一有效方法是损害乙利益时,从整体上来考察,行为人所实施的避险行为对法益实际上没有造成新的损害。即使行为人是为了自己的利益而牺牲了他人的同等利益,也只是道德上与民法上的责任,不能因此追究刑事责任。其二,避险行为造成的损害小于所避免的损害时,也可能超过了必要限度。例如,在发生森林火灾,为了防止火灾蔓延,不得已砍伐树木形成隔离带时,如果根据当时的客观情况,只要有20米宽的隔离带即可,行为人却下令大量砍伐树木形成50米宽的隔离带。尽管所保护的森林面积远远大于所砍伐的森林面积,但不能认为没有超过必要限度。不难看出,只有进行具体的法益衡量,才有利于保护法益。

更为重要的是,违法阻却事由的判断,不是类型化的判断,而是个别判断,这种判断性质就决定了不能按照一般规则判断违法阻却事由。换言之,规则功利主义在违法性领域的运用,实际上导致将违法阻却事由的个别判断,转变为类型化的判断,因而不符合违法阻却事由判断的性质。

下面,有必要针对反对者对行为功利主义的批评在刑法学上作些回应。

格里塞说道:"善是不能被比较的,除非存在着一个可以获得的、可适用于所有善的标准。它们也不可能是可公度的,除非所有善在完全同一个意义上都被称为'善',并且完全同一的标准能够适用于所有的善。我否认在应对其进行道德判断的抉择中所说的'善'能够有一个单一的意

---

① 〔日〕西田典之:《刑法总论》,弘文堂2010年版,第142页。

义并且在这个意义上意指能够由同一个共同的标准来测量的任何东西。"①根据这种观点,人类善是不可比较的、不可公度的;与之相应,人类恶也是不可比较的、不可公度的。在刑法学意义上说,这一批判对主张"只有违反社会伦理规范的法益侵害行为才属于违法"②的另一种二元论是完全适应的。因为当一个行为侵害了法益却符合所谓的伦理,或者相反时,这种二元论者是难以通过比较得出结论的。相反,按照结果无价值论的观点,完全有一个比较单一意义的标准,即法益侵害与法益衡量。

"在格里塞看来,在冲突的处境中,'较大的恶'并不必然是'较小的恶'的唯一替代,因而结果主义的基本原则不是自明的。博伊尔和威廉·梅尔也同样认为,'应选择较大的善,应选择较小的恶'这一结果主义的基本原则并不是自明的。……人们不可能对善恶进行合理的评估和计量,因为他会遇到诸如关于衡量标准是什么,如何决定后果以及多少后果、对谁的后果等等问题,这些都是难以解决的问题。……假如一位妇女正在考虑进行人工堕胎,那么如果她追随结果主义的话,她就会分别列出决定去堕胎或决定不堕胎的好的和坏的后果。其中有一个坏的结果是,该妇女将会故意选择杀死她自己未出生的孩子。而预期的好结果可能有:她会保持自己的身心健康,获得家庭的平安、和睦、完整,等等。而生命、家庭、平安等人类善是不可比较的价值。该妇女显然不能确定杀死未出生的孩子、失去健康等等哪一个才是较大的恶或较小的恶。"③这一批评在伦理学上或许是妥当的,但是,如前所述,这一批评不适合于刑法学违法性领域的行为功利主义观点。因为在刑法学中,只当法益之间存在冲突时(即正与正的冲突时),才允许以牺牲一种法益保护另一种法益。换言之,在刑法学中,只有当保护大的法益的唯一方法是牺牲另一较小或者同等法益时,才允许实施紧急避险之类的行为,所以,可以认为,行为功利

---

① 转引自林庆华:《天主教新自然法学派论结果主义伦理学》,载《宗教学研究》2008 年第 2 期,第 120 页。
② 周光权:《违法性判断的基准与行为无价值论》,载《中国社会科学》2008 年第 4 期,第 129 页。
③ 林庆华:《天主教新自然法学派论结果主义伦理学》,载《宗教学研究》2008 年第 2 期,第 122 页。

主义的基本原则在刑法中是自明的。

(五) 正义理念

规则功利主义有一个明显优点,即通过建立符合正义的规则,避免非正义的功利。但是,这并不意味着行为功利主义必然得出非正义的结论。

麦克克洛斯基要求我们考虑下面的案例。"假设一个功利主义者访问一个存在种族冲突的地区,在他访问期间,一个黑人强奸了一个白人妇女,这一罪行的结果是:发生了种族骚乱,白人暴徒在警察的纵容下,怒殴、杀害黑人。下面就更是假设了:在罪行发生的时候我们的功利主义者正好在现场,因此他的证词将会宣告某个特定的黑人有罪。如果他知道尽快逮捕嫌疑人将会停止骚乱,停止对黑人处以私刑,作为一个功利主义者,毫无疑问,他一定会得出结论,他有责任容忍去做假证,处罚一个无辜的人。"但是,"导致一个无辜的人被判死刑,这又是错的。而功利主义又包含着这是对的,因此,功利主义一定是不正确的"①。概言之,行为功利主义会与正义理念相冲突。反之,规则功利主义则可以避免这一缺陷:因为遵守"不要容忍陷害无辜者的假证"这样的规范,对社会更好。"因此,反对归罪于无辜者的规范应当被接受,通过诉诸这一规范,我们得出结论:在麦克克洛斯基的例子中,那个人不应当做假证陷害无辜者。"②这样,就可以避免上述不符合正义理念的现象。

斯马特指出:"不管行动功利主义多么不乐于这种结论,他也必须承认,当他处于这种境遇时,应当得出非正义的结论。""如果伦理理论是功利主义的,它有时只好接受非正义,而那些受到正统教育的人事实上不喜欢这种可能性。"③人们认为,斯马特得出这样的结论是他坚持效果论的必然逻辑后果。因为按照行为功利主义的观点,任何一个行动,只要它的

---

① 〔美〕詹姆斯·雷切斯特著,斯图亚特·雷切斯特第5版修订:《道德的理由》,杨宗元译,中国人民大学出版社2009年版,第104—105页。
② 同上书,第112页。
③ 〔澳〕斯马特、威廉斯:《功利主义:赞成与反对》,牟文武译,中国社会科学出版社1992年版,第68页、第69页。

效果好于其他可选择的行动,不论是正义的还是非正义的,就是一个好行为。①

但是,其一,虽然按照斯马特的观点,在伦理学上必须得出非正义的结论,但在刑法上不可能得出这种非正义的结论。因为刑法采取罪刑法定原则、刑事诉讼采取无罪推定原则,所以,不可能通过诬告陷害或者作伪证的方式定罪量刑。而且,罪刑法定、无罪推定不是对行为功利主义的否认,相反,它们是行为功利主义所要求的。基于功利原则的刑法,不可能明示或暗示在极端情况下,允许对无辜者施加刑罚以实现更大的功利。这是因为,倘若刑法作出这种认可,那么,在这类极端情况下反而不可能达到它所意欲实现的目的。以反对者提出的案件为例。如果刑法允许极端情况下处罚无辜者,那么,人们不禁会怀疑这个被宣布为罪犯的人是政府所找的替罪羊,正义仍然没有实现,不但暴行、骚乱不会停止(除非暴徒们只是为了借机向异族泄愤,而不顾真正的罪犯是谁),而且刑法的权威必然受到损害。不仅如此,在其他情况下,刑法将某种行为宣告为犯罪并科处刑罚,是否真能使人们觉得正义得到伸张,自己不再受到犯罪人的威胁,也都成为疑问。因为人们完全有理由怀疑当权者是否在利用刑法欺骗他们,而潜在的罪犯也似乎更愿意蔑视刑法的威慑,因为他们也会觉得即使犯了罪也可能会有某个倒霉的替罪羊为他们承担责任。另一方面,善良的人们还会担心自己有朝一日成为替罪羊。显然,刑法若想达成它预设的功利目标,就必须规定它所处罚的只能是被证明有罪的人,这具体体现为罪刑法定、无罪推定原则。因此,在刑法学领域,只有在罪刑法定、无罪推定的前提下,才能实现行为功利主义希望的结果。在这一点上,行动功利主义与规则功利主义不会有区别。因为即使当某种行为违反了规则,甚至进一步侵害了法益时,只要没有刑法的明文规定,规则功利主义也不会主张违反罪刑法定原则将这种行为认定为犯罪。

其二,"像这种假设的例子,由于通常预先设定不可获得的知识,证人不能确定作伪证将导致定罪还是伪证不被识破,所以最好还是遵守不作

---

① 龚群:《论斯马特的行动功利主义》,载《齐鲁学刊》2003年第2期,第63页。

伪证的规则。当人考虑到不可避免的不确定性时,其结果是,功利主义事实上建议不作伪证"①。所以,难以得出批评者的结论。

其三,不能断定通过作伪证处罚无辜者的结果是好的。"试想,在麦克克洛斯基描述的案件中,这个'功利主义者'为了制止骚乱,试图归罪于一个无辜的人。他可能不会成功,他的谎言可能被揭穿,那样的话局势甚至会比以前更糟。即使他撒谎成功了,那个真正的罪犯没有被捕,真正的罪犯就可能犯下更多的罪行。如果这个犯罪团伙后来被抓住了(这总是可能的),这个谎言将会带来更大的麻烦,人们对刑事公正体系的信任会受到破坏。这里的道德是,虽然有人可能认为(think)通过这样的行为会带来最好的结果,但人们不可能确定这一点。实际上,经验告诉我们的恰恰相反:功利不会通过陷害无辜的人得到。"②因此,为了制止骚乱而作伪证的行为,并不能获得更大的功利,因而不能阻却违法性。也许反对者会说,没有人会知道和泄露出去,因而不会产生更坏的结果。可是,既然如此,反对者又怎么知道有这样的事情?

其四,上面设想的案件几乎不可能成为现实。在现代社会,即使发生了这种案件,预防、制止、平息骚乱的方法多得很,惩罚无辜并不是唯一的办法。所以,不能认为行为功利主义会违反正义理念。如果违反某种正义理念、基本原则的行为是保护更大、更多法益的唯一方法,我们只能对这种正义理念、基本原则产生怀疑了。例如,禁止酷刑被认为是一项基本原则,并且没有任何例外。果真如此吗?2002年9月27日,犯罪嫌疑人G绑架了一名银行家11岁的儿子,并索取100万欧元的赎金。根据德国法兰克福警方的计划,犯罪嫌疑人在9月30日前来收取赎金的时候被捕。但是在接下来的审讯中,犯罪嫌疑人一再拒绝透露被害人的拘禁地点。警方虽然采取了诸多措施,也仍然无法找到被害人。第二天,考虑到被害人可能由于缺乏必要的饮水和食物已经处在极度的生命危险之中,

---

① 〔美〕丹尼尔·豪斯曼、迈克尔·麦克弗森:《经济分析、道德哲学与公共政策》,纪如曼、高红艳译,上海译文出版社2008年版,第136页。
② 〔美〕詹姆斯·雷切斯特著,斯图亚特·雷切斯特第5版修订:《道德的理由》,杨宗元译,中国人民大学出版社2009年版,第110页。

法兰克福警察长官 Daschner 下令在医生的监护下通过对犯罪嫌疑人进行恐吓甚至在必要时对之施加肉体痛楚的方式逼取有关被害人藏匿地点的信息。在审讯警察施加肉刑的恐吓之下，犯罪嫌疑人终于交待了被害人的藏匿地点，以及被害人已经于 9 月 27 日晚上被其所杀害的犯罪事实。德国法院认定警察长官 Daschner 的行为构成强制罪，没有承认其具备违法阻却事由。其中的基本理由就在于，"即便是为了保护被害人的生命和尊严也不允许使用酷刑"。然而，"这个立场表现出的无视生命的冷漠使它有些站不住脚"[1]。事实上，根据德国媒体的调查，63% 的德国公民认为，Daschner 案中警察的行为应该是合法的或者至少不应该受到刑事处罚。难以认为德国 63% 的民众缺乏正义理念，或许可以说，"即便是为了保护被害人的生命和尊严也不允许使用酷刑"本身就是一个违反正义感的论断。根据行为功利主义的观点，为了保护被害人的生命，不得已对加害者的身体施加痛苦，即使是由警察施加的，也因为保护了更为优越的利益，而具备违法阻却事由。[2] 诚然，人们会担心，"从现实后果的角度可以认为，一旦例外地使营救酷刑合法化，那么，由于在实务中很难划分一条确定的界限并且鉴于国家机关对之加以滥用的风险，很可能使得酷刑迅速扩展到'难以为法治国所容忍'的地步：'酷刑一旦开始，就不会再停止'。"[3] 但是，既然只是例外，就不可能普遍化，而且不存在界限不明的问题。退一步说，倘若认为一旦例外地使营救酷刑合法化会带来更为严重的坏结果，因而应予禁止，这也是行为功利主义的结论。

行为功利主义受到的最大攻击之一是："它可以认可非常不平等的善恶分配。由于这种理论所设立的目标是积聚性的，要求我们的行为给所有相关者带来善之于恶的最大平衡，因此批评者认为：这样的话，有些个体就会被要求担负不平等的恶，以使得他人可以集体性获得最多善。享乐主义功利主义和偏好功利主义都面对的、关于杀人是否道德的挑战，就

---

[1] 〔英〕朱利安·巴吉尼：《一头想要被吃掉的猪》，张容南、杨志华译，上海三联书店 2008 年版，第 50 页。

[2] 至于对加害者施加酷刑的行为是正当防卫还是紧急避险，抑或属于其他正当化事由，则是另一回事。

[3] 王钢：《出于营救目的的酷刑与正当防卫》，载《清华法学》2010 年第 2 期，第 44 页。

属于这种反驳。某个体被杀,结果带来了整体上最佳积聚性结果。幸存者获得了好处,受害者丧失了一切。这种情况必定会让我们震惊,它太不公平了;然而,如果包括负效应在内的后果最佳,那么,行为功利主义者……必定会承认,这种情形不会引发道德控诉。"① 例如,"山姆是个基本正常,颇难形容但'很不错'的人。他去医院看望年老卧病的姨妈,姨妈是他还在世的唯一的亲人。他去探病的时候,医院里刚好有五个急症病人。一个需要移植肝,一个需要移植脾,一个需要移植肺,一个需要移植心,还有一个需要移植松果腺。这五个病人都是极其重要、备受爱戴的人物,他们的死将给很多人带来极大的悲痛和确实的身体上的不适。而另一方面,山姆的死却不会令任何人感到悲伤(除了他的姨妈,也许在神志清醒时还会为他的死感到悲伤)。医院高级管理层人员都是不折不扣的功利主义者。他们把山姆诱进手术室,移走他身上所有的重要器官,将这些器官分配给那些有需要的病人。他们就是如此按照功利性的原则,即最大多数人的最大幸福,(刻板地)做事的"②。

但是,其一,"这些荒诞不经的例子实际上与实际原则的选择毫不相干。功利主义者对这种例子必须说:我们所接受的那些在实践中有用的原则,我们需要培养出那种直觉,应当是那种具有可称之为'最高度可接受性'的东西"③。

其二,正如西田典之教授所言:"在这样的场合,能够肯定将杀人作为唯一手段(补充性)的情形99.9%是不存在的。"④

其三,由于承认将生命作为手段会导致极为普遍且严重的后果,故原则上应当禁止将生命作为手段,或者说将生命作为手段的行为都是违法的。然而,如果不允许以牺牲一个人的生命保护更多人的生命,则意味着宁愿导致更多人死亡,也不能牺牲一个人的生命,这难以为社会一般观念

---

① 〔美〕汤姆·雷根:《动物权利研究》,李曦译,北京大学出版社2010年版,第192页。
② 〔美〕唐纳德·帕尔玛:《西方哲学导论》,杨洋、曹洪洋译,上海社会科学院出版社2009年版,第273页。
③ 转引自孙伟平:《赫尔的功利主义思想述评》,载《南京社会科学》2001年第8期,第35页。
④ 〔日〕西田典之:《刑法总论》,弘文堂2010年版,第144页。

所接受,也不一定符合紧急避险的社会功利性质。由此看来,至少对保护多数人生命而不得已牺牲一人生命的行为,应排除犯罪的成立。① "如果确实没有其他挽救生命的手段,也应承认对该医生有认定为紧急避险的余地。"②但是,只有在被牺牲者特定化的场合(例如,唯有此人处于被牺牲者的地位、被牺牲者原本即将死亡等),才能牺牲一个人的生命保护其他人的生命,而且对于"不得已"的判断应当更为严格。故在上述肝脏移植的设例中,不可以任意挑选一个健康的人进行肝脏移植。③ 否则,任何人都不敢进医院,甚至都不敢经过医院附近,结局必然导致更多人死亡。这也是违背行为功利主义的。但是,倘若置换为不得已杀害特定人的情形,则有可能牺牲少数人的生命挽救更多人的生命。以著名的电车难题为例。"有轨电车失控了,一名疯狂的哲学家将五个人捆绑在前方的轨道上。万幸的是,你可以拉动一个机关,这个机关可以让电车转到另外一条轨道上。但是那个轨道上也绑着一个人。那么,你应当开启闸门,用一条性命换取五条性命吗?大多数的哲学家都认为这么做在道德上是允许的。哲学家兼法律理论家 John Mikhail 做了一系列试验;认定大多数一般人都会认同这种做法。"④再如,9·11事件后,德国立法机关于2005年颁布了《航空安全法》,该法案规定,当国防部长发布命令后,可以击落被恐怖主义分子劫持的飞机。这样规定是为了避免被劫持飞机撞到高层建筑,造成更多的人员伤亡,飞机上的乘客就只能作为国家的牺牲品了。2006年2月,德国宪法法院宣布该法案无效。理由是,杀害乘客有悖于人类尊严。罗克信教授对此表示赞同,因为国家无权杀害任何完全合法地活动的人,或者说,国家不得为了任何目的杀害无辜的人。但是,罗克信教授又指出:"如果真的发生了这种飞机被劫持的情况,空军飞行员不得已将之击落,这里,飞机乘客按照人们的估计反正不管怎样都已经是没

---

① 关于其他情形,参见黎宏:《紧急避险法律性质研究》,载《清华法学》2007 年第 1 期,第 37 页以下。
② 〔日〕西田典之:《刑法总论》,弘文堂 2010 年版,第 144 页。
③ 否则,成立故意杀人罪或者故意伤害罪。
④ 〔美〕劳伦斯·索伦:《法理词汇》,王凌皞译,中国政法大学出版社 2010 年版,第 126 页。

有希望了,不过,却挽救了大量的其他人,那么,人们还是否要真的对飞行员实施惩罚呢?毫无疑问,飞行员杀害了乘客,他对此是有罪责的,因为他本来可以不这样做的;但是,如果他没有去挽救那些通过击落飞机本来可以得到挽救的人,那么他也是同样肯定地负有罪责的。当人们在这些游离于法定规则之外的两难的边缘性问题中进行良心衡量时,至少也应该仍然可以适用超法规的答责阻却事由,因为为了进行预防,在这种情况中可能并没有处罚必要性。"①罗克信教授肯定了空军飞行员行为的违法性与责任,同时认为其缺乏处罚的正当性(具体表现为缺乏以预防为目的的处罚必要性)。但是,一方面,既然肯定空军飞行员存在义务冲突(击落飞机是作为的杀人,但只杀了少数人,而不击落飞机是不作为的杀人,但杀的是多数人),就不能说他击落飞机的行为具有违法性。另一方面,如果宁愿让飞机中的无辜者和高层建筑中的很多人都死亡,也要遵守"不得为了任何目的杀害无辜的人"的规则,那么,规则功利主义就陷入了义务论。此外,如果说空军飞行员击落飞机的行为是违法且有责的,只是没有处罚的必要性,则第三者可以杀死空军飞行员。其后果是,不仅导致高层建筑的多数人死亡、飞机上乘客死亡,还会导致空军飞行员死亡。似乎可以说,空军飞行员是被规则功利主义害死的。

这里涉及不能将人当作手段的问题。人是目的不是手段。可是,"把人当作手段利用与把人看作自己的目的,这两者之间的区别始终不是清楚的。康德说,我们不能'仅仅'把人'看作是一种手段'。那么,如果我们'通常'把人'看作是一种手段'会怎么样呢?……现实生活中的情况常常会使我们陷入两难境地,无论做什么,我们的行为总是可以被理解为利用他人。"②例如,我当老师教刑法学的一个重要动机是维持生计,这是否就证明我正在利用我的学生,把他们当作实现我的目的的手段呢?在前述出于营救目的施加酷刑的案例中,不对绑架犯施加酷刑,是将绑架犯

---

① 〔德〕克劳斯·罗克辛:《构建刑法体系的思考》,蔡桂生译,载《中外法学》2010年第1期,第15页。
② 〔美〕唐纳德·帕尔玛:《西方哲学导论》,杨洋、曹洪洋译,上海社会科学院出版社2009年版,第285页。

当人看待了；可是，不对绑架犯施加酷刑，恐怕就是没有将被绑架者当作人看待，就是放任绑架犯将被绑架者作为工具了。在前述电车难题案中，拉动机关（闸门）被认为将一个人当作工具了；可是，如果不拉动机关，则是容忍、放任疯狂的哲学家将五个人当作工具。在前述空军飞行员击落撞向高层建筑的恐怖主义飞机案中，击落飞机被认为将飞机上的乘客作为工具了；可是，如果不击落飞机，则是容忍、放任恐怖主义将乘客当作工具，而且，不击落飞机就没有将高层建筑中的多数人当作人来保护，甚至也可以认为，是将飞机中的乘客当作目的而将高层建筑中的人当作工具了。所以，不宜动辄以将生命作为手段为由批判行为功利主义的观点。

（六）权利保障

行为功利主义受到的另一批判是，"行动后果主义要求我们为了实现饥荒救济物资的捐助最大化作出巨大牺牲。行动后果主义还要求，纵然对别人的利益仅仅略微要多于对行为者的成本，也要自我牺牲"[①]。换言之，行为功利主义要求人们牺牲自己的小利益以追求人类的大利益。

这个问题在刑法上主要涉及的是不作为犯罪，但不作为犯罪的成立有严格的条件，不会因此而扩大处罚范围。即使像《德国刑法》第323c条那样规定见危不救之类的犯罪，也以容易救助他人，或者说救助他人并不给行为人带来明显负担为条件。对不作为设立严格条件，也是行为功利主义的要求。倘若任何人在任何时候都必须救助他人，我们的社会就混乱不堪了。

还有人批评道，结果主义否定了人的自由选择权利。结果主义的成立必须满足两个条件，一是人们必须自由的选择，二是作选择者必须确定诸抉择中的其中一种抉择可以提供较大的善或较小的恶。但这两个条件是互不相容的，同时要求它们都得到满足是不可能的。这两个条件之所以是不相容的，是因为只有当一种可供抉择的可能性或几种可能性（包括

---

① 〔美〕布拉德·胡克：《规则后果主义》，载〔美〕休·拉福莱特主编：《伦理学理论》，龚群主译，中国人民大学出版社2008年版，第230页。

"什么也不做")仍然保持有吸引力的情况下,对某一可能性的选择才能够在道德上是重大的和被要求的。人们选择某一东西,是因为该东西被认为是善的。然而,如果一种抉择被认为可以带来较大的善或较小的恶,那么,只许诺带来较小的善或较大的恶的其他抉择就会缺乏吸引力,人们就不可能选择它们。只许诺带来较小的善或较大的恶的其他抉择之所以没有吸引力,人们之所以不选择它们,是因为较大的善或较小的恶提供了选择较小善或较大恶所可能有的一切理由。①

但是,在刑法上,事实上存在两种选择:一是选择正当的行为还是选择违法的行为,即使违法行为会带来更大的恶,还是有人选择了这种恶;二是在义务冲突时,选择哪一种善,结局依然是选择善还是选择恶。所以,行为功利主义并没有否认人的自由选择。

(七)小结

通过对比可以发现,在行为符合构成要件时,阻却违法性的根据是该行为保护了更为优越至少同等的法益。这表明,在违法性问题的哲学基础上,行为功利主义是合适的。

在伦理学上,有的学者对行为功利主义与规则功利主义进行了综合或者折中,那么,在刑法学上能否也进行折中呢?

西季威克"鉴于常识道德并不总是与功利主义一致,他要求人们不要像教条直觉主义者那样把这些规则看成是绝对的,而应当承认这些规则的不完善性,利用功利主义不断地改进它们,尤其当这些规则的要求发生冲突时。这体现了西季威克要从各个不同的层次来思考功利主义,在他的思想中隐藏着这种观点,'一个文明人在反思这些常识时,都会(a)当其中没有困难的时候遵守教条直觉主义的规则;(b)在有疑虑和冲突的时候运用功利主义的方法;(c)在必要的时候根据条件的改变,参照隐藏在现存规则之下的功利主义方法,小心翼翼地修正常识道德的规则以适

---

① 参见林庆华:《天主教新自然法学派论结果主义伦理学》,载《宗教学研究》2008年第2期,第121页。

应历史进程'。我们把西季威克的这种思考至少可以分为两个层次来考虑：一方面他追随密尔，把常识道德规则看成是功利主义的'中间公理'，在大多数情况下，人们通过经验发现的这些规则都有助于普遍幸福，并把它们当作行动的有力指导；另一方面，人们通过比较不同时代和国家的道德时，发现许多意见上的分歧，它们的要求相互发生冲突，并不能给人们清楚的指导，所以对于那些隐藏在日常经验和常识道德规则中的那些计算，人们必须重新作出计算，尤其应当借助功利主义原则去寻求更好的结果，甚至根据功利主义方法对常识道德予以修正。西季威克以这种方式来思考功利主义，已经表明他完全超越了行为功利主义与规则功利主义的对立"①。

  黑尔认为，道德思维分为直觉思维层面和批判思维层面。在直觉思维层面上，道德判断依据于被普遍接受的、高度确信的道德直觉原则，这些直觉原则就是规则功利主义道德判断所依据的标准。但是，黑尔一再强调这种属于直觉道德思维层面的直觉原则是简单的、一般的、不够的，因为它不能解决道德冲突的问题。黑尔引用了一个直觉主义哲学家一向喜欢用的例子：我先答应了孩子带他们去牛津河畔野餐，而同一天我的老友突然从澳洲到访且只能在牛津停留一个下午，希望我可以带他和他的妻子参观书院，很明显我应该带他们参观书院，而且我应该遵守我对孩子的承诺。黑尔还引用了另一个例子：一艘小型护卫舰上的司令，面临一个两难的情况——如果他不投下深水炸弹，敌方的潜艇就会溜掉并且继续击沉更多的船只、伤害更多的人；如果投下炸弹，便会杀死水中的生还者。像这样一些有互相冲突的责任的处境，单靠直觉原则是无法解决的，必须依靠批判思维层面，采取行为功利主义的方法。在黑尔看来，直觉思维可以提供与人们在历史生活中所形成的规则和惯例相符的直觉原则，这是规则功利主义式的；但在日常道德规则相互冲突的情况下，原则的选择、

---

  ① 陈江进、郭琰：《试析西季威克功利主义的性质及其影响》，载《道德与文明》2007年第3期，第48—49页。

对道德冲突的消解则必须在批判思维层面进行,这是行为功利主义式的。①

上面的折中学说有一个共同点,亦即,在发生冲突的时候采取行为功利主义。刑法学中的违法性领域所要处理的就是存在冲突的情况,而且是行为规范与行为终极标准之间存在冲突的情况,所以,即使行为功利主义在伦理学上存在问题,但将它运用到专门处理冲突的违法性领域,反而就没有问题了。

此外,还有一种观点认为,适当理解的行为功利主义,只是一种正当理论,而不是决定程序。"正当的理由是依据最佳[行为或结果]来说明的理论,关于我们如何进行我们的道德思考的理论,则是依据品格的发展和使我们自己成为一种特殊类型的人[来建构的]。"②而违法论是评价行为是否正当的理论,所以,只能依据行为的结果以及行为可能造成的结果来判断行为是否违法,这也要求刑法理论在违法性领域采取行为功利主义。

总之,刑法绝对排斥对正当行为的处罚;评价行为正当与否,应当采取行为功利主义,因而应当采取结果无价值论;在两种法益存在冲突的情况下,应当通过法益的衡量,判断行为正当与否;符合构成要件的行为,即使违反了某种规则,但只要保护了更为优越或者同等的法益,就成为正当化事由;行为正当与否,与行为人应否受谴责,不是同一问题,因此,刑法理论必须严格区分违法与有责;行为人对结果的故意与过失,不影响行为本身的正当与否,因而只是责任要素,不是违法要素。

三、违法性的判断

行为无价值论认为,违法的本质是违反行为规范,故意、过失是判断

---

① 参见吴映平:《黑尔之功利主义观述评》,载《武汉理工大学学报(社会科学版)》2008年第2期,第172页。
② 〔美〕弗雷:《行动功利主义》,载〔美〕休·拉福莱特主编:《伦理学理论》,龚群主译,中国人民大学出版社2008年版,第211页。

违法性不可缺少的基础或资料,而且应以一般人为标准进行事前判断。这种观点反复强调的是,违法概念必须能够向行为时的一般人告知违法与合法的界限,而不能在事后才告诉人们某种行为是否违法。但是,这种观点存在疑问。

(一) 违法性的判断资料

1. 故意与过失

行为无价值论将故意、过失作为主观的违法要素,容易导致按照伦理标准判断违法性。包尔生指出:"在一定情况下,一个人所做的在法律上不允许的事却可能是合乎道德的。一个人处理了一件由他代管的物品,使这件物品的所有者蒙受损失,这在法律上是错误的,作为一种背信行为这种做法应受惩罚。但是在道德上它却可以是正确的;假如他只有挪用托他保管的这件东西方能使自己和他人免于一场大祸,他也许就可以这样做而不受良心责备。在法律面前他可以是有罪的和该受处罚的,但是在良心和道德法庭面前他是无罪的。"①他还引用德国刑法关于阻却责任的紧急避险规定,来说明法律自己也会承认上述情况,同时认为这是法律在处理实际生活事务上的矛盾之处,而这种矛盾旨在有意避免与正义理想的冲突。其实,这是刑法明确区分违法与责任的奥妙所在,也是刑法与伦理道德相区别的关键所在。行为无价值论认为,一个误将他人占有的财物当作自己占有的财物而取走的行为不违法。这种结论的背后,实际上是因为该行为不受伦理的谴责。

行为无价值论将故意、过失作为主观的违法要素,实际上采取的是主观的违法性论,导致违法性与有责性的混淆。如前所述,区分违法与责任,是刑法理论的最重大成果,不可能走回头路。事实上,区分行为本身是否正当(违法)以及应否谴责行为人(责任),可谓人的天性,连儿童也能够把握这一点。两三岁的儿童在桌上吃饭时将碗掉在地上打碎了,当

---

① 〔德〕弗里德里希·包尔生:《伦理学体系》,何怀宏、廖申白译,中国社会科学出版社1988年版,第544—545页。

父母问"怎么回事"时,处于相同情景下的所有儿童几乎无一例外地会说"我不是故意的"、"我是不小心的"。儿童此时绝对不会辩解说将碗掉在地上打碎是正确的、正当的,而只是辩解自己没有责任或没有故意责任,希望父母不要谴责自己。而一个十三四岁的少年放学后就玩电脑,当父母责问"怎么不做作业就玩电脑"时,他的回答可能是"我在电脑上查资料"、"玩玩电脑有什么不对吗"。显然,他是在辩解自己的行为是正当的。所以,笔者很赞成斯马特将行为的正确与否同行为是否理性相区别、将行为是否正确与行为人是否好相区别的观点。他说:"让我们把'理性的'一词用来称赞那种对行动者来说不仅是可选择的,而且可能产生最好效果的行为;让我们把'正确的'一词用来称赞那种实际上能产生最好效果的行为。也就是说,理性的行为就是努力采取正确的行动,并且尽力产生最好的效果。……这样,我们就能说,例如,这个行为者采取了正确的行为,但其行动的方式是非理性的。……我们也可以说,他行动的方式是理性的,但由于坏运气而做错了事,因为有最充足的理由解释他或许要做的事情恰好没发生。"他还说:"我们的确需要一对称赞行动者和动机的术语,我建议用'好(Good)'和'坏(bad)'这两个词来满足这一要求。一个好的行动者就是一个比一般的人更接近于普遍最佳的方式行动的人,一个坏的行动者就是一个不如一般的人那样以最佳方式行动的人。……在特殊的情况下,一个好人做了错误的事,一个坏人做了正确的事,一个正确的行动出自坏动机,一个错误的行动出自好动机。许多反对功利主义的特殊论据都是由于混淆了这些区别。"①同样,行为无价值论实际上没有区分行为本身的正当与不正当同行为人好与坏,导致违法与责任混同。

面对这种批判,行为无价值论者指出:"即使根据人的不法论,违法性也只是客观的程度大小问题。因为法对所有的人都设定了同一要求,所以任何人对法的侵害都导致的是同一结论。只有在责任判断时,才考虑

---

① 〔澳〕斯马特:《功利主义:赞成与反对》,载万俊人主编:《20世纪西方伦理学经典》(I),中国人民大学出版社2004年版,第319—320页。

意思形成的种类、样态以及行为人的个人能力与规范命令的关系。但是，违法性的客观性，并不意味着不法仅包含外部的要素；应当认为，'客观的'观念，意味着'一般的妥当性'。规范命令的妥当性适用于所有的人，故对于法益侵害，不考虑责任能力与行为人的动机的价值或无价值，只是根据一般的基准确定，因而违法性是客观的程度大小问题。考虑行为意思，并不是放弃违法性判断的客观性。人的行为无价值，包含了与构成要件该当行为侵害法益的意思方向有关的一切要素。与之相对，责任判断的对象，是导致实施犯罪行为的意思形成的种类与样态。其无价值是大还是小，是在作为责任形式的故意与过失形态中，由其结果共同决定的。在检讨犯罪行为的违法性时，必须追问行为人意欲什么、引起了什么。在检讨责任时，应当追问能够在何种程度上对行为人实施的不法加以非难。"①

根据这种观点，"违法与责任的区别在于，前者意味着'舍弃本人来考虑时，该行为是不当的'；后者意味着'即使按照行为人的立场来考虑其行为也是不当的'。这样，违法与责任就只能作为非难的程度的量的差异来理解了。但是，倘若如此，则对于犯罪的成立而言，只要确定了存在作为本质的伦理的非难的责任就可以，违法概念就几乎没有意义了。行为无价值论将社会伦理的维持作为刑法的任务，通过将法与伦理解释为同质的东西，来使违法与责任同质化，从而使违法判断空虚化"②。换言之，包括了故意、过失的违法性，是难以按照社会一般人的标准进行判断的。或者说，只要将故意、过失包含在违法性中，以一般人标准所作出的判断结论必然是肯定违法性，这便丧失了违法性判断的意义。假定有人作舆论调查时所提问题是："甲以杀人故意开枪射击，是否具有违法性？"大概100%的人会持肯定回答。其实，"应当如何行为"与行为人主观上是否具有故意、过失也没有直接关系。当行为人误以为前方是野兽却完

---

① Hans-Heinrich Jescheck /Thomas Weigend, Lehrbuch des Strafrecht Allgemeiner Teil, 5. Aufl., Duncker & Humblot 1996, S. 243f.
② 〔日〕清水一成：《行为无价值と结果无价值》，载〔日〕阿部纯二等编：《刑法基本讲座》（第3卷），法学书院1994年版，第29—30页。

全没有预见到是人而开枪射击时,社会一般人也会认为"不应当开枪"。社会一般人不会因为行为人没有过失而认为其"应当开枪",只是因为其没有过失而不会予以谴责(没有责任)。

将故意、过失作为违法要素,实际上会导致由故意、过失本身决定行为的违法性,使行为成为违法性的征表。例如,在偶然防卫的场合,行为无价值论实际上是根据行为人具有杀人的故意而肯定其违法性的,而不是根据其行为造成或者足以造成法益侵害结果而肯定其违法性的。再如,在被害人有现实的承诺,行为人没有认识到被害人的承诺"故意"取得或者损害了被害人所放弃的利益时,行为无价值论实际上也是以行为人有故意为由肯定行为的违法性。不难看出,将故意、过失作为违法要素,容易走向主观主义。

将故意、过失作为违法要素,也为公民的防卫行为设置了障碍。亦即,将故意、过失作为违法要素,意味着只有故意、过失实施的行为才具有违法性,这显然不利于国民行使防卫等权利。例如,根据行为无价值论的观点,当甲面临精神病人乙正在杀害自己时,因为乙缺乏构成要件的故意,不具备故意杀人罪的构成要件符合性与违法性,甲不得防卫。在许多情况下,面临侵害的防卫人,因无法知道侵害者是否具有故意、过失而束手无策。这也不利于国民通过正当防卫保护法益。

周光权教授指出:"对于'违法是客观的'这一基本命题应当给予维持,违法性判断应该尽可能明确和直观,这是客观违法性论的当然结论,对此,(二元的)行为无价值论也不反对。但是,一方面,并不是真的如同结果无价值论所讲的那样,排除主观要素,就一定能够达到违法性判断的客观性、明确性。另一方面,违法性判断绝不可能像自然科学研究那样精确。在行为无价值论看来,主观的违法要素对于违法性的程度有影响,但是,其并没有否定违法的客观性。"[①]在本书看来,这多多少少有些自相矛盾。因为行为无价值论者所声称的客观违法性,只是判断基准的客观性,

---

① 周光权:《违法性判断的基准与行为无价值论》,载《中国社会科学》2008年第4期,第127页。

而非判断对象的客观性。"这与主观的违法论只有一纸之隔。"①

结果无价值论否认故意、过失是主观的违法要素,因为一个行为正当与否,与行为人实施行为时具有何种心理状态没有关系。故意杀害一人、过失致一人死亡与意外事件致一人死亡,都是对刑法所保护的生命的侵害,在对法益侵害的层面上,三者完全相同。人们原谅意外事件的行为人,并不是因为其行为正当,而是因为行为人不值得谴责。刑法规定过失致人死亡罪的法定刑轻于故意杀人罪,不是因为二者在不正当方面存在差异,而是行为人受谴责的程度不同。不难看出,结果无价值论维持了"违法是客观的"这一命题,从而有利于违法性判断的安定性。如前所述,在这一点上,结果无价值论采取了行为功利主义的立场。

行为功利主义所受到的批评之一是,将结果的善恶作为最终标准,而不考虑道德标准。"最佳效果的行为并非总是正确的行为,而正确的行动,道德上值得称赞的行动,未必总是效果最佳的行动。在许多情况下,我们还需要考虑到行动的动机等其他一些因素。比方说,一位刺客谋杀一位受到人们爱戴和拥护的总统。但子弹射偏了,击中一块岩石圈,结果导致发现一个巨大的油田,使得该地区的人们从此富裕起来。刺客行动的效果是好的,但动机成问题。我们并不认为刺客的刺杀行为因效果好而变成正确的行为。又比如,一位医生自愿去非洲义务帮助那儿贫困村庄的人们,但无意中将一种疾病带给了当地居民。她行动的效果不好,但我们并不认为她的行为是不道德的,因为她的动机是好的。"②不考虑道德标准,或许是行为功利主义在伦理学上的缺陷。因为在伦理学上,"从内在的角度看,最道德的行为是受公正无私的动机所驱使的行为"③。但是,这种所谓的缺陷在刑法上是不存在的。

就油田事件而言,发现油田是一种好结果,对总统生命产生的具体危险则是坏结果。但是,这两种结果并不是基于冲突而产生的,并不是只有

---

① 〔日〕平野龙一:《刑法总论 I》,有斐阁1972年版,第51页。
② 陈真:《当代西方规范伦理学》,南京师范大学出版社2006年版,第70页。
③ 〔美〕R. 尼布尔:《道德的人与不道德的社会》,蒋庆等译,贵州人民出版社2009年版,第152页。

刺杀总统才能发现油田,也不是一旦发现油田必然刺杀总统。所以,发现油田不能成为违法阻却事由,刺客仍然要承担杀人未遂的责任。规则功利主义者没有考虑总统生命的具体危险这一结果。

就医生事件而言,医生自愿义务帮助非洲贫困村民的行为当然是正当的;但是,不管是有意还是无意将疾病带给当地居民,这一结果都是不正当的。这二者之间也不存在冲突关系。诚然,如果她不去非洲就不会将疾病带到非洲,但是,去非洲并不意味着一定要将疾病带去非洲。所以,不能因为医生的动机是好的,就认为其将疾病带给非洲居民是正当的。规则功利主义之所以并不认为医生的行为是不道德的,是没有区分行为本身是否正当以及对行为应否谴责。

2. 倾向犯与表现犯

行为无价值论者普遍承认倾向犯。例如,德国学者耶赛克、魏根特教授指出:具有强烈的内心倾向的犯罪(倾向犯)的特征是,"实行行为受行为人的意思方向的支配。正是这种意思方向,才赋予实行行为本来的特征,即对保护法益的特别危险性"[1]。周光权教授指出:"没有使用暴力、胁迫方法,没有猥亵的意思,不试图满足变态心理,强制猥亵、侮辱妇女罪的违法性不能具备。"[2]本书难以赞成这种观点。例如,甲男出于报复动机对乙女实施强制猥亵行为。首先,假定甲的行为不具有公然性,根据行为无价值论的观点,由于甲并非试图满足变态心理,因而不成立强制猥亵妇女罪;又由于行为不具有公然性,甲的行为也不成立侮辱罪。可是,同单纯侵犯名誉的侮辱罪相比,甲的行为侵害了乙的更为重要的性的不可侵犯权,却不能成立任何犯罪。这一结论难以被人接受。其次,倘若甲的行为具有公然性,根据行为无价值论的观点,由于甲不是试图满足变态心理而是为了报复,只能认定为侮辱罪;只有当甲试图满足变态心理时才认定为强制猥亵妇女罪。这显然是在行为性质、内容相同的情况下,根据行

---

[1] Hans-Heinrich Jescheck/Thomas Weigend, Lehrbuch des Strafrechts. Allgemeiner Teil, 5. Aufl., Duncker & Humblot 1996, S. 319.

[2] 周光权:《违法性判断的基准与行为无价值论》,载《中国社会科学》2008年第4期,第134页。

为人的主观倾向来区分此罪与彼罪,而这正是客观主义刑法理论力图克服的现象。其实,与试图满足变态心理相比,基于报复动机所实施的强制猥亵行为,对被害人法益的侵害可能更为严重。诚然,除了要求认识到客观的构成要件要素以外,还要求有内心的倾向,就限定了处罚范围。"在行为人实施了足以使被害人产生性的羞耻心的客观行为,并且充分认识到了这一点的场合,在具有强制猥亵罪的法益侵害性、责任非难的同时,也满足了可罚性。行为是否侵害被害人的性的自由、感情,与行为人的主观没有关系,是客观地决定的。即使缺乏使责任升高的猥亵倾向,也没有理由否认其构成要件符合性。"[1]不难看出,行为无价值论对违法性所作的评价,并不符合客观事实。[2] 也正因为如此,一些行为无价值论者也否认了倾向犯概念。[3]

　　行为无价值论者普遍承认表现犯,认为伪证罪中的"虚假证明",不是指违反客观事实的证明,而是不符合自己的记忆的证明(主观说),亦即,行为人的外部行为必须与其内心体验不一致,因此,证人的证言不符合其记忆或体验时,成立伪证罪。[4] 在这种观点看来,只要证人的陈述与其记忆不相符合,就具有导致司法裁判错误的危险。[5] 可是,其一,如果把法官当作神看待,只要证人的陈述与其记忆不符合,法官就能识别,法官就不会作出错误裁判。反之,如果不把法官当作神看待,即使证人的陈述与其记忆不符合,法官不能识别,法官听信证人符合客观事实上的陈述,也不会作出错误裁判。其二,只有当证人所作的证言违反客观事实时,才有必要由刑法规制;对于证人单纯违反内心记忆或体验作出的符合客观事实的证言,没有必要给予刑罚处罚。其三,即使按照行为无价值论的观点,证人在违反自己的记忆陈述时,其对"违反记忆进行陈述"的认

---

[1] 〔日〕前田雅英:《刑法各论讲义》,东京大学出版会2007年版,第121页。
[2] 详细的反对理由,参见张明楷:《犯罪构成要件与构成要件要素》,北京大学出版社2010年版,第615页以下。
[3] 参见〔日〕大谷实:《刑法讲义各论》,有斐阁2009年第3版,第133页。
[4] Hans-Heinrich Jescheck/Thomas Weigend, Lehrbuch des Strafrechts. Allgemeiner Teil, 5. Aufl., Duncker & Humblot 1996, S. 320.
[5] 参见〔日〕团藤重光:《刑法纲要(各论)》,创文社1990年版,第101页。

识,也是故意的认识内容,而不是故意之外的主观要素。其四,我国《刑法》第 305 条虽然将伪证罪规定为目的犯(意图陷害他人或者隐藏罪证),但这并不意味着伪证罪是表现犯。因为意图是主观要素,如果证人的陈述与客观事实相符合,即使其主观上具有陷害他人或者隐匿罪证的意图,也不符合伪证罪的构成要件,不会妨害刑事司法。

与倾向犯、表现犯相联系,周光权教授还指出:"出于善良动机的父母教育子女的行为,即使明显不妥当,也通常排斥虐待罪的成立。"①其实,出于善良动机的父母教育子女的行为,完全可能构成故意伤害罪,当然也可能构成虐待罪。在这种场合,作为违法性判断资料的,不是行为人是否出于善良动机,而是所谓"教育"行为是否属于伤害行为、虐待行为。作为成立犯罪所必需的有责性判断资料的,也不是行为人是否出于善良动机(当然会影响量刑),而是行为人对伤害是否具有故意或过失,对虐待是否出于故意。

3. 目的犯

行为无价值论普遍承认目的犯的目的是主观的违法要素,结果无价值论者虽然否认故意、过失是主观的违法要素,但也可能例外地承认目的犯中的目的、未遂犯中的既遂故意是主观的违法要素。在此范围内,从结论上说,行为无价值论与结果无价值论没有明显对立。但需要说明的是,行为无价值论可能将目的视为违反规范的要素,而结果无价值论必然将目的视为法益侵害的要素。

例如,山口厚教授指出:"目的犯的目的中,由于为法益侵害的危险奠定基础因而被理解为违法要素的,是伪造货币罪与伪造文书罪的'行使的目的'……在此,虽然是通过行使货币等,使其信用性这一法益受到侵害,但行使的目的,作为实施行使行为的意思,为通过行使而造成侵害法益的危险奠定了基础(虽然即使没有行使的目的,也并非完全不存在由他人行使的危险,但这种程度的危险欠缺当罚性)。如果不考虑作为行为意思的

---

① 周光权:《违法性判断的基准与行为无价值论》,载《中国社会科学》2008 年第 4 期,第 134 页。

行使目的,要判断这种行使的危险,可以说是困难的(要么会导致处罚范围不当扩大,要么会导致处罚范围不当缩小)。"①需要说明的是,山口厚教授并不认为目的犯中的目的都是主观的违法要素。② 诚然,目的犯中的目的,究竟是违法要素还是责任要素,还难以下结论。本书暂且发表如下看法:

(1) 能否认为伪造货币罪中的"行使的目的"是违法要素,还有进一步研究的余地。例如,日本的《货币及证券模造取缔法》对模造货币的行为规定了1年以上3年以下的重监禁(并处罚金)的法定刑。一方面,模造货币罪的成立,不要求模造达到伪造货币的程度,只要外观与货币略微相同即可;另一方面,模造货币罪的成立,不要求出于行使的目的。与之相比,伪造货币的行为,即使不是出于行使的目的,其法益侵害也达到了值得处罚的程度。换言之,仅从违法层面来说,既然不以行使为目的的模造货币,也可能被科处3年自由刑,那么,不以行使为目的的伪造货币,原则上就应当科处3年以上自由刑,这便可以与《日本刑法》第148条第1项规定的伪造货币罪的法定刑相衔接(伪造货币罪的法定刑为"无期或者3年以上惩役")。况且,也不能认为,伪造的货币由他人行使时,侵害法益的危险就很低。由此可见,认为伪造货币罪中的"行使的目的"属于主观的违法要素的观点,并非没有任何疑问。我国刑法鉴于伪造货币行为的严重法益侵害性,没有规定特定的目的。而且,对仅伪造货币并不使用伪造的货币的行为,也以本罪论处。事实上不以使用为目的而伪造货币的行为,也会侵犯货币的公共信用。因此,从解释论上而言,似乎没有必要将本罪确定为目的犯。但是,在不将"以使用为目的"作为本罪的主观要素的情况下,要求行为人明知行为的内容、社会意义与结果,并且希望或者放任结果的发生。因此,如果行为人虽不具有使用的目的,但明知伪造的货币会落入他人之手置于流通的,就应认定为本罪。

(2) 有的目的犯中的目的(意图),实际上是故意的内容,而不是真

---

① 〔日〕山口厚:《刑法总论》,有斐阁2007年版,第95页。
② 同上书,第96—97页。

正意义上的目的。例如,我国《刑法》第243条第1款前段规定:"捏造事实诬告陷害他人,意图使他人受刑事追究,情节严重的,处3年以下有期徒刑、拘役或者管制。"一方面,在本罪中,不是行为人的意图,而是捏造犯罪事实诬告陷害他人的客观行为导致被诬告人的人身权利受到侵犯。另一方面,只要行为人明知自己捏造的是犯罪事实,并且进行虚假告发,就认识到自己的行为会发生使他人受刑事追究的结果,希望(意图)这种结果发生,这显然只是故意的意志要素。不难看出,在《刑法》第243条中,"意图使他人受刑事追究"的规定,一方面只是进一步将"捏造事实"限定为捏造犯罪事实,另一方面只是将错告、检举失实排除在本罪之外。再如,在伪证罪中,妨害司法(侵害法益)的是对与案件有重要关系的情节,作虚假证明、鉴定、记录、翻译的行为,而不是行为人的陷害他人或者隐匿罪证的意图。反过来说,即使行为人具有这种意图,但如果客观上没有作伪证,就不可能妨害司法。再者,行为人明知自己作伪证,就必然认识到自己的行为属于陷害他人或者隐匿罪证的行为。由此可见,伪证罪中的"意图陷害他人或者隐匿罪证",基本上也只是对故意的认识内容的强调,旨在将没有故意的伪证行为排除在犯罪之外。

(3) 有的目的犯中的目的,明显只是责任要素。例如,我国《刑法》第276条前段规定:"由于泄愤报复或者其他个人目的,毁坏机器设备、残害耕畜或者以其他方法破坏生产经营的,处3年以下有期徒刑、拘役或者管制。"其中的目的只是表明广义的非难可能性的要素。

(4) 有的目的犯中的目的,是独立于违法与责任之外的,说明一般预防必要性大的要素。例如,盗窃罪中的非法占有目的(不成文的主观要素),包括排除意思与利用意思。仅就其中的利用意思而言,就既不是违法要素,也不是责任要素,而是表明一般预防必要性大的要素。一方面,利用意思并不表明违法性加重,因为没有利用意思的毁坏财物的行为,更为严重地侵害了法益。另一方面,利用意思也不表明责任加重。山口厚教授指出,利用意思是指享受财物产生的某种效用的意思,"在基于这样的意思实施了夺取占有行为的场合,由于法益侵害行为是基于强烈的动机而实施,故应认为责任加重。因此,盗窃罪的法定刑明显重于毁弃罪的法定刑"①。可是,在一般人看来,基于毁坏的意思比基于利用的意思而实施的行为,更值得谴责。换言之,单纯毁坏他人财物的行为,比为了利用而取得他人财物的行为更值得谴责。其实,盗窃罪的法定刑之所以重于故意毁坏财物罪,主要是因为前者(基于利用意思)的一般预防必要性大,而不是前者的责任比后者重。②

(5)在构成要件是违法类型的前提下,可以维持彻底的客观违法性论的立场,将故意(包括未遂犯的故意)、过失与目的等主观要素,纳入责任要素。即使就目的犯而言,缺乏目的的行为也是侵害法益的③,因而可以对之进行防卫、抵制。例如,即使没有营利目的,销售侵权复制品的行为也是违法的,而不可能是正当的。对于没有牟利与传播目的而走私淫秽物品的行为,也可以予以阻止。当然,人们会说,没有目的的行为虽然也具有违法性,但没有达到可罚程度,特定目的的存在才使违法性达到可罚程度。可是,目的是不能脱离客观行为加以认定的。走私一张淫秽光盘的人,无论如何不会被认定为具有牟利与传播目的。反之,走私大量淫秽光盘的人,无论如何都会被认定为具有牟利或者传播目的。所以,牟利与传播目的虽然是存在于行为人主观内部的心态,但法官只能通过客观行为加以认定。在此意义上说,目的本身并不是违法要素,表明行为人具有特定目的的客观事实才是决定违法性的要素。退一步而言,即使承认目的犯中的目的对于说明法益侵害具有作用,也不能因此否认其是表明行为人的非难可能性严重的要素。在甲与乙分别播放淫秽音像制品的名称、场次、时间、观看人数等客观事实相同的情况下,是否具有牟利目的,并非说明违法性不同,而是说明值得谴责、非难的程度不同。

(二)违法性的判断时点

违法性中的事前判断,是指以"行为时"行为人认识到或者一般人认

---

① 〔日〕山口厚:《刑法各论》,有斐阁2010年版,第203页。
② 如果采取机能责任主义的观点,认为一般预防的必要性大就意味着责任重,则可以将盗窃罪非法占有目的中的利用意思,作为责任要素。
③ 参见黎宏:《刑法总论问题思考》,中国人民大学出版社2007年版,第81—82页。

识到的事实为基准判断违法性的有无;事后判断,是指对"裁判时"所(查明)明确的事实为基准判断违法性的有无。"事前"判断的表述容易被误解为在行为"前"进行判断,其实并非如此。换言之,事前判断是在与事后判断对比的意义上使用的概念。事后判断意味着以行为"后"所明确(查明)的所有客观事实为基础进行的判断。

行为无价值论为了使刑法规范发挥行为规范机能,主张对违法性采取事前判断。这种事前判断,意味着不考虑事后查明的事实,而是以行为人在行为时有无规范违反意识,因而有无强化其规范意识的必要性为标准,判断行为是否违法,同时以一般人的观点进行限制。但是,其一,行为无价值论之所以采取事前判断的立场,是因为将故意、过失等主观内容纳入违法要素。亦即,一旦重视行为人的主观内容,实施行为的人的主观,正是"行为"时的主观,而不是行为后的主观,由于主观对违法性的存在与否具有影响,所以必须以行为时为基准判断违法性。显然,事前判断正是一元的行为无价值论或者一元的人的违法论的逻辑结论。在德国,彻底的一元论者阿明·考夫曼之所以要求事前判断,正是与其一元的行为无价值论相协调的。因为如果认为只有行为人的主观对违法具有重要意义,那么,其主观的"存在时"就是重要问题,主观的存在时正是行为时,所以,行为时具有决定性的意义。但是,如前所述,一元的行为无价值论的观点并不妥当,将行为人的主观内容作为违法要素也不合适。根据结果无价值论的观点,即使行为人与一般人在行为当时没有认识到的客观事实,也可能是影响行为是否侵害法益的事实,所以,应当进行事后判断。其二,事前判断是难以贯彻的。例如,根据行为无价值论的观点,在假想防卫的场合,倘若一般人都以为有正在进行的不法侵害时,就应认为该假想防卫阻却违法性。但是,这种结论明显不具有合理性。根据结果无价值论的观点,在事后判断并无正在进行的不法侵害时,就应肯定假想防卫具有违法性。在此前提下,行为人具有过失时,便应承担过失犯罪的责任;如果行为人没有过失,则属于意外事件。对此,行为无价值论者也不得不承认。例如,井田良教授指出:"在不存在属于正当防卫的客观事实(特别是不存在'紧迫的不正侵害'的事实),而行为人却误认为存在满足正当防卫要件的全部事实而实施行为的误想防卫的案件中,即使处于一般通常人也不可避免这种错误的状况,也不存在'不正对正'状况,不能否认对方法益的要保护性,不属于正当防卫。"①不难看出,在假想防卫案件中,行为无价值论不能贯彻事前判断。其三,根据行为无价值论的观点,即使一般人不能认识到构成要件事实,只要行为人认识到了,就具有行为无价值。这意味着以一般人的观点限制违法性范围的做法并不成立。在结果无价值论看来,引起法益侵害或危险的结果,是违法性的本质;即使将违法性理解为违反规范,也应将该规范理解为禁止行为造成结果的规范;当事后查明的事实表明,某种行为不可能造成法益侵害结果时,就不能认为该行为具有违法性。②

需要说明的是,采取事后判断,并不是指站在事后的立场进行判断。换言之,即使采取事后判断,也完全可以是以事后查明的全部事实为基础,站在行为时作出判断。

(三)违法性的判断基准

关于违法性的判断基准,存在行为人说、普通的一般人说与科学的一般人说。根据行为人说,只要行为人认为其行为有侵害法益的危险,该行为就是违法的。但是,这种学说导致迷信犯也成立犯罪,这显然不妥当。

行为无价值论一般采取以普通的一般人为判断基准的具体危险说。亦即,将普通的一般人认识到的事实与行为人特别认识到的事实作为判断资料,再采取普通的一般人的判断基准,如果普通的一般人认为行为具有侵害法益的危险,即使根据科学的因果法则,完全不可能发生危险,该行为也是违法的;反之,如果普通的一般人认为没有危险,即使根据科学的因果法则,具有侵害法益的危险,该行为也不是违法的。③ 可是,其一,普通的一般人说有悖于行为无价值论声称的法益保护目的。其二,普通

---

① 〔日〕井田良:《讲义刑法学·总论》,有斐阁2008年版,第295页。
② 参见〔日〕山口厚:《コメント》,载〔日〕山口厚、井田良、佐伯仁志:《理论刑法学の最前线》,岩波书店2001年版,第83页。
③ 参见〔日〕大塚仁:《刑法概说(总论)》,有斐阁2008年版,第268页;〔日〕大谷实:《刑法讲义总论》,成文堂2009年第3版,第379页以下。

的一般人说意味着脱离客观事实判断危险,导致连在科学上完全没有危险的行为也肯定其危险性,明显扩大了处罚范围。其三,普通的一般人说导致既遂犯的处罚根据与未遂犯的处罚根据不同。亦即,既遂犯的处罚根据是行为产生了实害,而未遂犯的处罚根据不是行为产生了实害的危险,而是行为使一般人产生了危惧感。其四,采取普通的一般人说判断行为是否具有侵害法益的危险,实际上是处罚行为的反伦理性、反社会性。

结果无价值论一般采取以科学的一般人说为判断基准的客观的危险说或者修正的客观危险说。既然承认刑法的目的是保护法益,那么,违法性的本质就是侵害法益。行为是否具有侵害法益的危险,就只能以科学的一般人为判断基准。正因为如此,有的行为无价值论者也采取了科学的一般人说。例如,井田良教授指出:"即使就危险判断的基础事实采取具体危险说,在与危险判断时应当适用的法则性知识的问题的关联上,应当适用的不是一般通常人的(有时是非科学的)知识,而是科学的法则性的知识。刑法不应当处罚将来普及了科学知识就不违法的行为。"①

(四)违法性的判断方法

行为无价值论在判断违法性时,有时会因为行为人主观上具有故意,而舍弃在构成要件上具有重要意义的客观事实。如下所述,当行为人误将尸体当作活人开枪时,行为无价值论没有具体判断行为当时是否存在构成要件所要求的"人"这一事实,便认定开枪行为成立杀人未遂。之所以如此,是为了预防一般人故意杀人。不难看出,行为无价值论所声称的适应罪刑法定主义的要求,只是意味着适应对一般国民的日常行为进行规制的要求,因而不能适应对司法人员的裁判行为进行规制的要求。结果无价值论在判断违法性时,根据行为时存在的全部客观事实,具体判断行为是否符合犯罪的构成要件。在行为人误将尸体当作活人开枪时,因为行为不可能导致"人"死亡,结果无价值论会否认行为符合故意杀人罪的构成要件,因而否认行为的违法性。因此,结果无价值论不仅更好地遵

---

① 〔日〕井田良:《讲义刑法学·总论》,有斐阁2008年版,第418页。

守了罪刑法定原则,而且对违法性的判断结论更加符合客观事实。

周光权教授指出:"纯粹结果无价值论认为,对法益是否受侵害,应该进行个别评价;并从整体事实中抽取并不重要的事实进行评价。但是,行为无价值论则倾向于主张对法益是否受侵害进行整体判断,且不能从总体事实中抽取不重要的事实进行判断。"①

其实,周光权教授所称的并不重要的事实,刚好是最重要的事实。以周光权教授所举之例为例。在行为人 A 对 B 实施杀害行为的场合,即便行为手段是用枪射杀,但只要被害人 B 此前已经死亡的,A 的客观行为就不是剥夺被害人生命的行为。周光权教授指出:结果无价值论的观点是,"剥夺生命的杀人行为以存在生命为前提,既然被害人已经死亡,不再具有生命,针对被害人的行为就不可能成为剥夺生命的行为。但是,这种个别判断的方法论,行为无价值论难以接受。因为对一个行为是否属于实行行为,应在行为当时进行判断。犯罪是行为这一命题意味着犯罪是'实行行为时'的行为。其实,站在行为的时点判断行为,更能够保持判断的客观性"②。可是,故意杀人罪的对象是人,人是活体而不是尸体。既然 B 已经死亡,就只是尸体,而不是活人。既然没有活人,就缺乏行为对象。"杀人"这一词,包含了"人"这一对象。如果没有人,也就没有杀人,没有杀人的实行行为。而有没有人,只能根据行为时的具体情形作出判断。在杀人罪中,对方是生是死是一个重要问题,但周光权教授却认为并不重要,这是本书难以赞成的。在周光权教授看来,只要一个外表上看起来属于故意杀人的行为,即使射击的是尸体,也要认定为故意杀人罪。按照这种逻辑,一个外表上属于故意杀人的行为,即使射击的只是野兽,也要认定为故意杀人罪。这其实走向了主观主义的立场。

周光权教授举的另一例子是:"甲为杀害乙,偷偷对乙开枪,子弹从乙眼前飞过,打死了当时也想杀害乙的丙,客观上救了乙一命。坚持纯粹结果无价值论的学者会认为甲的偶然防卫行为无罪。但自相矛盾的是:采

---

① 周光权:《行为无价值论的法益观》,载《中外法学》2011 年第 5 期,第 955 页。
② 同上。

用结果无价值论的学者同时会得出甲对乙而言,具有违法性的结论:因为在开枪杀人的场合,子弹离谁越近,行为对谁就越危险。甲发射的子弹离乙的身体很近,乙有死亡危险,因而甲存在违法性。"①在本书看来,结果无价值论的观点没有任何矛盾。其一,甲开枪射击,保护了乙的生命,这是对乙的生命的保护,不成立对乙的犯罪。其二,即使开枪行为对乙的生命有危险,但与客观上保护了乙的生命相比,法益的衡量也使甲的行为不具有违法性。其三,周光权教授的设定不合理。既然甲射击的子弹打死了丙,就不能说子弹离乙的身体反而更近。显而易见的是,既然子弹打死了丙,就表明子弹离丙的身体更近。换言之,即使在行为的当时,甲的行为造成丙死亡的危险大于乙死亡的危险,法益衡量的结果当然是甲的行为没有违法性。其四,周光权教授显然是因为"甲为杀害乙"的主观故意而认定其行为违法。事实上,在现实案件中,并不是先考察行为人的主观故意,而是先考察客观事实。当查明丙正在杀害乙,甲将正在杀人的丙杀死时,不可能再过问甲当时是否具有杀人故意。其五,甲的行为导致谁死亡,死者当时是否在实施不法侵害行为,这些都是非常重要的事实,而不是不重要的事实。

　　周光权教授还指出:"基于侵害法益的意思,行为有造成未遂的法益危险(而不是结果无价值论意义上的既遂危险)时,应该处罚。对基于杀意的偶然防卫行为,虽然不存在故意杀人既遂的结果无价值,但是存在杀人未遂的结果无价值(有枪杀无辜者的危险性),对其就应该得出成立故意杀人未遂的结论,不能阻却违法性。"②笔者并不完全反对这段话的前半部分(因为有造成未遂的法益危险时,完全可能成立预备犯),但是,不能由前半部分推导出后半部分,前半部分更不能证明后半部分的合理性。在偶然防卫的场合,与客观上保护了无辜者的生命相比,枪杀无辜者的危险(如果没有枪杀无辜者的危险,就不可能保护无辜者的生命)应当被允许。况且,即使行为不是偶然防卫而是有防卫意识的正当防卫(射杀不法

---

① 周光权:《行为无价值论的法益观》,载《中外法学》2011年第5期,第955页。
② 同上。

侵害者)时,无辜者的生命同样存在危险,防卫人也完全能够认识到这种危险,但同样不能认定为未遂犯。

四、违法阻却事由

(一) 违法阻却事由的一般原理

在三阶层体系中,构成要件符合性是一种类型判断,构成要件符合性为违法性的判断奠定了基础,符合构成要件的行为原则上具有违法性。这是因为,刑法分则条文是将各种违法行为类型化为构成要件行为。之所以在构成要件符合性判断之后,还需要进行违法阻却事由的判断,是因为社会生活中存在复数的法益(利益)相冲突的情形。显然,违法阻却事由的判断,是以行为符合构成要件,且造成了某种利益损害为前提的。①

关于违法阻却事由的一般原理,存在目的说、社会伦理说、社会的相当性说、法益衡量说等学说。

存在目的说认为,如果行为是为了达到国家承认的共同生活的目的而采取的适当手段,则是正当的。② 存在目的说又可以分为衡量型目的说与重视手段型目的说。在衡量型目的说看来,所谓"为了正当的目的而采取的适当手段",意味着目的的客观价值与手段所产生的法益侵害的比较衡量。衡量型目的说与后述法益衡量说(结果无价值论)相差无几。重视手段型目的说则强调手段的反伦理性,不管目的如何正确,如果手段不被允许时,则不能认为是正当化事由。重视手段型目的说接近社会的相当性说(行为无价值论)。但是,究竟什么是为了正当目的而采取的适当手段,是不明确的问题,而且容易导致以国家目的制约个人权利。

社会伦理说认为,如果符合构成要件的行为属于符合作为法秩序基

---

① 参见〔日〕井田良:《讲义刑法学·总论》,有斐阁2008年版,第255页。
② 参见〔日〕木村龟二:《刑法总论》,有斐阁1978年增补版,第252页。

础的社会伦理规范,则该行为阻却违法。① 由于这种观点将法律与伦理相混淆,现在的行为无价值论一般也不采取这种观点。

社会的相当性说认为,在历史地形成的社会伦理(生活)秩序的范围内,被这种秩序所允许的行为(社会的相当行为),就是正当的。由于超出了社会的相当性的法益侵害才有违法性,理所当然社会的相当性是阻却违法的一般原理。一些行为无价值论者采取了社会的相当性说。② 但是,如前所述,社会的相当性概念具有不明确性,即很难明确究竟以什么为标准判断某种行为是社会的相当行为,尤其不明确是应重视历史性还是应重视现实性。如果重视历史性,则现实中的许多不成立犯罪的行为并不具有社会的相当性;如果注重现实性,则由于社会的复杂化、人们价值观念的多元化,导致难以判断哪些行为是社会的相当行为。此外,社会的相当性概念不具有特别意义,威尔采尔提出的需要用社会的相当性解决的事例③,都是可能以不具有构成要件符合性、法益侵害性为由排除犯罪成立的。

正因为重视手段型目的说、社会伦理说与社会的相当性存在缺陷,所以,一些学者在采取行为无价值论的同时,实际上对违法阻却事由采取了法益衡量说。④

法益衡量说(或优越的利益说)是结果无价值论的观点。⑤ 法益衡量说的具体原理是利益阙如的原理与优越的利益的原理。根据前者,由于

---

① 参见〔日〕团藤重光:《刑法纲要(总论)》,创文社 1990 年版,第 188 页以下;〔日〕大塚仁:《刑法概说(总论)》,有斐阁 2008 年版,第 356 页以下。
② 参见〔日〕福田平:《全订刑法总论》,有斐阁 2004 年版,第 147 页以下;〔日〕大谷实:《刑法讲义总论》,成文堂 2009 年第 3 版,第 249 页。
③ 威尔采尔整理出 9 种具有社会相当性的具体事例:(1)被允许的危险行为;(2)交通管理部门对自由的限制;(3)侄子期待有钱的伯父在事故中死亡而劝诱伯父乘坐火车旅行的行为;(4)士兵在战场上杀死敌人的行为;(5)为了杀人而在森林中种植颠茄(其果实有毒)的行为;(6)丈夫以杀死妻子为目的与妻子实施正常性交的行为;(7)胁迫罪中的可罚的胁迫的界限;(8)体育活动;(9)过失犯中"社会生活上必要的注意"的内容。
④ 日川端博:《刑法总论讲义》,成文堂 2006 年版,第 293 页;〔日〕井田良:《讲义刑法学·总论》,有斐阁 2008 年版,第 256 页。
⑤ 以往的法益衡量说,侧重于抽象的法益比较,要求为了价值大的法益牺牲价值小的法益;现在所称的法益衡量说,是指通过考察具体情形下的各种法益的保护必要性所进行的综合的衡量。

特别原因或情况,不存在值得保护的法益(缺乏法益保护的必要性)时,行为就没有侵犯法益,故缺乏成立犯罪的根据。典型的是基于被害人的承诺或推定的承诺而阻却违法的事由。根据后者,对某种法益的损害是保护另一法益所必需的手段,对相关法益(所保护的法益与所损害的法益)进行衡量,整体上的评价结论是,所保护的法益与所损害的法益相等或者优于所损害的法益时,便阻却行为的违法性。对此有两点需要说明:第一,法益衡量说并非主张只考虑行为的结果、法益的价值,而是也考虑事态的紧迫性、行为的必要性、手段的适当性等,但这旨在考察行为所具有的法益侵害的危险性,而不是行为本身的反伦理性。第二,虽然在正当防卫情况下,即使所造成的损害大于所避免的损害,也可能排除犯罪的成立,但并不能由此否认法益衡量说。一方面,如果防卫行为所造成的损害与不法侵害可能造成的损害悬殊,无论如何也不能认定为正当防卫。例如,为了保护笼中一鸟而杀害盗窃犯的,不管具有多大的必要性也不得认定为正当防卫。另一方面,法律虽然以最大限度地保障个人利益为目的,但在不得不否定一方的利益时,从社会整体的见地来看也应当认为是为了保全更大的法益。正当防卫是在紧急状态下实施的行为,在面临紧迫的不法侵害的情况下,防卫人没有退避的义务,因为"正当没有必要向不正当让步";不法侵害者的法益虽然没有被完全否定,但其利益的保护价值在防卫的必要限度内被否认,因为在正与不正的冲突中只能通过损害不法侵害者的利益来解决冲突,于是,应受保护的法益优越于不法侵害者的利益(也可以认为,不法侵害者的利益实质上受到了缩小评价)。所以,从整体上看,即使正当防卫所造成的损害表面上略大于所避免的损害,也可以用优越的利益原理来说明。

  概言之,由于违法阻却事由处理的是利益冲突问题,法益衡量说成为最合理的学说。正因为如此,部分行为无价值论也承认法益衡量说的妥当性。如井田良教授在介绍了各种学说后指出:"优越的利益说,采用保全利益的优越性与应受保护的利益的阙如的两个原理,进行二元的说明

(二元说)①,具有相当的实质内容。目的说、社会伦理说、社会的相当性说,容易忽视作为刑法的存在理由的法益保护(而且导致法与伦理的混同),因而可能受到批判。"②违法性阻却的根据与违法性的实质,是一个问题的两个方面。既然就违法阻却事由的根据采取法益衡量说,对违法性的实质也应当采取法益侵害说。

(二)主观的正当化要素

行为无价值论认为,成立违法阻却事由,要求行为人具备主观的正当化要素。基本理由是,一种行为,只有在既不存在行为无价值,也不存在结果无价值时,才是合法的。行为人以犯罪故意实施的行为符合正当防卫的客观条件时(偶然防卫),至少存在行为无价值,所以不能正当化。例如,井田良教授指出:"如果对通常的积极的构成要件要素缺乏故意,就不能认定存在故意犯的严重的规范违反性;与此完全相同,就作为消极的构成要件要素的违法阻却事由而言,为了看到与之相应的法的效果,也必须将其纳入行为人的认识、行为人的实现意思中。如果认为违法阻却事由也属于行为规范,那么,如果不是认识到属于违法阻却事由的事实而行为,就不能阻却行为不法。即使行为人没有认识到这种事实而偶然地造成了正当化的结果,也仅因为行为人主观上纯然的规范违反的事实,就可以肯定其故意的规范违反性。倘若行为人对违法阻却事由没有认识,仅仅因为客观上实现了正当化事情,就否定其规范违反性,那么,行为不法的有无,就由对行为人而言属于偶然的事项来左右,就不可能期待通过给予制裁产生规范维持的效果(亦即,从一般预防的观点来看是逆机能的)。"③但是,行为无价值论的立场存在诸多问题。下面以偶然防卫为例展开详细讨论。

真实的偶然防卫案件可谓千年难遇,讨论偶然防卫并不具有明显的

---

① 需要说明的是,这里的二元说并不是指二元的行为无价值论,实际上是指法益衡量说(或优越的利益说)。
② 〔日〕井田良:《讲义刑法学·总论》,有斐阁2008年版,第256页。
③ 〔日〕井田良:《刑法总论の理论构造》,成文堂2005年版,第140页。

现实意义。但是,从理论上说,对偶然防卫的处理结论,是判断一位学者是行为无价值论者还是结果无价值论者的试金石。另一方面,如果行为无价值论对偶然防卫的处理不妥当,就表明行为无价值论本身存在疑问,反之亦然。

一般来说,偶然防卫是指行为人客观上针对正在进行的不法侵害实施了防卫行为,但主观上没有防卫意识。偶然防卫可以分为紧急救助型的偶然防卫与自己防卫型的偶然防卫。前者如,乙故意(过失或者意外)杀害了丙,事实上丙当时正在故意杀害丁。乙的行为保护了丁的生命,但乙对丙正在杀害丁的事实却一无所知。后者如,B故意(过失或者意外)杀害了C,实际上C当时正在对B实施故意杀人行为,但B对此并不知晓。①

对于偶然防卫,刑法理论上存在如下处理意见:(1)部分行为无价值论者认为,正当防卫的成立要求防卫意识(主观的正当化要素),偶然防卫缺乏防卫意识,因而成立犯罪既遂(行为无价值论的既遂说)。(2)部分行为无价值论者(也可谓二元论者)认为,正当防卫的成立要求防卫意识,偶然防卫造成了正当的结果,缺乏结果无价值,但存在行为无价值,因而成立犯罪未遂(行为无价值论的未遂说)。(3)部分结果无价值论者认为,正当防卫的成立虽然不要求防卫意识,但偶然防卫是由于偶然原因没有造成法益侵害结果,因而具有造成法益侵害的危险,故成立犯罪未遂(结果无价值论的未遂说)。(4)部分结果无价值论者认为,紧急救助型的偶然防卫属于正当防卫,自己防卫型的偶然防卫成立犯罪未遂(结果无价值论的二分说)。(5)部分结果无价值论者认为,正当防卫的成立不要求防卫意识,偶然防卫成立正当防卫(结果无价值论的无罪说)。②

---

① 只要客观上造成了防卫结果,主观上没有防卫意识,就可谓偶然防卫。因此,着眼于偶然防卫人的主观内容,可以将偶然防卫分为故意的偶然防卫(出于犯罪故意的行为造成了正当防卫的结果)、过失的偶然防卫(过失行为造成了正当防卫的结果)与意外的偶然防卫(意外行为造成了正当防卫的结果)。本书主要围绕故意的偶然防卫展开讨论。因为如果故意的偶然防卫应当以无罪论处,过失的偶然防卫与意外的偶然防卫更应当以无罪论处。

② 参见〔日〕关根彻:《偶然防卫について》,载〔日〕川端博等编:《立石二六先生古稀祝贺论文集》,成文堂2010年版,第191页。

显然,各种不同观点的分歧,主要表现在三个方面:首先,正当防卫的成立是否需要防卫意识?行为无价值论者采取防卫意识必要说;结果无价值论者采取防卫意识不要说。其次,如何判断行为的危险?亦即,偶然防卫行为是否具有侵害法益的危险?行为无价值论的未遂说与结果无价值论的未遂说,都可能得出肯定结论;但结果无价值论的无罪说则得出了否定结论。最后,违法性的实质是什么?换言之,阻却违法性的实质根据是什么?这是行为无价值论与结果无价值论的根本分歧所在。① 笔者是结果无价值论者,反复论述过违法性的实质是法益侵害,也对危险的判断发表过自己的看法②,在此主要在偶然防卫的具体范围内,对前四种观点及其理由展开分析与批判,从而肯定结果无价值论的无罪说的合理性。

1. 行为无价值论的既遂说

(1) 德日的学说

在德国,只有极个别学者主张偶然防卫成立犯罪既遂。其理由是,将偶然防卫当作未遂犯处罚,脱离了真实性的基础,因为只要"行为人实现了某一不法行为的主、客观要件",造成了"符合构成要件的结果",就排除了未遂的存在。③

但是,这种学说在德国已经丧失了影响力。因为构成要件是违法类型,为结果无价值奠定基础的不是形式上的构成要件结果,而是不法结果。偶然防卫虽然侵害了不法侵害者的利益,但是,由于不法侵害者当时处于被防卫的状态,偶然防卫行为客观上保护了无辜者的法益,因而缺乏不法结果,即使根据行为无价值论的观点,也不能成立既遂犯。④

在日本,采取行为无价值论的既遂说的学者有大谷实、大塚仁等教

---

① 此外,在三阶层体系中,还涉及构成要件与违法阻却事由(正当化事由)的关系。
② 参见张明楷:《刑法的基本立场》,中国法制出版社2002年版,第152页以下;张明楷:《法益初论》,中国政法大学出版社2003年修订版,第269页以下;张明楷:《行为无价值论的疑问》,载《中国社会科学》2009年第1期,第99页以下。
③ Hirsch教授的观点,参见〔德〕冈特·施特拉腾韦特、洛塔尔·库伦:《刑法总论 I——犯罪论》,杨萌译,法律出版社2006年版,第196页。
④ Claus Roxin, Strafrecht Allgnemeiner Teil, Band I, 4. Aufl., C. H. Beck 2006, S. 645; Hans-Heinrich Jescheck /Thomas Weigend, Lehrbuch des Strafrechts. Allgemeiner Teil, 5. Aufl., Duncker & Humblot 1996, S. 330.

授。大谷实教授提出的理由是:"第一,刑法中的行为由主观要素与客观要素组成,即使在防卫行为中,这一点也应是当然的前提,与主观的违法要素被作为犯罪成立条件相对应,应当承认主观的正当化要素。第二,如果将明显出于犯罪意图而实施的、引起了行为人所预想的结果的攻击行为认定为正当防卫,就会保护不法者,违反通过法的确证以维护社会秩序的正当防卫的宗旨。因此,在偶然产生防卫结果的场合(偶然防卫)……因为缺乏防卫意识而不应当认定为正当防卫。第三,应当认为,《刑法》第36条所使用的'为了'防卫权利的文言,表明了必须有防卫意识的旨趣……必要说的一种观点认为,既然客观上满足正当防卫的要件,就不存在结果无价值,由于缺乏防卫意识,具有行为无价值,故成立未遂犯。但是,由于阻却违法性的对象是符合构成要件的事实整体,将行为与结果分开评价是不合适的。因此,既然站在必要说的立场,一般就应主张成立既遂犯。"①大塚仁教授提出的理由与此完全相同。②

本书对上述观点与理由提出以下反对意见:

第一,犯罪是符合构成要件的违法且有责的行为;在中国传统刑法学的语境下,犯罪是主客观相统一的行为。但是,主客观相统一只是对犯罪行为的要求,而不是对非犯罪行为的要求。换言之,不能认为,不构成犯罪的行为,也必须是主客观统一的。否则,那些因为没有实现主客观统一的行为,就既不是犯罪行为(因为没有实现主客观统一),也不是非犯罪行为(也因为没有实现主客观统一)。这是难以被人接受的。"刑法中的行为由主观要素与客观要素组成"这句话,只是相对于犯罪行为才成立。刑法规定的阻却犯罪成立的行为,并不必然由主观要素与客观要素组成。例如,没有故意、过失的意外事件致人死亡时,也可谓刑法中的行为(我国《刑法》第16条规定了这种行为),但并不是由主观要素与客观要素组成的。同样,正当防卫行为不是犯罪行为,当然不要求主客观相统一。因此,以成立犯罪要求主观的违法要素为由,认为成立正当防卫也必须具备

---

① 〔日〕大谷实:《刑法讲义总论》,成文堂2009年第3版,第288—289页。
② 参见〔日〕大塚仁:《刑法概说(总论)》,有斐阁2008年版,第390页。

主观的正当化要素的观点,并不妥当。退一步而言,即使将防卫意识当作正当防卫的要件,充其量也只能说不具有防卫意识的行为不成立正当防卫,而不能直接得出该行为成立犯罪既遂的结论。

第二,偶然防卫人虽然在主观上出于犯罪意图,引起了其预期的结果,但是,偶然防卫的结果却是刑法允许的结果。因为结果是否被刑法所允许,只能进行客观的判断,不以导致结果的行为人的意图好坏为转移。例如,在Y的生命处于紧迫的危险之中时,即使X出于犯罪意图,但只要X的行为客观上保护了Y的生命,就不能认定X的行为造成了坏的结果。再如,甲出于防卫意识攻击正在不法杀丁的丙,保护了丁的生命时,其结果当然被法律所允许;同样,乙偶然防卫攻击正在不法杀丁的丙,保护了丁的生命时,不能因为乙具有犯罪意图,就否认该结果是法律允许的结果。在客观结果完全相同的情况下,仅因行为人的意图不同就对结果作出不同评价,实际上是出于难以被人接受的主观主义立场。换言之,结果是一种客观存在,其好坏并不以行为人的意志为转移。只要进行客观的考察,就会发现,在乙偶然防卫的场合,其行为产生的是法律允许乃至鼓励的结果。这一结果中,既有乙所预期的杀害丙的结果,更有乙所没有预料到的保护了丁的生命的结果。不能因为乙没有预料到后一结果,就不考虑这一结果。可是,一旦考虑后一结果,再考虑到丙正在进行不法侵害的事实,就必然认为,乙造成了好的结果。不难发现,在乙偶然防卫的场合,肯定乙的行为是正当防卫,并不是保护了不法者,而是保护了无辜者丁的生命。如果认为乙的偶然防卫是犯罪既遂,则意味着乙的行为是被刑法所禁止的。但是,禁止乙的行为的结局,必然是使无辜者丁被丙杀害。不能认为这样的结局是刑法所希望的结局。

大谷实教授认为,正当防卫的宗旨是通过法的确证以维护社会秩序,这与其关于违法性的实质的观点相一致。大谷实教授认为,违法性的实质是"违反社会伦理规范的法益侵害"①。偶然防卫人出于犯罪意图而实施攻击行为,必然是违反伦理的行为,所以是违法的。但是,其一,虽然伦

---

① 〔日〕大谷实:《刑法讲义总论》,成文堂2009年第3版,第236页。

理规范与刑法规范在原理上有相同之处,但伦理规范与刑法规范本身并没有价值,而是为了保护一定的价值才存在的。正因为如此,刑法与伦理在保护一定价值的目的上并不相互排斥,所以,不少伦理规范与刑法规范相重合。但是,即使刑法规范纳入了部分伦理规范,也不是为了推行特定的人的伦理道德,只是因为部分伦理保护的价值与刑法保护的价值具有共通之处。况且,并不是所有的伦理规范都被纳入刑法规范。[①] 要求法益侵害行为以违反社会伦理为前提,实际上旨在保护社会伦理。可是,刑罚不是维持社会伦理的适当手段;由于伦理具有相对性,将维持社会伦理作为刑法的任务,容易以刑法的名义强迫他人服从自己的伦理观念。刑法的任务只是保障具有不同价值观的人共同生活所不可缺少的前提条件,只要将对维持国民共同生活具有价值的、特定的、客观上可以把握的利益或状态(法益)作为保护目标即可;刑法原则上只有在违反他人意志、给他人法益造成了重大侵害或者危险时才予以适用。其二,刑法规定正当防卫阻却违法性,并不是因为正当防卫符合社会伦理秩序。这是因为,如果说正当防卫之所以阻却违法,是因为符合社会伦理秩序,那么,就会取消正当防卫的时间与限度条件。例如,人们完全可能认为,打死正在盗窃的小偷,也是符合社会伦理的。[②] 也不能笼统认为,刑法规定正当防卫是为了维护社会秩序。这是因为,社会秩序是一个并不明确的概念,更是一个内容十分宽泛的概念。从这一根据中,不可能提出正当防卫的时间与限度等条件。应当认为,刑法规定正当防卫,是为了保护法益免受正在进行的不法侵害。因此,正当防卫之所以阻却违法,是因为该行为在损害一个法益的同时,保护了更为优越或者至少同等的法益。偶然防卫行为在侵害不法侵害者的法益的同时,保护了无辜者的法益,将其作为正当防卫处理,完全符合正当防卫的宗旨。

第三,《日本刑法》第 36 条、《德国刑法》第 32 条与我国《刑法》第 20

---

① 参见〔日〕西田典之:《刑法总论》,弘文堂 2010 年版,第 31 页。
② 现实生活中经常出现这样的现象,甚至出现事后打死小偷的现象。也许是因为人们认为打死小偷也是符合社会伦理秩序的。

条对正当防卫的规定都使用了"为了"一词。① 不可否认的是,将我国《刑法》第 20 条中的"为了保护……"的表述,解释为正当防卫的意图是非常容易被人接受的。这似乎表明,《日本刑法》《德国刑法》与我国《刑法》都采取了防卫意识必要说。但是,法条的这一表述并不足以成为防卫意识必要说的法律根据。

如果按照我国《刑法》第 20 条的普通或一般字面含义进行解释,就不得不认为,防卫意识包括防卫认识与防卫意图(尤其要强调防卫目的)。亦即,成立正当防卫,一方面要求行为人明知不法侵害正当进行,另一方面要求行为人出于保护国家、公共利益、本人或者他人的人身、财产和其他权利免受正在进行的不法侵害的目的或者意图。② 但是,如果强调行为人必须具有防卫意图,就意味着单纯出于对不法侵害者的愤怒、对抗(没有想到保护何种法益)而实施的反击行为,不成立正当防卫。可是,这样的理解明显不当地缩小了正当防卫的成立范围。另一方面,如果认为防卫意识仅要求有防卫认识,也并不符合"为了保护"的字面含义,因为"为了保护"的普通字面含义显然是指为了达到某种目的,而不是只是表示对正在进行的不法侵害的认识。由此看来,即使将"为了"解释为主观的正当化要素,事实上也不可能按照其普通字面含义进行解释。

既然按照"为了保护"的普通字面含义进行解释根本行不通,就只能在该用语可能具有的含义内体系性地解释"为了保护"。③《日本刑法》第 36 条中的"ため"一词,也并不必然表示目的。日文词典在解释该词时,明确指出该词具有"表示因果关系"的意思。④《德国刑法》第 32 条使用

---

① 《日本刑法》第 36 条使用的是"ため",《德国刑法》第 32 条使用了"um-zu"。对此下面主要联系我国《刑法》的规定展开论述。
② 参见陈兴良:《规范刑法学》,中国人民大学出版社 2008 年版,第 142—143 页。
③ 《现代汉语词典》写道:"表示原因,一般用'因为',不用'为了'"(参见中国社会科学院语言研究所词典编辑室:《现代汉语词典》,商务印书馆 2005 年版,第 1422 页)。既然只是"一般"不用"为了"表示原因,就不排除特殊情况下用"为了"表示原因。更为重要的是,上述说法完全可能只是编写者意愿,而不是"为了"的真实用途。因为在表示原因时,"'为了'的口语性比'因为'还强"(参见尹先芳:《"为了"与"因为"用法比较》,载《毕节学院学报》2010 年第 9 期,第 79 页)。
④ 〔日〕新村出编:《广词苑》,岩波书店 1983 年版,第 1514 页。

了"um-abzuwenden(为了避免)"这种表示目的的表述,但如后所述,《德国刑法》也只是采取了防卫认识说。罗克信教授指出:"虽然《刑法》第 32 条要求的是'为了避免……现时的违法侵害所必要'的防卫,但'为了什么的表述',是'表示客观的防卫行为的性质,而不是表示行为人的意图'。"①在本书看来,完全可以将我国《刑法》第 20 条的"为了使国家、公共利益、本人或者他人的人身、财产和其他权利免受正在进行的不法侵害",解释成为客观上存在正在进行的不法侵害,防卫行为具有保护合法权益免受不法侵害的性质。换言之,"'为了'也能表示原因,意思相当于'由于'"②。吕叔湘先生曾说:"最常用的表示原因(广义)的关系词,在白话是'因为'和'为(了)',在文言是'以'、'为'、'由'。这些关系词可以引进原因补词,也可以连系原因小句。原因补词通常在主语和动词之间,在原因补词之前,白话多用'为了',用'因为'较少。例如:他为了这件事急得三夜没有睡觉。"③毛泽东曾说:"湘潭一个区的农民协会,为了一件事和一个乡农民协会不和,那乡农民协会的委员长便宣言:'反对区农民协会的不平等条约'。"④其中的"为了"显然表示"由于"。毛泽东还说:"在私有财产社会里,夜间睡觉总是要关门的。大家知道,这不是为了多事,而是为了防贼。"⑤其中的前一个"为了"表示原因,相当于"因为",后一个"为了"表示目的。丰子恺先生的《忆儿时》曾写道:"蟹的味道真好,我们五个姊妹兄弟,都喜欢吃,也是为了父亲喜欢吃的缘故。""这原是为了父亲嗜蟹,以吃蟹为中心而举行的。"⑥其中的"为了"所表示的都是原因。其实,"为了"表示原因的用法可以上溯至古代白话。"为了"在现代汉语中表示原因是古代白话的继承,在 20 世纪 30 年代左右的作品中常见,在当代作品中虽然少了一些,但它还是在部分原因式句中、互为因果的目的式句中以及某种环境中使用。⑦ 既然"为了"可以表示原因,

---

① Claus Roxin, Strafrecht Allgenmeiner Teil, Band I, 4. Aufl., C. H. Beck 2006, S. 642.
② 孟田:《关联词语例释》,黑龙江人民出版社 1981 年版,第 94 页。
③ 吕叔湘:《中国文法要略》,商务印书馆 1982 年版,第 388 页。
④ 《毛泽东选集》第 1 卷,人民出版社 1991 年版,第 35 页。
⑤ 《毛泽东选集》第 3 卷,人民出版社 1991 年版,第 904 页。
⑥ 丰子恺:《丰子恺文集》,人民文学出版社 2008 年版,第 38 页、第 39 页。
⑦ 邵则遂:《"为了"表示原因刍议》,载《培训与研究(湖北教育学院学报)》1999 年第 4 期,第 28 页。

那么,将我国《刑法》第20条的规定解释为"由于使国家、公共利益、本人或者他人的人身、财产和其他权利免受正在进行的不法侵害",进而将其作为正当防卫的客观条件,是没有障碍与问题的。

即使将我国《刑法》第20条的"为了"解释为"由于"超出了一般人对该用语的理解,也不存在违反罪刑法定原则的问题。因为这种解释只是扩大了正当防卫的成立范围,而不是扩大了犯罪的处罚范围,相反缩小了犯罪的处罚范围。或许有人认为,这样的解释侵害了不法侵害者的预测可能性。因为不法侵害者认为,只有当他人知道自己正在进行不法侵害时,才能进行防卫;如果当他人不知道自己正在进行不法侵害时也能防卫,自己就不会实施不法侵害了。显然,刑法不可能保护不法侵害者的这种预测可能性。

第四,即使采取行为无价值论的立场,也不应当得出偶然防卫成立故意犯罪既遂的结论。这是因为,作为既遂标准的结果,并不只是行为人所预期的结果,还必须是刑法所禁止的表明法益侵害的结果。在乙进行偶然防卫的场合,一方面,正在不法杀害丁的丙因为处于被防卫的状态,乙对其造成的伤亡,只要处于防卫的限度内,就不能评价为刑法所禁止的结果。另一方面,即使认为造成丙的伤亡是一种法益侵害结果,但由于乙的偶然防卫行为保护了无辜者丁的更为优越的法益,经过权衡之后,也不能认为乙的行为造成了刑法所禁止的结果。行为无价值论的既遂说,实际上也将无辜者丁的生命得到救助的结果,评价为违法结果,于是,相对方或者第三者就可以阻止、妨碍这一结果的发生。这显然不妥当。

此外,联系到大谷实教授对过失行为的正当防卫、对物防卫、假想防卫等问题的看法,还能发现其采取的行为无价值论的既遂说存在自相矛盾的现象。例如,甲以为受到野兽的袭击而开枪,实际上袭击甲的不是野兽,而是人,但甲没有认识到这一点。大谷实教授指出:"在这种场合,虽然是过失行为,但由于能够认定其具有排除侵害的意识,故可以认定为正当防卫。"① 据此,客观上的对人正当防卫与主观上的对物防卫的意识相

---

① 〔日〕大谷实:《刑法讲义总论》,成文堂2009年第3版,第290页。

结合,可以成立正当防卫。可是,一方面,既然故意行为造成防卫结果时,仍然成立故意犯罪既遂,那么,过失行为造成防卫结果时,也应当认定为过失犯罪。不难看出,大谷实教授的观点并不协调。另一方面,在讨论对物防卫时,大谷实教授又说:"由于违法性是就人的行为产生的问题,所以,动物等的法益侵害不能成为正当防卫的对象,只能成为紧急避险的对象。"① 既然动物的侵害不能成为正当防卫的对象,怎么能将排除动物侵害的意识当作正当防卫的意识看待呢? 大谷实教授之所以得出这种结论,无非是因为具有排除动物侵害的意识时,行为人主观上就不值得谴责,因而不能认定为过失犯罪;而出于犯罪故意排除了他人的侵害时,主观上值得谴责,所以认定为故意犯罪既遂。这明显是主观主义的立场。再如,大谷实教授认为,假想防卫是法律认识错误,只要其假想没有合理的理由,就成立故意犯罪。② 将大谷实教授对偶然防卫与假想防卫的处理联系起来,就会发现其中存在不协调之处。亦即,偶然防卫完全符合正当防卫的客观条件,但主观上不具有防卫意识。假想防卫不符合正当防卫的客观条件,但主观上具有防卫意识,因而与偶然防卫正好相反。按照大谷实教授的逻辑,既然假想防卫是法律认识错误(误以为自己的行为被法律所允许),那么偶然防卫就是相反的法律认识错误(误以为自己的行为被法律所禁止),因而属于幻觉犯,而不能以犯罪论处。

(2) 美国的学说

笔者只阅读到美国学者关于偶然防卫是否成立犯罪的讨论资料,而没有阅读到美国学者关于偶然防卫是成立犯罪既遂还是未遂的讨论资料。本书的基本推测是,由于美国的犯罪论体系是将正当防卫作为抗辩事由对待的,具备犯行与犯意的行为,如果不具备抗辩事由,就成立犯罪,又由于偶然防卫发生了结果,故只要主张防卫意识必要说,偶然防卫就成立犯罪既遂。所以,笔者将美国的学说归入行为无价值论的既遂说。诚然,这一推测不一定是成立的。不过,即使有资料表明美国学说主张对偶

---

① 〔日〕大谷实:《刑法讲义总论》,成文堂 2009 年第 3 版,第 283 页。
② 同上书,第 297 页。

然防卫以未遂犯论处,笔者的以下反驳也是成立的。

例如,医生亚历克斯意图杀害患者戴维,准备将空气注入戴维的静脉,靠近戴维并且偷偷地拔出注射器。恰恰就在此时,戴维由于医疗账单对亚历克斯有气,就用拳头猛击亚历克斯的鼻子,使其倒下不省人事。美国学者弗莱彻在描述此案后指出:"多年以前,保罗·罗宾逊(Paul Robinson)在《加州大学洛杉矶法学评论》上发表文章认为,无论被告是否知道正当化的情节与否,都可以适用正当化的请求。他的论据是,正当化的规范是纯粹客观的;它不要求主观的心理状态作为其成立的基础。当时,我写了一篇文章回应,解释说,世界上所有的法律体系,在事实上都对自我防卫和紧急避险的辩护要求一种主观要素,这种做法看来是正确的。在上面给出的例子中,戴维将为刑事殴打罪承担责任。亚历克斯的攻击在客观上的情节应当是没有意义的。从那以后,可以公平地说,我们一直在试图改善我们的立场,但是,任何一方都没有能够提出压倒性的论点。"①

弗莱彻承认,"在大众的情绪中,存在着一种对客观性理论的直观性的支持,至少是部分的支持"②。但是,弗莱彻本人的直觉则是,戴维的行为构成殴打罪。③ 于是,他要为自己的直觉找到理由。他在分析了规范与特权的关系后指出:"最适当的描述禁止性规范和特权之间关系的是:人有义务遵守禁止性规范,并且在具备正当事由的情况下有违背这一义务的特权。""对正当事由的明知,是违背义务者行使其特权的必要条件。有三个论点支持这个结论:第一,正当事由下的规范违反(该客观事实足以阻却定罪),从其基本方面说,不必延伸到特权的领域。第二,对'行使特权'的概念分析支持一种看法:'行使'行为或者'依特权去行为',以明知正当事由的存在为前提。"第三,"正当事由的主张代表了禁止性规范的例外。作为例外,这些主张只应适用于那些享有特殊处遇的人。加入

---

① 〔美〕乔治·弗莱彻:《刑法的基本概念》,蔡爱惠等译,中国政法大学出版社2004年版,第133页。
② 同上书,第134页。
③ 〔美〕乔治·弗莱彻:《反思刑法》,邓子滨译,华夏出版社2008年版,第408页。

这个因素,使行为人的意图变得重要了,因为仅有客观情境不足以确立某人特殊的、践踏他人法益的权利。某人违反了规范还可以享有例外的待遇,他必须至少知道支持其例外主张的情境。"①但是,弗莱彻的论证存在疑问。

首先,弗莱彻认为,所有的法律体系都要求正当化的主观要素,"在美国或其他国家的制定法和案例法中,都没有对罗宾逊的客观性理论的支持"的说法②,并不成立。因为他自己清楚地写道:"欧洲的一些案例也支持这种纯粹的客观正当论……晚近,奥地利的法官判决指出:客观标准足以支持行为的正当性。"③况且,要求正当化的主观要素,基本上是出自理论学说,而不是出于刑法的明文规定。所以,弗莱彻的上述说法是不成立的,主张防卫意思必要说的学者也不应当将弗莱彻的上述说法当作论据。

其次,弗莱彻的三个论点不是理由,只是结论。换言之,弗莱彻只是用结论来论证结论。例如,为什么正当事由下的规范违反,不必延伸到特权领域?他并没有回答。再如,为什么行使特权以明知正当事由的存在为前提?他也没有说明。又如,为什么作为例外的正当化事由就使行为人的意图变得重要了?他更没有论证。

再次,正当化事由其实是可以转换为消极的构成要件要素的。例如,如果没有刑法总则关于正当防卫的规定,那么,对于故意杀人罪的罪状就应表述为"除正当防卫以外的故意杀人的,处……"。于是,成立故意杀人罪,一方面要符合故意杀人罪的成立条件,另一方面必须不是正当防卫。所以,弗莱彻关于禁止规范与特权的处理,取决于犯罪论的体系安排。倘若采取其他体系,弗莱彻的观点并不适用。此外,即使否认消极的构成要件要素的理论,在某些场合(如被害人承诺),某种行为是阻却构成要件符合性还是阻却违法性,也可能是难以区分的。在这种场合,弗莱彻的观点根本行不通。所以,他自己也不得不承认:"不幸的是,这种方法

---

① 〔美〕乔治·弗莱彻:《反思刑法》,邓子滨译,华夏出版社 2008 年版,第 413—414 页。
② 〔美〕乔治·弗莱彻:《刑法的基本概念》,蔡爱惠等译,中国政法大学出版社 2004 年版,第 134 页。
③ 〔美〕乔治·弗莱彻:《反思刑法》,邓子滨译,华夏出版社 2008 年版,第 411 页。

(即弗莱彻的观点——引者注)不足以精确解决构成要件和正当事由之间的模糊问题。"①

最后,要求行使规则外的特权以行为人具有主观的正当化要素的观点,难以贯彻到其他相关案件中。例如,我国《枪支管理法》第 30 条规定:"任何单位或者个人未经许可,不得运输枪支。需要运输枪支的,必须向公安机关如实申报运输枪支的品种、数量和运输的路线、方式,领取枪支运输许可证件。"显然,经过有权机关的许可运输枪支的,不可能成立非法运输枪支罪。即使获得许可的甲,经过一段时间后忘记了自己已经获得了许可,以运输枪支弹药罪的故意在许可的有效期内运输了原本已被许可运输的枪支,也不可能认定为犯罪。

2. 行为无价值论的未遂说

(1) 偶然防卫存在行为无价值、缺乏结果无价值的观点

德国以往流行的观点,并没有要求主观的正当化要素,但自从《德国刑法》第 23 条第 3 款处罚不能犯之后,刑法理论的通说为了使偶然防卫的处理与《德国刑法》第 23 条第 3 款保持一致,便认为偶然防卫成立不能犯未遂。在二元论占通说的德国,一种行为举止,只有既不具备行为无价值,也不具备结果无价值时,才可能是合法的,但偶然防卫存在行为无价值,所以,成立不能犯未遂。② 日本的多数二元论者也持这一立场。例如,井田良教授指出:"从立足于行为无价值论的立场出发,要承认违法性阻却的效果,不仅要求存在符合违法性阻却事由(如正当防卫)的客观事实,而且要求行为人是在认识到该事实的基础上而实施的行为……行为人没有认识到属于违法性阻却事由的事实而实施行为时,是为了实现其认识到的没有被正当化的法益侵害或者危险的事实而实施行为的,故能够肯定故意犯的违法性。即使偶然产生了符合违法性阻却事由的客观事实,也仍然存在行为无价值,行为不法被肯定。"③

---

① 〔美〕乔治·弗莱彻:《反思刑法》,邓子滨译,华夏出版社 2008 年版,第 416 页。
② Claus Roxin, Strafrecht Allgemeiner Teil, Band I, 4. Aufl., C. H. Beck 2006, S. 641,644.
③ 〔日〕井田良:《讲义刑法学·总论》,成文堂 2008 年版,第 258 页。

行为无价值论者之所以主张将偶然防卫作为未遂论处理①,有两个根本理由:其一,行为无价值论认为,故意、过失是主观的违法要素,与之相对应,正当化事由的成立需要主观的正当化事由,故成立正当防卫需要防卫人具有防卫意识。因为不是以防卫意识实施的反击行为,具备行为无价值。"但是,由于事后明显地在客观上产生了正当的结果,结果不法被否认。因此,作为虽然存在行为不法、但没有产生结果不法的情形,在未遂的限度内肯定违法性。"②其二,行为无价值论认可将"事前向国民告知行为的允许性的机能"作为违法论的指导原理,同时,尽可能地使罪刑法定主义的原则以及刑法规范的一般预防的要求浸透到违法论中。③ 因此,一个在一般条件下可能造成法益侵害的行为,即使在特殊条件下没有造成法益侵害,也必须受到刑罚处罚。否则,其他人就会效仿该行为,从而造成法益侵害结果。偶然防卫正是如此。但是,上述理由不无疑问。

第一,行为无价值论在违法性问题上采取了规范违反说。由于刑法的目的是保护规范,而与过失相比,故意行为"更严重地违反了刑法保护的规范。因此,故意是受刑罚威胁的行为的要素之一,这些要素决定了违法程度,也就是说,故意是不法的组成部分"④。但是,一方面对犯罪的成立承认主观的违法要素,将故意、过失纳入违法要素,另一方面对违法阻却事由要求主观的正当化要素,将防卫意识等纳入主观的正当化要素,就不可避免地陷入自相矛盾的境地。例如,当丙正在不法侵害丁时,乙既无故意、也无过失的意外行为导致丙伤亡,从而避免了丁的死亡。根据行为无价值论的观点,由于乙缺乏故意、过失,所以其行为并不违法;但是,由于乙不具有主观的正当化要素,所以其行为违法。或许行为无价值论者会说,由于构成要件符合性判断在前,乙没有故意、过失,当然不违法;倘若乙具有杀人的故意,则具有杀人未遂的违法性;倘若乙具有防卫的意识,则成立正当防卫。然而,其一,虽然在第一阶段能得出不违法的结论,

---

① 如后所述,德日的行为无价值论者并没有主张将所有的偶然防卫都作为未遂犯处理。
② 〔日〕井田良:《讲义刑法学·总论》,成文堂 2008 年版,第 260 页。
③ 〔日〕井田良:《变革时代の理论刑法学》,庆应义塾大学出版会 2007 年版,第 113 页。
④ 〔德〕冈特·施特拉腾韦特、洛塔尔·库伦:《刑法总论 I——犯罪论》,杨萌译,法律出版社 2006 年版,第 108 页。

可是,倘若要进一步进行第二阶段的判断,则得出的只能是违法的结论。本来,在三阶层体系中,构成要件是违法类型,违法性讨论的是违法阻却事由,构成要件与违法性讨论的都是违法性的问题,不符合构成要件的行为也不可能具有刑法上的违法性。但行为无价值论的未遂说形成的局面是,不符合构成要件的行为,也具有刑法上的违法性。其二,这些自相矛盾的现象,或许只是在三阶层体系中可以视而不见,但在其他体系中则必然相当明显。可是,三阶层体系并不必然是唯一正确的体系。其三,即使在三阶层体系中,行为无价值论的未遂说也存在疑问。因为根据三阶层体系和行为无价值论的未遂说,在构成要件符合性阶段,首先会肯定偶然防卫充足既遂犯的构成要件,只是在违法性阶段才认定为未遂犯。于是,又要回过头去否定偶然防卫充足既遂犯的构成要件。① 其四,行为无价值论的未遂说,隐藏着这样的逻辑:故意是构成要件的内容,是表明行为无价值的重要要素;构成要件是违法类型,符合构成要件的行为原则上具有违法性,违法性包括行为无价值与结果无价值,因此,要成立违法阻却事由,不仅要排除结果无价值,而且要排除行为无价值(排除故意);由于偶然防卫出于故意,所以,不能排除行为无价值,因而成立犯罪未遂。但是,偶然防卫与基于防卫意识的正当防卫的唯一区别在于行为人是否认识到了正当防卫的前提事实。由此可以清楚地看出,在客观事实完全相同的情况下,行为无价值论是仅凭行为人的主观内容决定违法性的,这陷入了主观主义的立场。

第二,如前所述,行为无价值论者采取了规则功利主义的立场。据此,只要行为违反了保护法益需要遵守的一般规则,即使没有造成法益侵害结果,也应认定为违法。但是,规则功利主义的地位十分尴尬,缺乏内在一致的理论体系。更为重要的是,规则功利主义既可能过于限制国民的行动自由,也可能不利于保护法益,因而不当。例如,当违反行为规则并不会造成法益侵害与危险,反而会保护法益时,行为无价值论也认为该

---

① Vgl., Volker Krey, Deutsches Strafrecht Allgenmeiner Teil, Band I, W. kohlhammer 2001, S. 158.

行为是违法的,这便忽视了规则的局限性与例外情形,与违法阻却事由性质与认定路径相矛盾。

第三,根据行为无价值论的观点,由于偶然防卫是行为人在犯罪故意支配下实施的,这样的行为如果换一个时间、地点重演,就会发生法益侵害结果。为了预防犯罪,必须将偶然防卫认定为犯罪。可是,既然是在此时、此地发生的偶然防卫,就不应当放在彼时、彼地去判断有无法益侵害的危险。既然在此时、此地是对特定的不法侵害者实施攻击行为,产生了保护法益的结果,就应当否认其违法性。为了不让他人效仿而认定该行为成立未遂犯,显然是将偶然防卫人当作预防犯罪的工具了。至为明显的是,如果此时、此地不可能发生法益侵害结果的某种行为,只要在彼时、彼地能发生法益侵害结果,也必须宣告这种行为的违法性,那么,国民只能实施在任何时候都不可能导致法益侵害结果的行为。这不当限制了国民的自由,因而不可取。

根据行为无价值论的逻辑,当行为人自以为其行为违反刑法,但事实上并不违反刑法时,也要通过科处刑罚予以制裁,否则,既不能预防行为人将来在明知违反刑法时实施行为,也不能预防其他人明知违反刑法时实施行为。诚然,行为无价值论者会说,在这种场合,因为不符合构成要件,所以不以犯罪论处。可是,逻辑是相同的。即使承认行为无价值论的上述回答,在阻却构成要件符合性与阻却违法性难以区分的场合,行为无价值论者就会面临难题。例如,Y 准备了送给 X 的礼物,X 在不知真相的情况下,以盗窃的故意将该礼物拿走。如果说被害人承诺是阻却构成要件符合性的事由,那么,行为无价值论者会认为 X 的行为不构成犯罪;如果说被害人承诺是阻却违法性的事由,那么,行为无价值论者会认为 X 的行为依然成立盗窃未遂。但是,不管被害人承诺属于何种事由,按照行为无价值论的逻辑,X 的行为换一个时间、地点就可能发生法益侵害结果,既然如此,就应当作相同处理,但事实上又没有作相同处理。不能不说这是一个矛盾。

根据行为无价值论的观点,法律对一个出于犯罪故意的行为造成的好结果是不反对的,但仍然要反对这种行为本身。换言之,对行为的评价可以或者应当独立于行为所造成的结果之外。就偶然防卫而言,之所以要独立于结果之外评价其行为无价值,是因为如果不禁止这种行为,行为人或者其他人在其他条件下实施该行为时会造成法益侵害结果。于是,一个行为是否违法,并不是由该行为是否造成或者可能造成法益侵害来决定,而是完全由该行为应否需要一般预防来决定。可是,根据什么来确定某种行为是否需要一般预防呢?答案恐怕只能是该行为造成或者可能造成法益侵害结果。既然如此,就应当判断已经实施的行为是否造成或者可能法益侵害结果,而不能离开这一点确定某种行为是否需要一般预防。此外,既然行为无价值论不反对乃至赞成偶然防卫的结果,就不应当主张禁止该行为。因为如果禁止该行为,就禁止了好的结果。

不难看出,行为无价值论的观点是不顾现实地考虑未来。例如,丙着手实施暴力准备强奸妇女丁,乙在一无所知的情形下开枪将丙射中,造成丙重伤,客观上制止了丙强奸丁的犯罪行为。根据行为无价值论的观点,乙的行为是违法的,即刑法禁止乙对丙开枪射击。于是,结局只能有两种:其一,在乙遵守规范不开枪射击的情况下,丁遭受强奸,丙被以强奸罪论处;其二,在乙违反规范开枪射击的情况下,乙被以故意杀人罪或者故意伤害罪论处,丙遭受枪击,丁免受强奸。但是,这两种结局都不能令人满意。换言之,行为无价值论是以牺牲现实的法益为前提考虑一般预防的。按照行为无价值论的观点,由于刑法禁止乙的偶然防卫,所以,乙的开枪射击是违法的,要受到刑罚处罚。于是,在规范意义上,就意味着通过牺牲丁的法益来预防其他人犯罪。不得不认为,行为无价值论是通过放纵犯罪(丙的行为)去追求预防犯罪的目的。

第四,行为无价值论的未遂说在行为与结果同时发生的行为犯中不可能得到贯彻。例如,罗克信教授指出:"行为犯,是指积极的行为终了,同时便充足构成要件,不会出现与行为相分离的结果的情形。"同时指出:"所有的犯罪都有结果,在行为犯的场合,结果存在于行为人所实施的充足构成要件的行为中。"[1]既然行为犯是行为与结果同时发生,那么,在行

---

[1] Claus Roxin, Strafrecht Allgenmeiner Teil, Band I, 4. Aufl., C. H. Beck 2006, S. 330.

为人以犯罪故意实施了行为犯，充足了构成要件，客观上却符合违法阻却事由的客观要件时，就不可能既认为侵害结果没有发生（缺乏结果无价值），又认定行为具有违法性（具有行为无价值）。换言之，在这种场合，行为无价值论者要么认为行为成立故意犯罪既遂（因为行为已经实施而肯定结果已经发生），要么认为行为不构成犯罪（因为结果没有发生而否定行为已经实施）。但是，无论如何，行为无价值论的未遂说都可能陷入两难境地。

第五，行为无价值论的未遂说在假想防卫等场合，也难以贯彻。例如，根据行为无价值论的观点，在正当防卫的场合，防卫人认识到自己对于急迫不正的侵害者实施防卫行为时，否认行为无价值，具有阻却违法性的意义。既然如此，那么，当防卫人误将第三者当作不法侵害者进行防卫时，也应当作同样解释，但行为无价值论者并不否认假想防卫的违法性。①

第六，行为无价值论认为偶然防卫是违法的，但又不得不承认的是，对这种客观上处于正当化事由范围内的偶然防卫者是不可能进行防卫、阻止的，因为偶然防卫者造成了一种合法的、不应当受到阻拦的状态。②显而易见，这其中存在诸多问题。

行为无价值论的未遂说的矛盾之一：偶然防卫是违法的，但是，在行为的当时，对这种违法行为不能进行防卫，否则就意味着帮助不法侵害者侵害无辜者。那么，不能防卫的原因何在？答案可能有许多。首先，偶然防卫造成的是合法状态亦即好的结果，所以，不能对之防卫。但是，为什么要将一个客观上造成好的结果的行为认定为违法呢？结论只能是，行为人是以犯罪故意实施的偶然防卫行为。这基本上不是在考虑行为无价值，而是在考虑心情无价值。其次，对于偶然防卫不能进行防卫，是因为不法侵害者不能对偶然防卫者进行防卫，所以，其他第三者也不能对偶然防卫者进行防卫。可是，我国刑法规定了为了公共利益的防卫，即使不法

---

① 〔日〕山口厚：《コメント》，载〔日〕山口厚、井田良、佐伯仁志：《理論刑法学の最前線》，岩波书店2001年版，第81—82页。

② Claus Roxin, Strafrecht Allgemeiner Teil, Band I, 4. Aufl., C. H. Beck 2006, S. 640.

侵害者没有防卫权,第三者面对正在进行的不法行为,都有可能进行防卫。更为重要的是,正当化事由是复数参与人之间的利益冲突与对抗,"如果行为人的行为是合法的,受侵害的相对方就只能忍受这种侵害"①。既然不法侵害者丙只能忍受乙的攻击,就表明乙的行为是正当的。最后,按照罗克信教授的观点,"不能犯未遂不是攻击。诚然,在不能犯未遂的场合,虽然并不缺乏法确证利益,但缺乏保护的必要性。因此,一个人如果知道攻击者的手枪没有子弹,就不允许将攻击者打倒"②。由于偶然防卫属于不能犯未遂,所以,缺乏防卫的必要性。但是,这种观点使法确证利益与法保护利益相分离,难以令人赞成。况且,在偶然防卫的场合,只要考虑无辜者丁的利益,就必须肯定丙的行为的违法性;由于乙的行为是与丙的行为相对抗的行为,只能肯定乙的行为的合法性。此外,防卫不意味着一定要致人伤亡。如果肯定偶然防卫是违法行为,那么,对其防卫只是限度问题,而不应当是不能防卫的问题。

行为无价值论的未遂说的矛盾之二:偶然防卫是违法的,但是,在行为的当时,不仅不能对之实行正当防卫,而且不得对之实行任何妨碍、阻挠等行为,相反,只能放任、允许这种行为的实施。这同样是因为,在偶然防卫的案件中,知情的第三者只能允许乃至帮助偶然防卫者实施其行为,如果妨碍、阻挠偶然防卫者的行为,就是帮助不法侵害者实施违法行为。于是,在行为无价值论那里,出现了这样的结论:有的违法行为在行为的当时只能被放任、被允许;或者说,有的行为虽然是被刑法禁止的,但是在行为的当时必须允许其实施。但是,本书难以接受这样的结论。

行为无价值论的未遂说的矛盾之三:偶然防卫在行为的当时是不可以防卫或者阻止的,是应当放任、允许的,但是事后是应当受到刑罚处罚的。可是,既然在行为的当时都必须允许该行为,为什么事后科处刑罚禁止这种行为呢?行为无价值论的回答一定是,因为换一个时间、地点实施时就会发生法益侵害结果;如果不处罚,其他人就会模仿,进而侵害法益。

---

① 〔日〕井田良:《犯罪论の现在と目的的行为论》,成文堂1995年版,第151页。
② Claus Roxin, Strafrecht Allgemeiner Teil, Band I, 4. Aufl., C. H. Beck 2006, S. 659.

可是,如前所述,刑事判决宣布偶然防卫不违法,并不会带来消极效果。这是因为,刑事判决宣布偶然防卫不违法,既保护了偶然防卫者的法益,也不会导致有人在故意杀人时期待自己的行为产生偶然防卫的效果。亦即,当乙偶然防卫致人死亡但被法院宣告无罪时,其他人是无法模仿偶然防卫的。换言之,在刑事司法上宣布偶然防卫不违法,不可能起到鼓励人们实施偶然防卫的作用。

行为无价值论的未遂说的矛盾之四:偶然防卫属于不能犯未遂,"不能犯未遂即使是可罚的,也不允许对之实施正当防卫。因为不能犯未遂没有给个人的法益带来危险"①。可是,一方面,在不法侵害者正在杀害他人时,即使偶然防卫者的攻击行为给不法侵害者造成了危险,也属于被允许的危险,不具有违法性。既然偶然防卫没有给个人法益带来危险,就更应阻却违法性。但是,行为无价值论的未遂说却主张对偶然防卫科处刑罚,这也是自相矛盾的。另一方面,"虽然从形式上说,刑法上的违法性,是指对刑法规范(评价规范)的违反,但是,由于违法性是刑法规范作出否定评价的事态的属性、评价,故其内容便由刑法的目的来决定。将什么行为作为禁止对象,是由以什么为目的而禁止来决定的。在此意义上说,对实质违法性概念、违法性的实质的理解,由来于对刑法的任务或目的的理解"②。既然罗克信教授认为刑法的目的与任务是保护法益③,就只能将对法益有侵害或者危险的行为当作违法行为。因此,将没有给个人的法益带来危险的偶然防卫认定为违法行为,存在矛盾之处。

第七,行为无价值论在偶然防卫问题上的主观主义立场相当明显。例如,丙1与丙2共同实施暴力抢劫丁的财物时,如若甲知道真相对丙1实施暴力,乙不知道真相对丙2实施暴力,按行为无价值论的观点,甲的行为是正当防卫,乙的行为是犯罪未遂。可是,客观上完全一样的行为,只是因为主观上是否知道真相,而成为是否构成犯罪的界限。将防卫人

---

① Claus Roxin, Strafrecht Allgemeiner Teil, Band I, 4. Aufl., C. H. Beck 2006, S. 654.
② 〔日〕山口厚:《刑法总论》,有斐阁2007年版,第101页。
③ 参见〔德〕克劳斯·罗克信:《刑法的任务不是法益保护吗?》,樊文译,载陈兴良主编:《刑事法评论》(第19卷),北京大学出版社2007年版,第146页以下。

有犯罪意识和无防卫意识,作为未遂犯的行为无价值的根据,充分说明行为无价值论不过是心情无价值而已,与主观主义只有一纸之隔,甚至没有差异。再如,丙正在非法杀丁时,甲与乙没有意思联络却同时开枪射击丙,丙的心脏被两颗子弹击中;但甲知道丙正在杀丁,乙不知道丙正在杀丁。行为无价值论会得出如下结论:乙开枪是违法的,构成故意杀人罪;但甲开枪不违法,不成立犯罪。言下之意,只有知道丙在杀丁时,挽救丁的生命的行为才是合法的;不知道丙在杀丁时,挽救丁的生命的行为是非法的。但是,这样的结论同样是主观主义的反映,也难以令人赞成。

第八,关于防卫意识的内容,德国的通说认为:"行为人在客观地被正当化的范围内实施行为,而且主观上对正当化状态具有认识,对正当化来说就基本上足够了。行为人此时具有客观上实施正当行为的故意。只要认识到引起合法状态,就排除行为无价值,同时排除不法。不要求行为人进一步为了正当化的目的而实施行为。"①日本的行为无价值论者认为,"防卫意识的本来的意义,是积极地防卫自己或者他人的权利免受不法侵害的意思(目的或意图说),但是,即使是本能的自卫行为,也不能否定其是基于防卫意识的。而且,没有疑问的是,正当防卫的规定也考虑到了本能的反击行为,因此,在没有积极的防卫意图、动机的场合,也不能认定有防卫意识。所以,反击时即使由于亢奋、狼狈、激愤、气愤而没有积极的防卫意识,或者攻击意识与防卫意思并存,也不应当马上否认其防卫意识"②。可是,其一,行为无价值论者要求主观的违法要素与主观的正当化事由相对应,既然行为无价值论者将故意作为主观的违法要素,并且认为故意是认识因素与意志因素的统一③,那么,主观的正当化要素也应当是认识因素与意志因素的统一。但是,在偶然防卫问题上,行为无价值论却只要求防卫认识,这多少有自相矛盾之嫌。其二,吊诡的是,当甲在一

---

① Claus Roxin, Strafrecht Allgemeiner Teil, Band I, 4. Aufl., C. H. Beck 2006, S. 641.
② 〔日〕大谷实:《刑法讲义总论》,成文堂 2009 年第 3 版,第 289—290 页。
③ Vgl., Claus Roxin, Strafrecht Allgemeiner Teil, Band I, 4. Aufl., C. H. Beck 2006. S. 437; Hans-Heinrich Jescheck /Thomas Weigend, Lehrbuch des Strafrechts. Allgemeiner Teil, 5. Aufl., Duncker & Humblot 1996, S. 293;〔日〕大谷实:《刑法讲义总论》,成文堂 2009 年第 3 版,第 165 页。

旁对偶然防卫者乙说"丙在杀人"时,乙因为认识到了丙的不法侵害,就当然地属于正当防卫了。旁人的一句话,就能使一个有罪者变为无罪者,何等不可思议!

第九,如果说偶然防卫成立未遂犯,那么,在丙故意杀害丁时,乙出于杀人故意对丙实施了偶然防卫行为,但未能致丙死亡,只是造成了丙的伤害乃至没有造成任何伤害时,就存在两个未遂:一方面是没有造成预期的死亡结果的未遂,另一方面是因为缺乏结果无价值的未遂,结局形成了"未遂的未遂"①。但这是难以成立的。行为无价值论的反论是,之所以肯定偶然防卫成立未遂犯,是因为只能在违法结果实现未遂的限度内肯定其违法性,而不是承认"未遂的未遂"。对未遂说的批判只是概念性的,而不是本质性的。② 可是,既然要认定为犯罪未遂,就不可能不考虑未遂犯的概念。未遂犯不只是违法性阶层的问题,而且是构成要件符合性阶段的问题,未遂只能是已经着手而没有达到既遂,而不可能是没有达到未遂。仅根据所谓的实质认定未遂犯或者适用(或者准用)未遂犯的规定,并不符合刑法的安定性的指导原理。

第十,德国的行为无价值论者是将偶然防卫当作不能犯未遂处罚的。罗克信教授指出:"行为人对客观的正当防卫状况欠缺认识时,其行为被评价为不能犯。"③《德国刑法》第 23 条是关于未遂犯的规定,其第 3 款规定:"行为人出于重大无知,没有认识到其未遂行为的对象种类或者所使用的方法根本不可能达到既遂的,法院可以免除刑罚或者依其裁量减轻处罚。"根据这一规定,行为人误将野兽当作仇人杀害的,以及误将白糖当作砒霜使用的,成立不能犯未遂。这其实是纯粹主观说或者抽象的危险说的结论。显然,在我国,只要不采取纯粹主观说或者抽象的危险说,就不能接受德国学者的结论。但是,纯粹主观说与抽象的危险说存在诸多缺陷,不能作为认定未遂犯的根据。④ 日本的井田良教授指出:就偶然防

---

① 参见〔日〕西村克彦:《いわゆる"偶然防卫"について》,载《判例时报》第 824 号(1976年),第 4 页。
② 〔日〕井田良:《犯罪论の现在と目的的行为论》,成文堂 1995 年版,第 134 页。
③ Claus Roxin, Strafrecht Allgemeiner Teil, Band I, 4. Aufl., C. H. Beck 2006, S. 719.
④ 参见张明楷:《刑法的基本立场》,中国法制出版社 2002 年版,第 236 页以下。

卫而言,"肯定行为不法仅限于行为人没有认识到存在属于违法性阻却事由的事实,而且,通常一般人也没有认识到这种事实的场合"①。这显然是具体的危险说的观点。但是,具体的危险说并不尽如人意。② 不难看出,只要合理地采取客观的危险说或者修正的客观危险说,就不可能接受日本学者的这一结论。还需要说明的是,在德国与日本,未遂犯的处罚受到一定限制,所以,即使是行为无价值论者也并非主张偶然防卫一概成立未遂犯。

（2）偶然防卫既存在行为无价值、也存在结果无价值的观点

个别行为无价值论者提出,正当防卫以具有防卫意识为前提,偶然防卫不仅存在行为无价值,而且存在结果无价值。

例如,日本的高桥则夫教授指出:"有观点认为,偶然防卫缺乏结果无价值,仅存在行为无价值,因而肯定其成立未遂犯。但是,未遂犯也要同时存在行为无价值与(对法益的具体危险意义上的)结果无价值,仅有行为无价值还不能为未遂犯提供根据。在偶然防卫的场合,由于不存在防卫意识,所以不能认定其具有反击行为的性质,但是,由于结局是正当防卫,所以,既存在行为规范违反,也发生了构成要件的结果。然而,这种结果不能视为'违法的'结果,只能在未遂的限度内发动制裁规范。因此,可以准用该当犯罪的未遂规定。亦即,由于发生了构成要件的结果,不是纯粹的未遂犯,但由于产生了防卫的结果,结果无价值减少,故应准未遂犯处罚。"③

上述观点将对法益的具体危险作为未遂犯的处罚根据,本书完全赞成。但是,其对偶然防卫准用未遂犯规定处罚的观点,则不无商榷的余地。

其一,在未遂犯与不能犯的区分问题上,高桥则夫教授认为,修正的客观危险说基本上是妥当的,并且认为,"具体的危险的有无,是危险结果的问题,是发动制裁规范的要件"。"实行行为的危险性,通过行为时的

---

① 〔日〕井田良:《讲义刑法学·总论》,成文堂2008年版,第260页。
② 参见张明楷:《刑法的基本立场》,中国法制出版社2002年版,第239页以下。
③ 〔日〕高桥则夫:《刑法总论》,成文堂2010年版,第268页。

事前判断,如果对法益有抽象的危险就可以得到肯定。但是,未遂犯的成立是是否使制裁规范发动的事后判断,因此,应事后地判断行为时对该客体是否存在何种程度的危险。"[①]但是,如后所述,既然将具体的危险作为未遂犯的处罚根据,并且采取修正的客观危险说,那么,要肯定偶然防卫存在具体的危险,是相当困难的。

其二,准用未遂犯的规定存在两种情形:一是原本既不成立未遂犯,也不成立既遂犯,而准用未遂犯的规定;二是原本成立既遂犯,但基于某种原因准用未遂犯的规定。前一种场合的准用,明显违反罪刑法定原则。后一种准用则不合常理,而且自相矛盾。这是因为,既然行为已经成立既遂犯,就不应当准用未遂犯的规定。

3. 结果无价值论的未遂说

(1) 防卫意识不要说的理由

结果无价值论否认主观的正当化要素,因而采取防卫意识不要说。概括起来,防卫意识不要说有以下理由:

第一,《日本刑法》第36条所使用的"为了"防卫权利的表述,完全可以理解为客观上为防卫权利而实施的行为,没有必须理解为主观上的防卫权利的目的。[②] 如前所言,《德国刑法》第32条使用了"为了避免",也是表示正当防卫的客观性质。我国《刑法》第20条也使用了"为了"一词。但如前所述,"为了"不仅可以表示目的,而且可以表示原因。所以,完全可以从客观上理解正当防卫,而不需要将防卫意识作为正当防卫的主观要件。

第二,根据结果无价值论的立场,故意、过失是责任要素而不是主观的违法要素。正当防卫是违法阻却事由,故不需要主观的正当化要素。例如,山口厚教授指出:"从结果无价值论的立场出发,不要求将防卫意识作为正当防卫的要件(防卫意识不要说)。在将防卫意识理解为防卫的意图、动机时,其是单纯的心情要素,充其量只不过可能成为责任要素。在将防卫意识理解为对属于正当防卫状况等正当防卫的事实的认识时,

---

① 〔日〕高桥则夫:《刑法总论》,成文堂2010年版,第375—376页。
② 参见〔日〕浅田和茂:《刑法总论》,成文堂2007年补正版,第227页。

其是单纯的作为责任要素的正当防卫的'故意'(谨慎地说,这是一种比喻;正确地说,如后所述,在对属于正当防卫状况等正当防卫的事实具有认识时,就否定故意的存在)。只要不采取将一般故意理解为主观的违法要素的行为无价值论,其作为违法要素的性质就被否定(单纯对事实的认识,对法益侵害或者危险以及作为其阻却要素的法益拥护性,并不产生影响,因而不对行为的违法性产生影响)。因此,偶然防卫并不是不能成立正当防卫。"①

第三,即使以犯罪意图实施行为,但如果结局是实现了正当防卫,便不存在结果无价值。根据结果无价值论的立场,认定为正当化事由就是合适的。例如,在丙正在杀丁时,偶然防卫者乙刚好提前一点杀害了丙。由于丁与丙是"正与不正"的关系,所以,即使乙没有防卫意识,乙与丙也处于"正与不正"的关系,这正好符合正当防卫的特征。所以,成立正当防卫不需要作为主观的正当化要素的防卫意识。②

第四,正当防卫是一种突然的反击行为,甚至是一种本能的反击行为,如果要求防卫意识,就会使正当防卫的成立范围明显缩小,因而不合适。③ 持防卫意识必要说的福田平教授指出,基于本能的防卫,即使基本上是无意识的反射动作,也一般能认定具有防卫意识。④ 但是,如果说本能的、反射的动作不一定能评价为行为,那么,将其认定为具有防卫意识的行为是十分牵强的。

第五,倘若采取防卫意识必要说,那么,过失行为制止了正在进行的不法侵害时,由于没有防卫的意识,就不能认定为正当防卫,这是明显不当的。⑤ 持防卫意识必要说的福田平教授指出,由于基于本能实施的反击行为也能认定为具有防卫意识,所以,过失行为实施的反击行为也能成立正当防卫。⑥ 但是,"在丙正在射杀丁时,因为过失而开枪射击了丙的

---

① 〔日〕山口厚:《刑法总论》,有斐阁2007年版,第124页。
② 参见〔日〕曾根威彦:《刑法总论》,成文堂2008年版,第104页。
③ 〔日〕山中敬一:《刑法总论》,成文堂2008年版,第463页。
④ 参见〔日〕福田平:《全订刑法总论》,有斐阁2004年版,第158页。
⑤ 〔日〕平野龙一:《刑法总论 II》,有斐阁1975年版,第243页。
⑥ 参见〔日〕福田平:《全订刑法总论》,有斐阁2004年版,第158页。

乙,不管其行为是否属于无意识的行动,他显然没有认识到正当防卫的状况。在这种场合也认定具有防卫意识,要么是强词夺理,要么是自欺欺人"①。

问题是,部分结果无价值论者在主张防卫意识不要说的同时,为什么主张偶然防卫成立未遂犯?其理由是否成立?

(2)偶然防卫存在未遂犯的结果无价值的观点

与行为无价值论认为偶然防卫存在行为无价值不同,结果无价值论认为偶然防卫存在未遂的结果无价值。

西田典之教授指出:偶然防卫"确实缺乏结果无价值,但是,也可能认为其存在发生结果的危险。这一点可以与以下问题并行考虑。例如,不知道对方是尸体,以为对方还活着而开枪,事后鉴定表明,当时对方已经死亡。该行为是否成立杀人未遂?显然,对这一问题的处理最终归结于对后述的不能犯采取何种见解,本书虽然采取防卫意识不要说,但认为偶然防卫应当具有未遂的可罚性"②。西田典之教授在不能犯的问题上采取了假定的盖然性说:"如果进行严格的事后的、科学的判断,所有的未遂都容易成为不能犯。因此,在判断结果发生的可能性时,既要探明结果没有发生的原因、情况,也要探求情况发生什么样的变化就可能造成结果,以及这种情况变化具有何种程度的盖然性。这样探明的结局是,当没有发生结果的盖然性,或者盖然性极低时,就应当否定危险性,认定为不能犯。这样的见解可以称为假定的盖然性说。"③显然,西田典之教授之所以认为偶然防卫成立未遂犯,是考虑到了丙当时没有杀害丁的盖然性。换言之,如果在行为当时,丙不实施杀害丁的行为的盖然性高,那么,乙的偶然防卫发生法益侵害结果的危险性就高,因而应当认定为未遂犯。山口厚教授也指出:"在能够认定不是基于正当防卫而有实现构成要件的可能性的场合,同时根据对未遂犯的理解,也有解释为成立未遂犯的余地。"④

---

① 〔日〕山中敬一:《刑法总论》,成文堂2008年版,第463页。
② 〔日〕西田典之:《刑法总论》,弘文堂2010年版,第171页。
③ 同上书,第310—311页。
④ 〔日〕山口厚:《刑法总论》,有斐阁2007年版,第124页。

但是,本书对上述观点持怀疑态度。

第一,既然认为正当防卫的成立不需要防卫意识,那么,偶然防卫就完全符合正当防卫的条件,因而成为违法阻却事由。到此为止,就能够否认犯罪的成立,在此前提下又说偶然防卫成立未遂犯,就是不合适的。

第二,倘若说偶然防卫之所以存在法益侵害的危险,是因为丙当时可能没有实施杀害丁的行为,因而乙的偶然防卫可能侵害没有实施杀害丁的丙的生命,则其判断资料存在疑问。在这种场合,上述观点只是将偶然防卫人认识到的事实作为判断资料,而没有将偶然防卫人没有认识到的客观事实作为判断资料。既然事后肯定了乙的行为属于偶然防卫,就意味着丙正在实施杀害丁的不法行为。在这种情况下,无论设想什么样的情形,丙没有正在杀害丁的盖然性都是没有或者极小的,反过来说,乙造成法益侵害结果的盖然性是没有或者极小的。

第三,即使认为丙可能没有进行不法侵害,可能是无辜者,乙的偶然防卫行为可能侵害无辜者的法益,也不能直接肯定乙的行为成立未遂犯。因为事实上的另一面是,乙的行为客观上保护了丁的生命,或者说乙的行为避免了法益侵害。法益侵害与造成法益侵害的危险相比较,进行法益衡量的结果必然是,乙的行为并不违法。详言之,根据结果无价值论的观点,在为了第三者的利益有意识地进行正当防卫的场合,由于不法侵害者处于被防卫的状态,被侵害者没有义务忍受不法侵害,权衡不法侵害者的法益与被侵害者的法益所得出的结论是,被侵害者的法益具有绝对的优越性,法益衡量成为阻却违法性的原理。① 既然如此,在偶然防卫的场合,也必须将被侵害者的法益纳入衡量的范围。一旦将被侵害者的法益纳入衡量范围,即使认为乙的偶然防卫具有侵害(可能没有实施不法侵害的)丙的生命的危险,但与客观上保护了处于优越地位的丁的生命相比较,就应当否认行为的违法性。

第四,将问题再延伸一点,如果说乙的行为因为对丁的生命、身体产生了危险,进而认定为犯罪未遂,则更不妥当。在偶然防卫的场合,枪杀

---

① 参见〔日〕山口厚:《刑法总论》,有斐阁2007年版,第113—114页。

无辜者的危险与客观上保护了无辜者的生命相比(如果没有枪杀无辜者的危险,就不可能保护无辜者的生命),这种危险就必须允许(法益衡量的结果,而不是行为无价值的结论)。况且,即使不是偶然防卫而是有防卫意识的正当防卫(射杀不法侵害者)时,无辜者的生命同样存在危险,防卫人也完全能够认识到这种危险,但不能认定为未遂犯。例如,在罪犯绑架人质的场合,常常出现为了救助人质而对罪犯开枪射击的情形。在这样的情形下,即使在击中罪犯的同时,给人质的生命造成了一定的危险,也是允许的。

由上可见,对偶然防卫是否具有发生法益侵害的危险的判断,与对一般场合的故意行为是否具有发生法益侵害的危险的判断,还是存在区别的。因为在后一种场合(如为了杀人而向床上开枪,刚好因为被害人夜间去卫生间而没有击中),行为并不存在保护法益的事实,所以,不需要进行法益衡量。但在偶然防卫的场合,由于客观上存在保护法益的事实,因此在进行危险的判断与法益的衡量时,必然和普通的判断有所不同。但是,上述结果无价值论的未遂说却忽视了这一点,因而不为本书所取。

(3) 偶然防卫存在危险无价值的观点

山中敬一教授采取防卫意识不要说①,但他认为,偶然防卫存在危险无价值。例如,在丙故意杀害丁时,偶然防卫者乙向丙开枪,碰巧造成了正当防卫的结果。倘若乙的行为不管是稍微提前一点,还是稍微推后一点,都成立故意杀人罪。在所有的偶然防卫事例中,都是如此。所以,即使不采取事前判断的具体危险说,而是采取事后的观察,也可以说乙的行为产生了造成违法结果的危险状态。例如,在丙于乙开枪之后的最后一瞬间实施了侵害行为的场合,乙的行为就已经发生了具体的危险。在这种情况下,虽然存在正当防卫的结果,不存在结果无价值,但已经发生的违法的危险状态不能被正当化。概言之,虽然不存在结果无价值,却存在危险无价值。② 但是,这种观点存在疑问。

---

① 〔日〕山中敬一:《刑法总论》,成文堂2008年版,第435页。
② 同上书,第465页。

第一,"由于危险无价值意味着发生结果的危险,所以,在进行事后的观察,不存在结果无价值(完全适法)的场合,也不存在危险无价值"①。换言之,危险状态本身就是结果,既然认为偶然防卫缺乏结果无价值,就不应当认为偶然防卫存在危险无价值。

第二,不能以偶然防卫稍微提前一点或者推后一点都能成立故意杀人罪为由,认为偶然防卫存在危险无价值。既然采取事后的观察,就不能改变事实本身,判断提前一点或者推后一点可能发生什么事情。其实,即使是有防卫意识的正当防卫,在许多场合,稍微提前一点或者推后一点,也可能属于防卫不适时,而成立故意犯罪。但不能因此认为,有防卫意识的正当防卫也存在危险无价值。

第三,在法益面临紧迫的危险时,就可以实施正当防卫。例如,在丙正在瞄准丁时,即使还没有扣动扳机,也可以进行正当防卫。因此,所谓"在丙于乙开枪之后的最后一瞬间实施了侵害行为的场合,乙的行为就已经发生了具体的危险"的说法,也是难以成立的。

4. 结果无价值论的二分说

结果无价值论的二分说认为,紧急救助型的偶然防卫属于正当防卫。本书对此持赞成态度。问题是,为什么自己防卫型的偶然防卫成立犯罪未遂?

主张这一观点的曾根威彦教授指出:在 B 以杀人故意杀害了 C,实际上 C 当时正在对 B 实施故意杀人行为的场合,"B 的法益与 C 的法益处于冲突之中,法律不可能认为其中的任何一方处于优越的地位"。"二者处于不正对不正的关系,缺乏正当防卫的前提,因而难以认定 B 的行为成立正当防卫。就此而言,在本案中,结局是防卫意识作为主观的正当化要素起到了作用,但是,必须注意的是,这是因为没有防卫意思的 B 的法益被评价为不正当的利益,而不是像行为无价值论所说的那样,不具有防卫意思的 B 的心理状态本身为行为的违法性奠定了基础。但是,虽然不能认定 B 的行为成立正当防卫,但应认为其违法性的程度仅处于未遂的限

---

① 〔日〕浅田和茂:《刑法总论》,成文堂 2007 年补正版,第 230 页。

度内。诚然,C已经死亡,B的行为符合杀人既遂的构成要件(这一点在通常的正当防卫的场合也一样),但由于C的法益也是不值得法保护的不正当利益,故应作出与通常的杀人不同的法律评价。不过,由于现实上发生了结果,不是适用未遂犯的规定,而是准用未遂犯的规定。"①这一观点的确有一定的合理之处,也可能符合一般人的法感情,但是,本书对此持不同看法。

第一,曾根威彦教授对危险的判断采取客观的危险说,亦即,将事后查明的、行为当时存在的所有事实作为判断资料,以科学的一般人为标准判断有无危险。②可是,"如果从事后来观察,为了自己的偶然防卫,也可以说处于'正对不正'的关系"③,因而符合正当防卫的特征。换言之,只要事后查明,C正在实施杀害B的行为,就能认定B的生命处于紧迫的危险之中,即使B稍微提前一点杀害C,也不能否认其行为符合正当防卫的条件。人们可能会问,如果在C杀害B的时候,B稍微提前一点杀害C的,C是否也成立正当防卫?本书对此也持肯定态度。一方面,"正当防卫状态,第一要义应是从结果上进行观察得出判断"④。只要进行事后的客观判断,就会发现"先发制人"的一方都是正当防卫。人们或许会说,这不是正对正或者不正对不正的关系吗?其实,应当认为分别存在正对不正的关系:在C偶然防卫杀害B的场合,是C的正与B的不正的关系;如果变为B偶然防卫杀害C的情形,则是B的正与C的不正的关系。

第二,曾根威彦教授一方面认为,认定B的行为不成立正当防卫,并不是像行为无价值论那样,将缺乏防卫意识本身作为违法性的根据,另一方面又认为,B没有防卫意识就导致其法益被评价为不正当利益。在本书看来,这只是表述不同而已,实际上是将防卫意识当成了主观的正当化要素,与曾根威彦教授的结果无价值论的立场相冲突。

第三,曾根威彦教授是用"自己防卫型的偶然防卫属于不正对不正"

---

① 〔日〕曾根威彦:《刑法の重要問題(総論)》,成文堂2005年版,第94—95页。
② 〔日〕曾根威彦:《刑法総論》,弘文堂2008年版,第230页。
③ 〔日〕浅田和茂:《刑法総論》,成文堂2007年补正版,第230页。
④ 〔日〕山中敬一:《刑法総論》,成文堂2008年版,第463页。

这一前提来论证偶然防卫是违法行为的,这其实是在进行前提与结论的相互论证。① 诚然,曾根威彦教授提出了一个基本理由,偶然防卫者之所以是不正的,是因为其没有防卫意识,因此,其法益不值得刑法保护。然而,一个客观存在的法益,不可能因为法益主体具有犯罪故意或者缺乏防卫意识而当然地丧失刑法的保护;只有当法益主体正在实施不法侵害时,才使其处于受防卫的地位。既然自己防卫型的偶然防卫行为客观上是保护自己生命的行为,对方的行为属于不法侵害,那么,就不能认为偶然防卫者因为缺乏防卫意识而使自己的法益丧失刑法的保护。

第四,二分说的结论也显得不协调,亦即,保护了第三者法益的偶然防卫,不成立犯罪,但保护了自己法益的偶然防卫,则成立犯罪未遂。这多多少少将伦理的判断纳入了刑法领域。

5. 结果无价值论的无罪说

对上述各种学说的批判,大体上就意味着结果无价值论的无罪说具有合理性,下面简要归纳结果无价值论的无罪说的两种基本观点。

(1) 防卫意识必要说的观点

黎宏教授指出:"从我国刑法有关正当防卫的立法历史来看,除1950年的《中华人民共和国刑法大纲草案》中有关正当防卫的成立要件,使用了'因防卫……'这种纯粹强调客观事实的用语之外,之后历次的刑法草案以及现行刑法均是使用'为了……免受正在进行的不法侵害'这种主观色彩浓厚的用语。在这种现实背景之下,只要坚持罪刑法定原则,就应当说,成立刑法中的正当防卫,可以不考虑行为人主观上是不是具有防卫意识的观点,是勉为其难的。"②有鉴于此,黎宏教授采取了防卫意识必要说,据此,偶然防卫不成立正当防卫。但是,黎宏教授同时指出:"说偶然防卫不成立正当防卫并不意味着偶然防卫成立犯罪。在现行刑法规定之下,偶然防卫也不成立犯罪。从我国《刑法》第13条有关犯罪概念的规定来看,犯罪,是实质上具有值得刑罚处罚程度的社会危害性,形式上违

---

① 参见〔日〕前田雅英:《现代社会と实质的犯罪论》,东京大学出版会1992年版,第149页。

② 黎宏:《刑法总论问题思考》,中国人民大学出版社2007年版,第324—325页。

反刑法规定的行为。详言之,某行为是否成立犯罪,客观上,要求行为人的行为具有社会危害性,侵害或者威胁我国刑法分则各个具体犯罪所保护的法益;主观上,要求行为人对自己的行为所引起的侵害或者威胁法益的结果具有认识。上述两个方面是成立犯罪所缺一不可的要件,否则就不能成立犯罪。偶然防卫的场合,尽管行为人在主观犯罪目的(杀人意图)的支配下,实施了杀人行为,但由于从事后来看,该行为不但没有造成剥夺无辜者的生命的严重后果,反而引起了法律上所允许的挽救自己或者他人生命的正当防卫的效果,因此,该行为客观上没有产生侵害或者威胁法益的效果,即不具有社会危害性。既然如此,那么,从犯罪是客观危害和主观罪过的统一,二者缺一不可的角度来看,偶然防卫行为显然达不到成立犯罪的要求,难以构成刑法中所规定的具体犯罪。"①本书虽然赞成黎宏教授的无罪结论,但难以赞成其理由。

　　首先,如前所述,"为了"既是带有浓厚主观色彩的用语,也是表示客观原因的用语,因此,既然采取结果无价值论,就应当选择"为了"的后一含义,进而放弃防卫意识必要说。换言之,只要采取结果无价值论,就应当采取防卫意识不要说。采取防卫意识不要说,不会违反罪刑法定原则。

　　其次,既然采取结果无价值论,就不能承认主观的正当化要素,因而不能采取防卫意思必要说。否则,在此问题上的具体观点就与其基本立场相矛盾。②

　　再次,黎宏教授只是从实质上论述了偶然防卫不成立犯罪。但是,在

---

① 黎宏:《刑法总论问题思考》,中国人民大学出版社 2007 年版,第 344 页。
② 陈兴良教授指出:"刑法客观主义与我国当前正在弘扬的刑事法治理念是契合的。……我主张结果无价值论。"但在偶然防卫问题上,陈兴良教授却指出:"我主张防卫意思必要说,因为我国刑法对防卫意图有明文规定,不具有防卫意图的行为不符合刑法关于正当防卫的规定,当然不能认定为正当防卫。同时,我又认为不应全然否定偶然防卫的客观上的防卫性,而是认为在偶然防卫的情况下,存在杀人行为与防卫行为的竞合,对此应以杀人罪的未遂犯处理。"(陈兴良:《教义刑法学》,中国人民大学出版社 2010 年版,第 340 页、第 361 页)。问题是,所谓"杀人行为与防卫行为的竞合"是什么意思? 如果说是没有评价意义上的杀人行为与防卫行为的竞合,是没有意义的,因为防卫行为本来就表现为杀人行为;如果说是侵害法益的杀人行为与防卫行为的竞合(亦即违法行为与正当行为的竞合),就存在疑问了。事实上,认为偶然防卫是违法行为与正当行为的竞合,是仅仅根据行为人的犯罪故意(过失)得出了违法结论,没有贯彻结果无价值论的立场。

三阶层或者两阶层体系下,当行为符合了构成要件时,单纯从实质上论证该行为没有违法性,进而得出无罪的结论,不仅难以令人信服,而且容易损害刑法的安定性,也否认了构成要件是违法类型的原理。在我国的四要件体系下,当行为符合犯罪构成的四个要件时,单纯从实质上论证该行为缺乏社会危害性,进而得出无罪结论,也会造成判断的恣意性,损害刑法的安定性。概言之,不管采取何种犯罪论体系,在客观上造成了"损害"的场合,要么以行为不符合构成要件为由宣告无罪,要么以行为具备违法阻却事由或者责任阻却事由为由宣告无罪,而不宜直接以不具备犯罪本质为由宣告无罪。

最后,按照黎宏教授的观点,偶然防卫成为超法规的违法阻却事由。但是,超法规的违法阻却事由,能否得到认可,总是容易存在争议。于是,只要司法人员不承认超法规的违法阻却事由,就会将偶然防卫认定为犯罪。因此,当人们对一个无罪的行为是属于法定的违法阻却事由还是属于超法规的违法阻却事由存在争议时,应当尽可能将其归入法定的违法阻却事由。亦即,当一个无罪行为属于违法阻却事由时,应当优先考虑适用刑法关于违法阻却事由的规定。事实上,只要采取防卫意识不要说,偶然防卫就成为法定的违法阻却事由,从而避免认定的恣意性。

(2)防卫意识不要说的观点

本书采取结果无价值论,并且采取防卫意识不要说。

违法的本质是法益侵害,而不是规范违反,更不是伦理违反与社会相当性的缺乏。与之相应,一个行为之所以阻却违法性,要么是因为它保护了更为优越或者至少同等的法益(如正当防卫、紧急避险等),要么是因为被害人放弃了法益的保护(如被害人承诺)。偶然防卫与通常的正当防卫一样,只要没有超过必要限度,就意味着保护了更为优越或者至少同等的法益,因而阻却违法性。

行为是否侵害法益,是一种客观事实。因此,故意、过失是责任要素,而不是违法要素。与之相应,所谓的防卫意识,也不是影响违法性的要素。所以,成立正当防卫不以防卫人主观上具有防卫意识为前提(防卫意思不要说);不能因为偶然防卫人缺乏防卫意识,而认定其行为具有违法性。

由于防卫意识并不影响违法性,又由于正当防卫是违法阻却事由,所以,当偶然防卫符合了正当防卫的各种客观要件时,就意味着阻却了违法。在此前提下,又说偶然防卫成立未遂犯,有自相矛盾之嫌。偶然防卫人当初的杀人故意或者伤害故意,只是单纯的犯意而已。但是,单纯的犯意是不可能成立犯罪的。

在偶然防卫的场合,"客观上存在紧迫、不正的侵害事实,以及防卫行为与防卫效果,客观上处于正对不正的关系,因而存在法确证的客观的利益"①。按照从客观到主观认定犯罪的路径,应当排除犯罪的成立。"不管是从事前观察,还是从事后观察,偶然防卫都客观上阻却了作为未遂犯的不法内容的基础,应当无罪。"②

偶然防卫并不限于所谓故意的偶然防卫,而且还包括所谓的过失(或意外)的偶然防卫,后者又分为两种类型:其一,丙正在非法杀丁时,在附近擦猎枪的乙因为疏忽(或者意外),枪支走火打中了丙,保护了丁的生命。其二,甲因为疏忽(或者意外)误以为受到野兽的袭击而开枪,实际上袭击甲的不是野兽,而是人。根据结果无价值论的无罪说,甲、乙的行为属于正当防卫,不成立犯罪。

总之,偶然防卫成立正当防卫,只能以无罪论处。③ 正如行为无价值论者所言:"客观地考察不法的见解,对此问题的解决是首尾一贯的。"④ "不可罚说的理论,贯彻了违法性判断的事后性的原则,对未遂犯的处罚采取了客观的危险说,的确是前后一致的。只要采取事后判断,在客体不能的场合,客观上就不存在值得保护的客体,也不能肯定法益侵害的危险性。同样,在偶然防卫的场合,如果采取事后判断的标准,在任何意义上都不能肯定违法性。"⑤对偶然防卫的处理表明,主观的正当化要素是不必要的。

---

① 〔日〕内藤谦:《刑法讲义总论(中)》,有斐阁1986年版,第344页。
② 〔日〕林幹人:《刑法总论》,东京大学出版会2008年版,第197页。
③ 当然,偶然防卫人在防卫之前故意实施的犯罪预备行为,可能成立预备犯。
④ Claus Roxin, Strafrecht Allgemeiner Teil, Band I, 4. Aufl., C. H. Beck 2006, S. 640.
⑤ 〔日〕井田良:《犯罪论的现在和目的的行为论》,成文堂1995年版,第135页。

（三）正当防卫的对象

1. 对物防卫

行为无价值论是难以从理论上肯定对物防卫的；结果无价值论可以从理论上肯定对物防卫。① 在笔者看来，肯定对物防卫比否定对物防卫更合适，也正好说明结果无价值论更加限制了处罚范围。

部分行为无价值论者，因为将故意、过失纳入构成要件，所以否认物是违法主体，因而否认对物防卫。但是，法律不可能认为，在动物侵害人的生命、身体时，人只能忍受。所以，这些学者主张对动物的反击成立紧急避险。如福田平教授指出："法规范是指向人的行态的规范，违法判断的对象，只限于人的行态。所以，动物的举动与自然现象，应置于违法判断的范围之外。于是，动物与自然现象造成的法益侵害，不属于'不正的侵害'，因此对之不能成立正当防卫，只能认定为紧急避险。"②周光权教授也指出：正当防卫所针对的"不法侵害含有侵害者能够理解行为的'不法'性质的成分，即侵害者应当具有规范意识。从这个意义上讲，动物的侵害不属于作为正当防卫前提的不法侵害。……对动物自发实施的侵害行为进行反击导致其死伤的，可以解释为紧急避险，动物死伤的结果转移给动物饲养者或者管理者承担"③。

但是，首先，紧急避险的条件比正当防卫更严格。按理说，国民在面对人的侵害与面对动物的侵害时，对于后者的反击理当更容易成立违法阻却事由。然而，主张成立紧急避险的观点则形成了以下不均衡的局面：针对人的侵害行为可以实施条件较为缓和的正当防卫；而针对动物的侵害只能进行条件更为严格的紧急避险。这显然是难以被人接受的。其

---

① 在野生动物侵害法益时，理当可以进行反击，但不属于正当防卫，可能成立紧急避险；在饲主唆使其饲养的动物侵害他人的情况下，动物是饲主进行不法侵害的工具，打死打伤该动物的，属于以造成不法侵害人财产损失的方法进行正当防卫。基于同样的理由，如果由于饲主的过失行为导致动物侵害他人，打死打伤该动物的行为，也成立正当防卫。这里所讨论的问题是，有饲主的动物自发地侵害他人，饲主对此没有过失时，能否进行正当防卫？这便是所谓（狭义的）对物防卫问题。
② 〔日〕福田平：《全订刑法总论》，有斐阁2004年版，第153页。
③ 周光权：《刑法总论》，中国人民大学出版社2011年版，第142页。

次,在承认对物防卫成立紧急避险的同时,主张动物死伤的结果转移给动物饲养者或者管理者承担的观点,也可能存在疑问。因为紧急避险是正对正的冲突,即使紧急避险阻却刑法上的违法性,也要对因此产生的财产损失承担民事责任(如为了使自己的生命免受野兽的侵害,紧急避险行为损害了他人财产的,要对所损害的财产承担民事责任),而不应由动物饲养者或者管理者承担损失。反过来说,如果认为动物饲养者或者管理者承担损失后果,那么,对物防卫行为就不成立紧急避险。

正因为如此,一些原本否认对物防卫、持紧急避险说的行为无价值论者,也不得不改变观点,承认对物防卫是正当防卫。如大塚仁教授以前否定对物防卫(采取紧急避险说),后来指出:"我以前是支持否定说的,但考虑到如果仅认定为紧急避险,其要件更为严格,有不利于充分保护被侵害者之嫌,加上对'不正'侵害的含义的认识的改变,现在赞成肯定说。"①不过,行为无价值论者肯定对物防卫又是自相矛盾的。例如,大塚仁教授指出:"'不正'是指违法。……但是,侵害只要在客观上是违法的就够了,而不问侵害行为者是否有责任。对精神病者与幼儿的行为,也可能进行正当防卫。此外,不正虽然是与客观的违法性观念相联系,但并非是作为既遂的作为犯罪成立要件之一的、应当就构成要件该当行为论及的违法性,而只是意味着应当从侵害被侵害者的法益,是否允许对之进行正当防卫的视角来探讨的一般法观点中的违法性。因此,它并不限于由人的行为引起的侵害,对动物的侵害等也可以考虑正当防卫。"②可是,这种观点不能回答如下问题:为什么一般法上应当采取物的违法论,而刑法上必须采取人的不法论?换言之,为什么一般法的违法主体可以是物,而刑法的违法主体只能是人?再如,川端博教授指出:"在对物防卫中,遭受来自动物的侵害的危险的人,没有实施任何不正当的行为,处于受法秩序保护的地位,在此意义上说是'正'。认为这一'正'受侵害得到法秩序的认同,是与法秩序自相矛盾的。亦即,将为了保全'正'而对动物实施的行

---

① 〔日〕大塚仁:《刑法概说(总论)》,有斐阁2008年版,第384页。
② 同上书,第383页。

为认定为违法,是违反正义的。在将针对人的违法行为视为正当防卫的同时,将针对动物的侵害不视为正当防卫,也应当说是不当的。"①然而,川端博教授的观点与其采取的人的违法论相冲突,与其将主观要素纳入构成要件的观点相抵触,实际上是以更为宏观的法哲学原理推翻了其坚持的行为无价值论。

正因为如此,有的行为无价值论者认为对物防卫属于民法规定的防卫的紧急避险,所以在刑法上阻却违法。如井田良教授指出:"就所谓对物防卫而言,正当防卫说与紧急避险说显然都是不妥当的。在此应注意的是,在物成为危险源引起危难的场合,就损坏该物的行为,《民法》第720条第2项否定了损害赔偿责任,而且不以法益的均衡和补充性为要件。其基础是如下观点,亦即,在作为危险源的物产生了危险的事态时,遭遇这种无缘无故的危险的人,应当可以通过损坏此物而逃避危难;另一方面,在自己的物产生了危险的事态的场合,也可以使物的所有者负担物有时遭受到损坏的损失。这样的观点应当具有说服力。而且,将民法上合法而否定民事责任的行为,刑法以刑罚予以禁止是矛盾的,所以,适用《民法》第720条的事例,在刑法上也必须将该行为作为合法行为。这是与《刑法》第37条的情形相区别的特殊的紧急避险,可以效仿德国的学说称之为防卫(防御)的紧急避险。这不是正当防卫,但只要是对物的损坏,就不以法益的均衡和补充性为要件。"②这种处理方式存在疑问。其一,本来,既然最终承认对物防卫是刑法上的违法阻却事由,就应当直接在刑法上寻找根据。但是,这种观点采取了奇怪的逻辑:刑法不承认对物防卫是违法阻却事由,但民法承认,所以将民法承认的违法阻却事由适用于刑法。③ 其二,为了保护自己的财产利益时,是否需要以法益的均衡和补充性为要件?对此是不可一概而论的。在面临动物的伤害时,不应当以补充性为要件,即使可以逃避,也可以实施防卫。但是,完全不考虑法益的均衡,也是不妥当的。例如,他人饲养价值特别重大的动物侵害自己

---

① 〔日〕川端博:《刑法总论讲义》,成文堂2006年版,第344—345页。
② 〔日〕井田良:《刑法总论的理论构造》,成文堂2005年版,第168—169页。
③ 参见〔日〕佐伯仁志:《正当防卫论(1)》,载《法学教室》第291号(2004年),第82页。

饲养价值微小的动物时,对他人动物的反击程度,恐怕是需要进行法益衡量的。

结果无价值论者一般承认对物防卫是正当防卫或者准正当防卫。这不仅与其客观的违法论相协调,而且避免了将对物防卫认定为紧急避险造成的法秩序冲突。诚然,依照我国刑法的规定,正当防卫只能针对"不法侵害人"。但是,根据客观违法性论的立场,在动物自发侵害他人时,即使管理者(如饲主等)没有过失,也是管理者的客观疏忽行为所致,仍应认为管理者存在客观的侵害行为(不作为),打死打伤该动物的行为,属于对管理者的正当防卫。

2. 对无故意、过失的侵害行为的防卫

笔者发现,不管是采取社会的相当性说的学者,还是采取法规范违反说的学者,一般都没有明确说明不具有故意、过失但客观上侵害法益的人的行动(或举止)能否成为正当防卫的对象。例如,福田平教授在讨论正当防卫的对象时指出,正当防卫所针对的是紧急不正的侵害。"'不正'就是违法。无责任能力者的侵害也是不正的侵害。"[①]福田平教授似乎回避了对没有故意、过失的法益侵害行为能否进行正当防卫的问题。大谷实教授指出:"'不正'是指违反法秩序,即与违法的意义相同;'不正的侵害'是指违法的侵害;违法是指客观的违法性违反整体的法秩序,不一定要求具备可罚的违法性。而且,也不以有责为必要,无责任能力者的侵害行为也能成为正当防卫的对象。不能成为违法性判断的对象,只是单纯对法秩序而言并非好事的动物的举动与自然现象,以及不能称为人的行为的睡眠中的举动所造成的侵害,是否应是'不正'的侵害,虽然不仅得到法益衡量说论者的肯定,而且也得到了社会伦理说论者的肯定,但从法的确证或法的自己保全的利益的见地来看,既然不存在违法行为就没有必要确证,据此,对'不正'应解释为意味着违法行为。"[②]一些行为无价值论者之所以回避这一问题,是因为难以甚至不可能作出与其基本理论相

---

① 〔日〕福田平:《全订刑法总论》,有斐阁2004年版,第153页。
② 〔日〕大谷实:《刑法讲义总论》,成文堂2009年第3版,第283页。

协调的回答。换言之,行为无价值者认为故意、过失是违法要素,如果没有故意、过失,行为就没有违法性。但另一方面,如果认为对侵害行为的防卫以侵害者具有故意、过失为前提,又明显不合适。因此,一些行为无价值论者只好回避这一问题。

周光权教授指出:正当防卫中的"不法侵害是广义的违法行为,这里的违法与作为犯罪成立条件之一的违法并不绝对相同,具有侵害不法性的违法是依据统一的国家法律来进行认定的,不限于刑事违法,而是一种与不法侵害人的意思相脱离的客观的违法"。"对于未达到刑事责任年龄的未成年人或无刑事责任能力的精神病人或陷入认识错误的人,甚至主观上既无故意又无过失的行为所实施的现实侵害,都可以进行正当防卫。""司机完全依据操作规程进行了必要的观察后倒车,但有一个6岁的小孩飞奔而来,出现在车后。对此意外事件,他人仍然可以对此进行正当防卫。"①但是,将故意、过失作为违法要素的行为无价值论者采取这一观点,有自相矛盾之嫌。不可否认,违法具有相对性,刑法上的违法不等于《治安管理处罚法》上的违法。但是,其一,既然认为刑法上的违法以具有故意、过失为前提,就没有理由认为《治安管理处罚法》上的违法不以故意、过失为前提。其二,认为意外事件致人死亡的行为具有《治安管理处罚法》上的违法,而不具有刑法上的违法,也是不合适的。其三,认为正当防卫所针对的违法与法律所禁止的违法不同,也存在疑问。诚然,正当防卫不等于对违法行为的制裁,但是,只有被法律所禁止的违法行为,才能成为一般人可能防卫的违法。法律允许的合法行为,任何人都是不可能防卫的。概言之,既然主张故意、过失是违法要素,就不应当承认意外事件可以成为防卫的对象。反之,既然认为正当防卫针对的对象是客观的违法,就应当认为客观的违法就是刑法和其他法律所禁止的违法行为,因而不能将故意、过失作为违法要素。

井田良教授主张故意、过失是违法要素。为了维持理论的一贯性,他指出:"在人的无过失行为或者不能称为行为的动作、不动作产生危险时,

---

① 周光权:《刑法总论》,中国人民大学出版社2011年版,第142页、第143页。

应当认为,对此人的反击只能以通常的紧急避险予以正当化。"① 据此,一方面,当侵害者没有故意、过失时,受侵害者具有退避义务。如果在可以退避的条件下对侵害者进行反击,就是违法的。另一方面,如果受侵害者在不得已的情形下对侵害者进行反击,即使在刑法上阻却违法,但由于紧急避险是正对正的冲突,受侵害者也要承担民事赔偿责任。但是,这两个结论,都是存在疑问的。即使受侵害者面临的是没有故意、过失的客观侵害,受侵害者也没有退避义务。受侵害者对侵害者的反击,只要没有超过必要限度,就不应当承担民事赔偿义务。

根据结果无价值论的观点,故意、过失只是责任要素,而不是违法要素,所以,即使是没有故意、过失的法益侵害行为,也是不法侵害,受侵害者或者第三者当然可以进行正当防卫。至于是否存在防卫的必要以及如何确定防卫的限度,则是另外的问题。

(四)被害人承诺

1. 被害人承诺概述

被害人的承诺,符合一定条件,便可以排除损害被害人法益的行为的违法性。经被害人承诺的行为符合下列条件时,才阻却行为的违法性(或者阻却客观构成要件符合性):(1)承诺者对被侵害的法益具有处分权限。对于国家、公共利益与他人利益,不存在被害人承诺的问题,故只有被害人承诺侵害自己的法益时,才有可能阻却违法性。但即使是承诺侵害自己的法益时,也有一定限度。如经被害人承诺而杀害他人的行为,仍然成立故意杀人罪。(2)承诺者必须对所承诺的事项的意义、范围具有理解能力。(3)承诺必须出于被害人的真实意志,戏言性的承诺、基于强制或者威压作出的承诺,不阻却违法性。值得讨论的是基于错误的承诺的效力。(4)必须存在现实的承诺。(5)承诺至迟必须存在于结果发生时,被害人在结果发生前变更承诺的,则原来的承诺无效。事后承诺不影响行为成立犯罪,否则国家的追诉权就会受被害人意志的任意左右。

---

① 〔日〕井田良:《刑法总论の理论构造》,成文堂2005年版,第168—169页。

（6）经承诺所实施的行为不得超出承诺的范围。例如，甲同意乙砍掉自己的一个小手指，而乙砍掉了甲的两个手指。这种行为仍然成立故意伤害罪。

2. 意思表示说与意思方向说

就前述第（4）个条件而言，行为无价值论与结果无价值论之间存在意思表示说与意思方向说之争。意思表示说认为，只有当承诺的意思以语言、举动等方式向行为人表示出来时，才是有效的承诺。与此相适应，只有当行为人认识到了被害人业已表示出来的承诺时，其行为才阻却违法性（认识必要说）。意思方向说认为，只要被害人具有现实的承诺，即使没有表示于外部，也是有效的承诺。与之相适应，即使行为人没有认识到被害人现实的承诺，也阻却违法性（认识不要说）。

例如，甲的叔父乙从瑞士回到国内后，甲前往乙家看望乙。乙短暂出门时，甲发现乙的书桌上放着一块瑞士手表，便将手表放入自己的口袋，提前回家。其实，乙原本打算将该手表送给甲，但甲对此并不知情。按照行为无价值论的观点，甲的行为成立盗窃罪（至少成立盗窃未遂）；按照彻底的结果无价值论的观点，甲的行为不成立犯罪。①

行为无价值论的观点存在疑问。因为被害人承诺本身是自我决定权的表现，或者说是其放弃法益保护的意思决定，既然如此，这种决定只要存在于被害人的内心即可，而不要求表示出来。因为只要被害人作出了这种意思决定，即使没有表示出来，也不能否认其意思决定。在上例中，既然乙在内心里作出了将手表赠与甲的意思决定，就不能认为甲的行为侵害了乙的法益。行为无价值论采取意思表示说，主张甲的行为成立盗窃罪，实际上是因为甲的行为违反了社会伦理，或者充其量违反了一般生活规则。但是，将这种违反社会伦理或者一般生活规则的行为认定为犯罪，明显不符合刑法保护法益的目的。正因为如此，部分行为无价值论者也采取了意思方向说。如大谷实教授指出："既然存在被害人的同意，就

---

① 也有结果无价值论者认为，甲的行为具有法益侵害的危险性，因而成立盗窃未遂（参见〔日〕西田典之：《刑法总论》，弘文堂2011年版，第192页）。

阻却违法性,因此,应当认为不要求同意的意思表示于外部。"① 与之相适应,在被害人具有现实承诺的前提下,即使行为人没有认识到被害人的承诺,其行为也没有侵害被害人的法益,因而应当采取认识不要说。②

3. 对伤害的承诺

日本刑法明文规定了得承诺的杀人罪,其法定刑明显轻于故意杀人罪,但是没有明文规定得承诺的故意伤害罪。于是,对于得承诺的伤害应当如何处理,在刑法理论上存在激烈争论。《德国刑法》第 228 条规定:"经过受伤者的同意而实施的身体侵害行为,只有在即使该行为得到同意也违反善良风俗时,才是违法的。"从字面含义来看,如果伤害行为得到了被害人同意,但仍然违反善良风俗时,也应当以故意伤害罪论处。可是,这种将伤害承诺的有效性与善良风俗相联系的规定,难免带来争议。德国、日本在得承诺的伤害问题上,几乎存在相同的争论观点。

第一种观点主张,以是否违反公序良俗为标准判断行为是否构成故意伤害罪。日本的行为无价值论者认为,在被害人承诺的伤害案中,如果行为违反了公序良俗,就不问伤害的轻重,以故意伤害罪论处;如果不违反公序良俗,即使造成了重大伤害,也不认定为故意伤害罪。③ 德国的行为无价值论者按字面含义理解《德国刑法》第 228 条的规定,认为行为是否违背善良风俗,应从行为是否违反法秩序特别是根据行为人的动机进行判断。④ 这种观点实际上将善良风俗作为故意伤害罪的保护法益,使故意伤害罪成为对社会法益的犯罪,明显不符合刑法将故意伤害罪规定为对个人法益的犯罪的立法事实。德国与此相近的一种观点认为,身体并不是单纯的个人法益,就所有人的生命与身体健康都必须得到保护而

---

① 〔日〕大谷实:《刑法讲义总论》,成文堂 2009 年第 3 版,第 263 页。
② 如前所述,大谷实教授对正当防卫采取了防卫意思必要说,主张偶然防卫成立犯罪既遂。但是,大谷实教授在被害人承诺问题上却采取了认识不要说。大谷实教授指出:"既然被害人同意行为人的行为和法益侵害的结果,被害人就不存在应当保护的利益,因此,不要求行为人认识到被害人同意的存在。"(〔日〕大谷实:《刑法讲义总论》,成文堂 2009 年第 3 版,第 264 页)在本书看来,大谷实教授对正当防卫与被害人承诺的主观的正当化要素的解决方法是存在矛盾的。换言之,既然对被害人承诺采取认识不要说,对于正当防卫也应当采取防卫意思不要说。
③ 参见〔日〕大塚仁:《刑法概说(总论)》,有斐阁 2008 年版,第 419 页。
④ 参见〔德〕Albin Eser:《违法性と正当化》,西原春夫监译,成文堂 1993 年版,第 140 页。

言,存在公共利益。这里的公共利益,是指社会自我维持的利益。因此,如果得到承诺的伤害行为,使被害人长时间不能参与社会生活,社会对被害人的期待不能得以实现时,这种伤害行为就不能正当化。① 根据这种观点,在被害人承诺时,只有造成身体长时间重伤的,才不阻却违法性。这一终局性的结论或许是可取的,但是,其理由明显不当。其一,将身体法益当作社会法益,是纳粹观点的残余。其二,根据这种观点,如果被害人本来是卧床不起的人,经过其同意的伤害就是合法的;而被害人是生理机能正常的人,经过其同意的伤害就是违法的。可是,前者更需要刑法的保护。其三,既然身体是社会法益,个人的承诺就应当完全无效。所以,上述观点也有自相矛盾之嫌。

第二种观点认为,得承诺的伤害一概不成立犯罪。日本的前田雅英教授认为,既然刑法只规定了得承诺的杀人罪,而没有规定基于承诺的伤害罪,就表明基于被害者承诺的伤害一概不成立犯罪。② 但是,这种观点没有考虑身体与生命的关联性。法谚云:"伤害身体接近杀人"(Mahemium est homicidium inchoatum)。生命以身体为前提,对身体的伤害越严重,对生命的威胁就越紧迫。因此,至少可以肯定,对身体的严重伤害接近于杀人。既然如此,就不能将承诺杀人与承诺伤害作出两种截然不同的处理。德国也有学者认为,得承诺的伤害一概不可罚,进而主张删除《德国刑法》第228条。例如,持此观点的斯密特(R. Schmitt)教授指出了如下几点理由:第一,生命、身体是被害人自己的法益,被害人对生命、身体伤害的承诺应当毫无例外地排除可罚性;第二,《德国刑法》第228条是纳粹时代基于其人口政策而制定的,现在不应当继续保留这样的条文;第三,身体是个人专属法益,第228条将其与善良风俗相联系,明显不当;第四,第228条的规定不明确,违反宪法的要求,因而无效。③ 但是,这些理由难以成立。其一,根据这种观点,得到承诺的杀人也不成立杀人罪,这

---

① Tomas Weigend, über die Begründung der Straflosigkeit bei Einwillung des Betroffenen, ZStW 98, S. 63ff.
② 参见〔日〕前田雅英:《刑法总论讲义》,东京大学出版会2011年版,第348页。
③ R. Schmitt, Strafrechtlicher Schutz des Opfers vor sich sebst? in: Festschrift für Reinhart Maurach zum 70, C. F. Müller 1972, S. 118ff.

难以被人接受,也不符合刑法的规定。第二,《德国刑法》第228条的规定,并非产生于纳粹时代,而是在此之前便存在。第三,第228条的规定是否妥当、是否明确,是需要通过解释处理的,单纯从立法论上予以否定,不一定能得到解释者的赞成。

第三种观点认为,得承诺的轻伤害不成立故意伤害罪,但得承诺的重伤害成立故意伤害罪。如日本学者平野龙一教授指出,只能以伤害的重大性为标准判断得承诺的伤害是否阻却违法;如果认为"重大"的标准不明确,就以是否具有"死亡的危险"为标准作出判断。① 西田典之教授与山口厚教授也认为,考虑到对侵害生命的承诺无效,只能认为对生命有危险的重大伤害的承诺是无效的。② 德国有不少学者认为,身体虽然是个人的法益,但对身体伤害的承诺会受到一定限制。例如,罗克信教授认为,对生命有危险的伤害的承诺,以及虽然对生命没有危险但不能恢复的重大伤害的承诺,是无效的。一方面,对生命的承诺是无效的,所以,对生命有危险的伤害的承诺也是无效的。另一方面,刑法要保护法益主体人格发展的可能性,不能恢复的重大伤害妨碍了法益主体的人格发展,对于这种承诺应当予以限制。③

从上面的介绍可以看出,不管刑法是否规定了得承诺的伤害,第一种观点(行为无价值论的观点)明显不当;第二种观点虽然是结果无价值论的观点,但也存在明显的缺陷;第三种观点虽然是折中的观点,但并不是行为无价值论与结果无价值论的折中,实际上是结果无价值论的观点。第三种观点避免了极端的做法,得出了平衡的结论,因而比较可取。④

我国刑法既没有规定得承诺的杀人罪,也没有规定得承诺的伤害罪。但是,刑法理论与司法实践几乎没有争议地认为,对生命的承诺是无效的,得到承诺的杀人也成立故意杀人罪。借鉴德国、日本的上述第三种观

---

① 参见〔日〕平野龙一:《刑法总论 II》,有斐阁1975年版,第249页。
② 参见〔日〕西田典之:《刑法总论》,弘文堂2010年版,第189页;〔日〕山口厚:《刑法总论》,有斐阁2007年版,第163页。
③ Claus Roxin, Strafrecht Allgemeiner Teil, Band I, 4. Aufl., C. H. Beck, 2006, S. 558ff.
④ 美国《模范刑法典》第211.1条(1)事实上也承认了轻伤害时承诺对成立犯罪的影响,但没有规定承诺影响重伤害的成立。

点,本书得出如下结论:

第一,对基于被害者承诺造成轻伤的,不应认定为故意伤害罪。换言之,被害人对轻伤害的承诺是有效的。这是因为,法益处分的自由是法益的组成部分,而不是法益之外的权益。① 所以,对身体的自己决定权,也可谓身体法益的组成部分。将客观上的轻伤害与自己决定权行使之间进行比较衡量,应当认为自己决定权的行使与轻伤害大体均衡。亦即,得到承诺造成的轻伤害,总体上没有侵害被害人的法益,不应认定为犯罪。顺便指出的是,现实生活中经常发生两人相互斗殴致人轻伤的案件,司法实践一般认定为故意伤害罪。但本书认为,在两人相互斗殴时,虽然双方都具有攻击对方的意图,但既然与对方斗殴,就意味着双方都承诺了轻伤害结果。② 所以,当一方造成另一方的轻伤害时,因被害人承诺而阻却行为的违法性,不应以故意伤害罪论处。

第二,对重伤的承诺原则上是无效的。理由如下:(1)从与得承诺杀人的关联来考虑,经被害者承诺的杀人没有例外地构成故意杀人罪;重伤一般具有生命危险③,对于造成重伤的同意伤害认定为故意伤害罪比较合适。特别是与得到承诺的故意杀人未遂也成立故意杀人罪相比,否认对重伤承诺的有效性,是协调一致的。(2)自己决定权虽然应当受到尊重,但是,当自己决定权的行使会给法益主体造成重大的不利时,如果其承诺伤害的行为并没有保护更为优越的利益,那么,法益主体所作出的放弃保护的判断,就不具有合理性。在这种场合,法律不应当承认其承诺的有效性。④ (3)刑法的两个条文为重伤害的承诺无效提供了根据:其一,我国《刑法》第234条之一第1款所规定的组织出卖人体器官罪,显然将被害人的身体健康作为保护法益。组织出卖人体器官罪的成立,并不以违反出卖者的意志为前提。换言之,即使被害人同意出卖其器官,刑法也认为组织者的行为侵害了被害人的身体健康。而摘除人体器官的行为,

---

① 参见〔日〕山口厚:《刑法总论》,有斐阁2007年版,第159页。
② Claus Roxin, Strafrecht Allgemeiner Teil, Band I, 4. Aufl., C. H. Beck, 2006, S. 570.
③ 人们认为某些重伤没有生命危险,是考虑到了事后治疗的及时性与有效性。
④ 参见〔日〕山中敬一:《刑法总论》,成文堂2008年版,第205页。

一般会给被害人造成重伤。这说明,被害人对重伤的承诺是无效的。其二,聚众斗殴的行为人可能存在对伤害的承诺,而我国《刑法》第292条规定,聚众斗殴造成重伤的,以故意伤害罪论处,这也表明对重伤的承诺是无效的。概言之,刑法对自己决定权的尊重存在限定。

一方面,要考虑自我决定权的行使是否影响法益主体自身的生存(自由发展与自我实现)。诚然,"法益保护以免于来自他人的侵害为目的,而不是对来自自我侵害的保护"①。但是,国家是个人法益的保护者,要保护个人免受他人的不当侵害,在必要的场合,尤其是自己决定权的行使影响了法益主体的生存时,就不能尊重这种自我决定权。两个方面的不同规定,能够说明这一点:一是刑法将性行为的承诺能力规定为已满14周岁,而《人体器官移植条例》与我国《刑法》第234条之一第2款却将捐献器官的承诺年龄规定为18周岁;二是其他承诺并不需要书面形式,但《人体器官移植条例》第8条第1款后段规定:"公民捐献其人体器官应当有书面形式的捐献意愿,对已经表示捐献其人体器官的意愿,有权予以撤销。"这是因为对重伤的自己决定权的行使明显影响法益主体的生存。这充分说明,法益越轻微,自我决定权的行使就越没有限制;反之,法益越重大,自我决定权的行使就越受到限制。这种有限的家长主义与对自己决定权的尊重并不矛盾。因为当自己决定权的行使会给法益主体自身造成重大侵害结果时,对这种自己决定权进行适当限制,实际上是自己决定权的内在要求。②

另一方面,要考虑自我决定权的行使是否存在自主缺陷。"只要应当通过刑法来促进法益保护,那么,只是在当事人有自主缺陷(Autonomiedefiziten)的情况下(未成年人,精神错乱者或者对于特定的危险下不能作出正确的判断的人),国家温情主义(Paternalismus)才能合法化。"③一般来说,在成年人自愿捐献器官时,完全没有自主缺陷。但是,是否具

---

① 〔德〕克劳斯·罗克信:《刑法的任务不是法益保护吗?》,樊文译,载陈兴良主编:《刑事法评论》第19卷,北京大学出版社2007年版,第154页。
② 参见〔日〕井田良:《讲义刑法学·总论》,有斐阁2008年版,第322页。
③ 〔德〕克劳斯·罗克信:《刑法的任务不是法益保护吗?》,樊文译,载陈兴良主编:《刑事法评论》第19卷,北京大学出版社2007年版,第154页。

有自主缺陷,需要具体的判断。联系《人体器官移植条例》关于器官移植的严格规定就可以看出,在出卖器官的问题上,对出卖者是否存在自主缺陷,需要放宽判断标准,而不能过于严格。其中,对承诺主体基于何种原因作出承诺,是需要考虑的重要因素。在受强迫捐献或者出卖器官时,被害人的意志受到了他人的压制,因而不是自主决定;出卖器官的人,都是在处于困境乃至走投无路的情况下被迫出卖自己的器官,其意志受到了环境的压制,表面上是自主决定,实际上存在自主缺陷。换言之,出卖自己器官的人,实际上是在特定困境中不能作出正确判断的人。所以,出卖器官的承诺,不能得到刑法的承认。

黎宏教授指出:"即使借鉴国外的刑法规定,也难以推论出对危及生命安全的伤害行为,要作为故意伤害罪处罚的结论来。根据罪刑法定原则,刑法所不禁止的就应当允许,国外刑法中,承诺杀人的场合之所以要构成犯罪,是因为刑法有明文规定,而且构成和故意杀人罪不同的'承诺杀人罪'。但是,对社会危害性相对较小的承诺伤害行为,刑法并没有明文规定要对其予以处罚……如果说承诺伤害罪也构成犯罪的话,应当是构成'承诺伤害罪'才对,而不应当是故意伤害罪,但是,国外刑法中一般没有规定这样的罪名。因此,认为危及生命安全的重大伤害行为,即使是得到被害人承诺而实施的,也构成伤害罪的见解是不妥的。"①但在本书看来,这一批判存在疑问。首先,按照这一观点,在我国得到承诺的杀人也不应当认定为犯罪,因为刑法并没有规定承诺杀人罪,因而没有明文禁止得到承诺的杀人。但事实上并非如此。什么承诺有效、什么承诺无效,并不是仅取决于有无刑法的明文规定,而是需要通过体系性地解释刑法得出合理结论。认为被害人对重伤害的承诺无效,正是对刑法条文进行体系性解释得出的结论。其次,是否规定得承诺伤害罪不是问题的关键。例如,德国刑法虽然规定了承诺杀人罪,也规定了承诺伤害的有效性要件,但并没有对承诺伤害规定较轻的法定刑。这是因为伤害罪的法定刑低于杀人罪,即使将得承诺的重伤害以故意伤害罪论处,法官也完全可能

---

① 黎宏:《被害人承诺问题研究》,载《法学研究》2007年第1期,第94页。

在法定刑内选择较轻的刑罚,做到罪刑相适应。在我国也同样如此。

第三,对重伤的承诺虽然原则上是无效的,但是,在被害人为了保护另一重大法益而承诺伤害的情形下(如采取合法途径将器官移植给患者),应当尊重法益主体的自己决定权,肯定其承诺的有效性。换言之,如果认为被害人对重大的或者严重的身体伤害的承诺无效,那么,在器官移植的场合,就必须承认这一结论具有相对性的例外。[①] 我国《人体器官移植条例》第7条第2款前段规定:"公民享有捐献或者不捐献其人体器官的权利。"显然,公民自愿捐献器官移植于他人时,摘取其器官用于移植的医生的行为并不成立故意伤害罪。这是因为,在这种场合存在另一更为优越的法益(生命),法益衡量使得医生的行为阻却违法性。换言之,在承诺捐献器官时,是身体伤害与另一重大法益生命+自己决定权之间的法益衡量,此时,后者更值得保护。但应注意的是,《人体器官移植条例》所规定的捐献器官的权利,并不等于承诺伤害的权利。换言之,法律只是认同捐献器官时的承诺,而没有认可一般伤害时的承诺。我国《刑法》第234条之一第2款的规定,也说明了这一点。

如果认为组织出卖人体器官罪的法益是他人的身体健康,而被害人对重伤的承诺原则上是无效的,那么,即使有被害人的承诺,对于组织他人出卖人体器官的行为,也能直接认定为故意伤害罪。在此意义上说,倘若没有增设《刑法》第234条之一第1款的规定,对于组织他人出卖人体器官的行为,也能认定为故意伤害罪。那么,刑法为什么一方面增加组织出卖人体器官罪,另一方面又认为本罪的法益与故意伤害罪相同,但又没有规定与故意伤害罪相同的法定刑?这是因为,对法益的处分权也属于法益的内容,既然被害人承诺处分其法益,就表明法益侵害减少,因而违法性减少。所以,组织出卖人体器官罪的法定刑总体上轻于故意伤害(重伤)罪的法定刑。

(五)小结

从逻辑上说,结果无价值论仅将结果无价值作为违法性的根据,而二

[①] Claus Roxin, Strafrecht Allgemeiner Teil, Band I, 4. Aufl., C. H. Beck,2006,S.559.

元论对违法性的判断,同时要求结果无价值与行为无价值,故二元论有利于控制处罚范围。然而,二元论者从限制违法性的范围出发,却导致了限制违法阻却事由的成立、扩大违法性范围的局面。之所以如此,"是因为行为无价值论并不认为只要没有结果无价值就阻却违法,而是认为缺乏行为无价值也是违法阻却的要件。在此意义上说,行为无价值论所确立的违法阻却要件更为严格(例如,在正当防卫中,要求具有防卫意思这一主观要件),结局是,其处罚范围基本上都很宽泛"①。二元论者要求行为人在客观上保护了法益的情况下,还必须认识到自己做了善事,否则其行为被评价为恶的行为。换言之,即使行为人客观上保护了法益,但只要其内心邪恶,就构成犯罪。从方法论上来说,这是将犯罪成立条件,套用在正当行为上,因而不可取;从实质上说,已经趋向于行为无价值论所反对的主观主义立场了。

---

① 〔日〕山口厚:《违法性の概念》,载〔日〕西田典之、山口厚编:《刑法の争点》,有斐阁2000年版,第35页。

第五章 责 任 论

行为无价值论与结果无价值论是针对违法性产生的争论。但是,如果对违法性的理解不同,也会影响对责任的理解,因此,行为无价值论与结果无价值论在责任论领域也存在一定的分歧。

一、责任的地位

如何理解作为犯罪论体系的支柱的违法与责任的关系,是一个重要问题。

井田良教授指出:"与不法不同,责任并不为处罚提供根据,只是单纯地限制处罚,其自身并不具有独立的分量;具有分量的,仅仅是违法性的程度。当在违法性阶段存在 10 个不法的基础时,在责任阶段的问题是,对其中的哪个不法可以进行主观的归责(例如,可能得出归责被限定为二分之一或者三分之一的结论)。"① "违法性的判断,是在确定处罚的对象(明确为什么处罚某行为)。与此相对,责任是指就该违法行为对行为人的意思决定(因此,动机的制御)的非难可能性。在此意义上说,责任判断并不是与不法相分离而独立存在的。这可以称为'责任的不法关联性'。与不法不同,责任不是为处罚提供根据的要素,只是单纯限定处罚的要素。违法判断,只能是确定处罚对象的判断(因此而明确为什么处罚

---

① 〔日〕井田良:《讲义刑法学·总论》,有斐阁 2008 年版,第 156 页。

某行为)。打个比喻,违法是犯罪论的发动机部分。责任,因为只是单纯限定处罚的要素,所以它只是刹车。打算购买车的人,会注重发动机的性能,没有人将刹车的功能状况作为选择的基准。犯罪论也完全如此。"①由于仅凭违法性确定处罚对象,所以,故意、过失必须成为违法要素。处罚根据完全由违法性决定,而不是由违法性与有责性共同决定。但是,行为无价值论的这种观点值得商榷。

首先,为犯罪提供根据的要素与限制犯罪成立的要素并不是对立的。凡是为刑罚提供根据的要素,都是限制刑罚的要素;反之亦然。② 如同构成要件既为违法性提供根据,也限制了处罚范围一样,责任并不只是限制犯罪的成立,同样为犯罪的成立提供非难可能性的根据。违法是客观归责问题,责任是主观归责问题。二者相当于哲学上的因果责任与道德责任。一只猫打碎了主人的花瓶时,虽然具有因果责任,但缺乏道德责任;一位客人故意打碎了主人的花瓶时,则既有因果责任,也有道德责任。③哲学上之所以将责任分为因果责任与道德责任,就是因为两种责任的根据不同。行为造成了结果,是因果责任的根据。对造成结果的心态、合法行为的期待可能性等,则是道德责任的根据。

其次,如果认为违法性是发动机,进而将故意、过失、目的等主观要素归入违法要素,那么,责任论就成为责任阻却事由论。正如行为无价值论者所言:"具有了违法性,肯定不能'表明'具有了罪责。尽管如此,通常情况下承担罪责并不需要特殊理由,因为,只要没有例外情况,个人为自己的行为负责是不言而喻的。""因此,很容易理解,在罪责这一阶层上为什么考虑的不是积极的前提,而是排除或者免除罪责的消极条件。"④但是,将责任判断归结为消极判断,容易违反责任主义,不仅与行为无价值

---

① 〔日〕井田良:《刑法总论の理论构造》,成文堂2005年版,第1—2页。
② Arthur Kaufmann, Das Schuldprinzip, 2. Aufl., Carl Winter Universitätsverlag 1976, S. 268.
③ "'道德责任'的概念并不特别需要与道德上的对错联系起来,而是与我们相互间具有的某些类型的反应性态度联系起来——与这个概念相对的是'因果责任'的概念。"(徐向东:《人类自由问题》,载徐向东编:《自由意志与道德责任》,江苏人民出版社2006年版,第11页)。
④ 〔德〕冈特·施特拉腾韦特、洛塔尔·库伦:《刑法总论Ⅰ——犯罪论》,杨萌译,法律出版社2006年版,第85页。

论者所采取的犯罪论体系不协调,而且导致认定犯罪的整体性。

再次,否认责任有轻重之分并不妥当,因此行为无价值论者事实上也承认责任有轻重之分。例如,井田良教授认为,中止犯之所以减免处罚,就是因为违法性与责任减少。① 既然如此,就不能认为责任没有分量。可是,如果将故意、过失、目的等主观要素纳入违法性之后,责任就基本上没有轻重之分了。因为在通常情况下,不同行为人的责任能力、违法性认识的可能性与期待可能性基本上没有区别。即使存在些许区别,司法机关也很难作出判断。剩下的,恐怕只有犯罪的动机成为左右责任轻重的基本要素。

最后,联系我国的刑事立法,将故意、过失作为违法要素会遇到更多的问题。例如,责任能力是辨认能力与控制能力,这两种能力与故意的认识因素、意志因素相对应,没有辨认能力的人,不可能具备故意的认识因素;没有控制能力的人,也不会具备故意的意志因素。然而,行为无价值论将故意、过失作为违法要素,却仍然将责任能力留在有责性中,这也是不协调的。正因为如此,部分行为无价值论者不得不将辨认控制能力纳入行为能力概念,并将行为能力作为违法要素,而将责任能力作其他理解。② 但这种理解至少是与我国刑法关于责任能力的规定不相容的。

根据结果无价值论的观点,责任是对符合构成要件的违法行为的非难可能性。进行非难的根据,是行为人具有他行为可能性,这便要求行为人具有故意、过失、责任能力、违法性认识的可能性以及期待可能性。但是,非难可能性的大小强弱,主要取决于行为人是故意还是过失。与过失相比,在认识到法益侵害结果的前提下,希望或者放任结果的行为人,更值得非难。所以,故意、过失是两种不同的责任类型或者责任形式。

将故意、过失归入责任要素,意味着行为是否具有违法性不以行为人是否具有故意、过失为前提。因此,误将他人财物当作自己财物而取走的,误以为熟睡之人是自己的妻子而触摸其隐私部位的,都是侵害了他人

---

① 〔日〕井田良:《讲义刑法学·总论》,有斐阁2008年版,第424页。
② 〔日〕井田良:《刑法总论の理论构造》,成文堂2005年版,第17—18页。

法益的违法行为。行为无价值论习惯于认为,将类似举止"正常"、符合"常理"、不悖"常情"的行为判断为违法,违反了国民的法感情,因而不当。可是,上述行为的确在客观上侵害了他人法益,将其认定为合法反而违反了国民的法感情;也必须肯定被害人可以进行正当防卫,否则不利于保护被害人的法益。况且,三阶层体系中的违法与一般国民所称的违法以及"违法必究"中的"违法"不是等同概念;认为"窃取"、"猥亵"必然包括主观要素,否则并不违法的观点,要么是一种感情论,要么没有区分不同的违法概念。

  在与刑罚相关联的意义上,还有几点需要说明:其一,责任是成立犯罪的一个条件,当然也是刑罚的前提条件,倘若将这种前提条件理解为"为刑罚提供根据",则是任何观点都不会否认的。但是,倘若认为,"为刑罚提供根据"意味着责任即非难可能性在使犯罪成立的同时,"要求"法官科处与非难可能性程度相适应的刑罚,则不可避免陷入绝对的报应刑论①,但是,绝对的报应刑论不仅有悖刑法的谦抑性,而且不符合刑法的法益保护目的与刑罚的预防犯罪目的。因此,即使承认责任为刑罚提供根据,也只是意味着责任是成立犯罪的前提条件,因而也是科处刑罚的前提条件。其二,根据结果无价值论的观点,故意、过失是责任要素,而不是违法要素。然而故意犯的非难可能性明显重于过失犯的非难可能性,这是否意味着故意犯"要求"科处与非难可能性程度相适应的刑罚?答案依然是否定的。正是因为故意犯的责任重于过失犯的责任,所以,刑法已经针对故意犯罪与过失犯罪规定了不同的法定刑,在这种场合,故意、过失所具有的不同的非难可能性,已经被评价在法定刑中。所以,当某人故意犯罪时,法官不能将故意本身作为从重处罚的情节。② 其三,责任虽然不具有要求刑罚、要求刑罚加重的机能,但责任减轻时,当然要求刑罚减轻。例如,责任能力减轻时,相应地就应当减轻刑罚;期待可能性减少

---

  ① 参见〔日〕城下裕二:《消极的责任主义の归趋》,载〔日〕川端博等编:《理论刑法学の探究(2)》,成文堂2009年版,第34—35页。
  ② 我国刑法分则有几个条文对故意犯罪与对应的过失犯罪规定了相同的法定刑。在这种场合,司法解释一般对过失犯罪规定了更高的立案标准。与此相适应,在量刑时,法官应注意故意犯罪与过失犯罪的相对均衡性。

时,相应地要求从轻或者减轻处罚。

二、过失犯论

行为无价值论一般采取新过失论或者超新过失犯。新过失论认为,即使对结果有预见可能性,但如果履行了结果回避义务,就不成立过失犯。新过失论重视结果回避义务;而且,将结果回避义务作为客观的行为基准而设定成客观的注意义务,使之成为违法要素。新过失论认为,过失的核心在于不符合一定的行为基准,所以,其背后是规范违反说与行为无价值论。新过失论基本上将过失犯理解成了不作为犯,结果回避义务就相当于不作为犯中的作为义务。例如,井田良教授指出:"新过失论,以行为无价值论为理论基础,通过在预见可能性的要件之外增加结果回避义务违反的要件,限定过失犯的成立范围。结果回避义务的内容,根据置于行为人立场的一般通常人所应当遵守的社会的行为准则来确定。"[1]

新过失论的发展基础是被允许的危险的理论。随着高速度交通工具的发展,矿山、工厂、土木建筑以及科学实验等社会生活的复杂化,危险行为明显增多。但这些具有侵害法益危险的行为,在社会生活中不可避免地存在着,而且对社会的发展具有有用性与必要性。因此,即使这种行为发生了法益侵害的结果,在一定范围内也应当允许。这就是被允许的危险。实施这种危险行为的人,如果遵守了其行为所必需的规则,以慎重的态度实施其行为,即使造成了法益侵害结果,也应认为是合法的。这就是被允许的危险的理论。

新过失论在第二次世界大战后得到了支持与发展,但存在明显的缺陷:(1)新过失论在其构造上,没有与具体的预见可能性相联系,容易转化为超新过失论(危惧感说)。例如,井田良教授指出,只要肯定预见可能性的法益关联性,就应当基本上支持危惧感说。[2] 但是,如后所述,危

---

[1] 〔日〕井田良:《讲义刑法学·总论》,有斐阁2008年版,第200页。
[2] 参见〔日〕井田良:《变革的时代における理论刑法学》,庆应义塾大学出版会2007年版,第154页。

惧感说容易违反责任主义。(2) 在新过失论中,如何设定行为基准,是一个重要问题。但是,脱离结果的预见可能性的"行为基准"必定是不明确和恣意的。为了避免恣意的行为基准,便援引行政法规上的义务。结局是,以引起一定结果为成立要件的过失犯,成为违反行政法规的结果加重犯。这不仅没有限定过失犯的处罚范围,反而扩大了过失犯的处罚范围。(3) 即使是行政法规,也只是行为的一般指针,不可能穷尽具体场合的特别要求。事实上,遵守了一般规则的行为,也可能违反了具体场合的特别要求,因而存在过失;反之,即使违反了一般规则,也可能没有过失。所以,仅以是否违反行为基准判断有无过失,并不妥当。(4) 新过失论使过失犯的违法性的重点从结果无价值移向行为无价值,于是过失犯中的法益侵害的含义就会变得模糊不清。(5) 新过失论没有注意保护人的生命、身体,特别是在公害犯罪的情况下,容易给公害企业找到逃避责任的理由。此外,新过失论认为旧过失论扩大处罚范围,是因为扩张地理解了预见可能性。如果对预见可能性作限定性的理解,也完全可能限定过失犯的成立范围。①

超新过失论认为,所谓预见可能性,并不需要具体的预见,仅有模糊的不安感、危惧感就够了。所以,超新过失论又称不安感说、危惧感说。超新过失论过于扩大过失犯处罚的范围,容易违反责任主义。例如,驾驶机动车就会有发生事故的不安感、危惧感。再如,新药的开发者无论如何采取措施,仍然会对未知的副作用有不安感。但如果以此为基础而处罚过失犯,就会导致结果责任。而且,危惧感、不安感的概念极为含糊,究竟具有何种程度的危险意识才是有危惧感,难以正确认定。

旧过失论的特点是重视结果的预见可能性。只要行为客观上造成了危害结果,就考察行为人有无结果预见的可能性,如果得出肯定结论,则成立过失犯罪。故意、过失不影响客观的法益侵害性,故不是构成要件符合性与违法性阶段的问题,而是两种并列的责任形式。所以,旧过失论与

---

① 参见〔日〕西田典之:《刑法总论》,弘文堂 2010 年版,第 260 页;〔日〕山口厚:《刑法总论》,有斐阁 2007 年版,第 225 页以下。

结果无价值论具有亲和性。

但是,倘若只要行为人对发生的结果具有预见可能性就成立过失,就会不当扩大过失犯的处罚范围。所以,一部分学者采取了新过失论,另一部分学者则对旧过失论进行了修正。修正的旧过失论基于结果无价值论的立场,以旧过失论为基础,同时认为,只有具备发生构成要件结果的一定程度的实质危险的行为,才是符合过失犯构成要件的行为。所以,并不是只要事后的判断得出行为人对结果具有预见可能性的结论,就成立过失犯。根据这种修正的旧过失论,是否存在过失犯的实行行为,是构成要件符合性的问题,而是否具有结果的预见可能性,则是有责性的问题。

本书赞成修正的旧过失论。一般认为,过失是违反了注意义务,这种注意义务包括结果预见义务与结果回避义务。亦即,行为人原本能够预见行为的结果,但因为疏忽而没有预见,进而实施了行为导致结果发生;如果谨慎行事预见了结果,就不会实施该行为,进而避免结果发生;或者是,行为人在预见了结果的前提下,原本应当认真地对待自己将要实施的行为和所预见的结果,但没有认真对待,导致了结果的发生。这样的解释似乎符合《刑法》第15条的字面含义。但应注意的是,我国《刑法》第15条是关于"过失犯罪"的规定,而不是对"过失"的规定。过失犯罪必然包含了客观的构成要件要素的内容,而作为责任形式的过失本身,只能从心理角度而言。显然,结果回避义务与结果预见义务是过失犯罪的两个要件,而不是过失本身的两个要素。

首先,没有履行结果回避义务,是过失犯的(违法)构成要件。严格地说,没有履行结果回避义务,是指在具有结果回避可能性的前提下,没有回避结果的发生,因此,过失犯并不限于不作为。而没有回避结果的发生,一定是由于行为人实施了直接导致结果发生的行为(作为),或者没有履行防止结果发生的义务(不作为)。

其次,对结果具有预见可能性,是过失犯的责任要件(严格地说,没有履行结果预见义务的提法并不妥当。因为我国《刑法》第15条中的"没有预见"只是表面的责任要素,它并不表明行为人具有非难可能性)。对结果具有预见可能性,是疏忽大意的过失与过于自信的过失的共同要件。

易言之,如果没有结果预见可能性,就不可能有过失,也不可能有故意。我国《刑法》第 16 条"由于……不能预见的原因引起的,不是犯罪"的规定,充分说明了这一点。或许有人认为,在过于自信过失的场合,将结果的预见可能性作为其成立条件是不合适的。其实,过于自信过失的行为人,虽然预见过结果的发生,但是,他因为过于自信又否认了结果的发生。显然,之所以谴责过于自信过失的行为,仍然是因为他可能预见到结果的发生。由于故意与过失存在位阶关系,过失的核心是具有预见可能性,故意的成立以"已经明知"为前提,"因此,不应将预见义务违反作为过失犯的要素。……过失中并非没有任何心理状态,而是存在可能预见犯罪事实特别是法益侵害的心理状态"[①]。

[①] 〔日〕高山佳奈子:《故意と違法性の意識》,有斐閣 1999 年版,第 137 页。

第六章 未遂犯论

未遂犯仅存在于故意犯之中,又是没有发生侵害结果的犯罪,因此,将故意理解为违法要素还是责任要素,如何理解结果在违法性中的地位,就必然影响违法性论。

一、处罚的根据

主观的未遂犯论的基本观点是,未遂犯的处罚根据在于显示出犯罪人的性格危险性的、与法相敌对的犯罪意思;如果某种行为已将这种犯罪意思表现在外部,则未遂犯的意思与既遂犯的意思没有差异。这种观点源于主观主义的犯罪理论。主观的未遂犯论所导致的结论是,不仅未遂犯应与既遂犯同等处罚,甚至预备犯、阴谋犯也应与既遂犯同等处罚。这种观点明显不符合各国刑法的规定,二元论者与结果无价值论都不会采取主观的未遂犯论。

客观的未遂犯论的基本观点是,未遂犯的处罚根据在于发生了法益侵害的客观危险性;即使存在犯罪的意思,但如果没有发生法益侵害的客观危险性,也不能作为未遂犯予以处罚。因为刑法的目的是保护法益,既遂犯是因为行为侵害了法益而受处罚,未遂犯则是因为行为具有侵害法益的危险性而受处罚,故未遂犯都是危险犯。现在,行为无价值论与结果无价值论都采取客观的未遂犯论。

但是,在客观的未遂犯论内部,行为无价值论与结果无价值论仍然存在分歧。行为无价值论认为,未遂犯具有行为无价值,但缺乏结果无价值。如罗克信教授指出:"在没有实现侵害犯的结果无价值,存在行为无价值的场合,成立未遂犯;反之,存在侵害犯的结果无价值,但不能确定行为无价值时,欠缺不法,因而不可罚。""决定规范的违反为行为无价值提供全面的根据;与此相对,评价规范追加性地包括了结果,该结果表明既遂犯比未遂犯的不法更严重。"① 据此,行为无价值是未遂犯的处罚根据。② 井田良教授明确指出:"行为无价值论在通过确保行为规范(行动准则)的效力的一般预防中寻找刑法的任务。在未遂犯中,行为人实施了从法益保护的见地受到否定评价、被禁止的规范违反行为,是处罚的理由。虽然在既遂犯中,事后确定的结果发生(犯罪的完成)是不可缺少的要素,但未遂犯不具有这样的要素。立足于行为无价值论时,既可能仅将纯粹的行为不法作为处罚理由来理解未遂犯,也可能在此基础上附加一定的结果无价值要素(结果发生的现实的、客观的危险),使违法性加强而可罚。"③

诚然,行为无价值论完全可能抛弃社会伦理规范,将行为本身所具有的造成法益侵害结果的危险性,作为未遂犯的处罚根据。但是,其一,行为无价值论所称的危险性,首先是根据行为是否违反规范所作的抽象判断,而不要求针对案件作出具体判断。因为违反规范的行为通常具有侵害法益的危险。其二,行为无价值论将故意纳入违法要素,所以,行为人的主观意思成为判断行为是否具有危险性的重要资料。其三,行为无价值论还会将客观的判断资料限定为行为人所认识、预见或者可能认识、预见的范围。可是,行为无价值论的观点存在缺陷。

其一,行为无价值论容易走向主观的未遂犯论,一种原本属于规范的例外的行为,行为无价值论可能因为行为人具有故意,而将其判断为违反规范的行为。对故意的偶然防卫以未遂犯论处,正说明了这一点。但是,

---

① Claus Roxin, Strafrecht Allgemeiner Teil, Band I, 4. Aufl., C. H. Beck, 2006, S. 321, 324.
② 当然,也许二元论者认为,未遂犯时既存在行为无价值,也存在危险犯的结果无价值。但行为无价值论所认定的危险,事实上也不包括危险犯的结果无价值。
③ 〔日〕井田良:《讲义刑法学·总论》,有斐阁2008年版,第395页。

这种离开具体案情对行为危险性的判断,实际上走向了主观的未遂犯论。

其二,行为无价值论将故意纳入违法要素,作为判断行为是否具有侵害法益的危险的重要资料,其实是混淆了故意与行为意思。如前所述,甲从乙手中接过一支手枪,以为手枪中没有子弹。只要甲没有扣动扳机的行为意志,就不会扣动扳机,因而不会产生致人伤亡的危险。反过来,倘若甲有扣动扳机的行为意志,就会扣动扳机,因而有致人伤亡的危险,甚至产生伤亡结果。即使甲不可能预见手枪中有子弹(行为人没有过失),也不能否认侵害法益的危险。再如,行为人 A 持手枪对着被害人 X 的心脏。在这种场合,X 是否有被杀害的危险性,取决于 A 是否扣动扳机;而 A 是否扣动扳机,取决于其是否有扣动扳机的意志。行为无价值论者实际上将扣动扳机的意志当作故意,这是目的行为论带来的不幸。① 联系上述甲以为手枪中没有子弹一例来考虑,就会发现,不宜将故意作为判断行为有无法益侵害危险的资料,充其量只能将行为意志作为判断有无侵害法益的危险的材料。虽然不可能对行为意志进行单独的判断,只能联系行为人的客观举动得出结论,但行为意志本身不是犯罪的故意。所以,将故意作为行为的危险性的判断资料,是存在疑问的。

其三,在行为客观上存在足以造成法益侵害结果的情况下,即使行为人不可能预见结果的发生,也不能否认行为所具有的造成法益侵害结果的危险。如上所述,即使行为人不可能预见到手枪中有子弹,但其扣动扳机的行为所具有的致人伤亡的危险,是客观存在的。

不管是在德国、日本,还是在我国,都存在着只处罚既遂不处罚未遂的情形。例如,在我国,对滥用职权未遂、非法侵入住宅未遂、破坏通信自由未遂、故意毁坏财物未遂等情形,不可能定罪量刑。只要承认违法的相对性,这些未遂行为的违法性,就不是刑法上的违法性,只是行政法等法领域的违法性。行为无价值论习惯于认为,行为是否违法,是在行为时就能确定的。于是,只要行为违反了行为规范,就具有违法性。但是,这种

---

① 参见〔德〕Ingeborg Puppe:《论犯罪的构造》,陈毅坚译,载《清华法学》2011 年第 6 期,第 154 页。

观点否认了违法的相对性,也不当扩大了刑法上的违法行为的范围。

其实,即使采取二元论,也不存在将行为无价值本身作为未遂犯处罚根据的必然性。这是因为,既然未遂犯也是一种犯罪,那么,从二元论的立场出发,除了行为的危险或者行为的规范违反性这种行为无价值以外,也应当要求作为结果的危险。各国刑法一般规定对未遂犯采取任意减轻处罚制度,也能说明这一点。①

结果无价值论采取危险结果说。危险结果说认为,作为未遂犯处罚根据的危险是"作为结果的危险",即行为所造成的现实的、客观的危险状态。结果无价值所称的结果,不仅包括侵害结果,而且包括危险结果。未遂犯也是危险犯,而且是具体的危险犯。坚持危险结果说,与我国刑事立法与司法实践相契合。我国刑法分则实际上规定了预备行为,如果采取行为无价值论的观点,认为实施了分则规定的行为,违反了决定规范,就具备行为无价值论,那么,许多预备行为就会被当作未遂犯处罚。例如,我国《刑法》第198条第1款规定的行为类型是:"(一)投保人故意虚构保险标的,骗取保险金的;(二)投保人、被保险人或者受益人对发生的保险事故编造虚假的原因或者夸大损失的程度,骗取保险金的;(三)投保人、被保险人或者受益人编造未曾发生的保险事故,骗取保险金的;(四)投保人、被保险人故意造成财产损失的保险事故,骗取保险金的;(五)投保人、受益人故意造成被保险人死亡、伤残或者疾病,骗取保险金的。"显然,如果认为开始实施虚构保险标的、编造未曾发生的保险事故、夸大损失程度、制造保险事故的行为,就具备未遂犯的处罚根据,必然不当扩大未遂犯的处罚范围,因而不可取。② 此外,我国刑法总则规定原则上处罚预备犯,犯罪预备行为也具有侵害法益的危险,如果将行为本身的危险作为未遂犯的处罚根据,就可能导致将预备犯作为未遂犯处罚。

---

① 参见〔日〕佐伯仁志:《未遂犯论》,载《法学教室》第304号(2006年),第122页。
② 参见张明楷:《刑法分则的解释原理(上)》,中国人民大学出版社2011年版,第492页以下。

二、着手的认定

关于着手的认定,行为无价值论一般采取形式的客观说,即实行的着手以实施一部分符合构成要件的行为(显示构成要件特征的行为)为必要,而且以此为足。这种形式的客观说是与结果相分离进行考察的,基本上只是重视行为无价值。例如,井田良教授指出:"如果采取行为无价值论,那么,在判断实行的着手时,就重视是否开始(或者即将开始)实施构成要件该当行为(关于着手实行的形式的客观说)。"①形式的客观说存在以下缺陷:

第一,形式的客观说存在逻辑上的缺陷。形式的客观说认为,着手是实行行为的开始,实行行为是符合构成要件的行为,只有实施了一部分符合构成要件的行为,才能认定为着手。问题是,什么行为才是符合构成要件的行为?对此必须有一个更为实质的基准。而形式的客观说所作的回答是,符合构成要件的行为才是符合构成要件的行为。在这个意义上说,形式的客观说可谓没有回答什么是着手。例如,根据形式的客观说,开始杀人是杀人罪的着手,开始伤害是伤害罪的着手,开始盗窃是盗窃罪的着手。但这样的说明没有任何意义。针对这样的批判,采取形式的客观说的学者所作的回应是:"着手时期与各个犯罪类型相关联,除个别决定外别无他法。因此,作为总则上的课题,如果要寻求最小公倍数的定义,则只能是形式的客观说的方法。"②可是,即使是总论上最小公倍数的着手定义,也并非只能从形式上是否符合构成要件的角度去寻找。

第二,形式的客观说有自相矛盾之嫌。亦即,形式的客观说一方面认为实施了符合构成要件的一部分行为才是着手,另一方面又认为,即使行为没有显示构成要件的特征,但从整体上看能够评价为定型的构成要件的内容的行为时,也是着手;或者说,即使没有开始实施构成要件行为,但

---

① 〔日〕井田良:《讲义刑法学·总论》,有斐阁2008年版,第395页。
② 〔日〕香川达夫:《〔ゼミナー〕刑法の解释》,日本评论社1985年版,第101页。

即将开始实施构成要件行为时,也是着手。可是,既然行为自身不符合构成要件,怎么可能从整体上评价为具有定型的构成要件的内容呢?既然即将开始实施构成要件行为时也是着手,又如何维持形式的判断呢?不难看出,从形式的客观说的全部内容来看,持这种学说的学者实际上放弃了自己的学说。①

第三,形式的客观说具有不明确性的缺陷。这一点,连部分行为无价值论者也不得不承认。例如,大谷实教授指出:"形式的客观说在重视形式性这一点上符合罪刑法定主义,但并不妥当。例如,对于从口袋里掏出手枪向人射击的行为,要确定在哪一阶段实施了杀人的一部分行为,在形式上是困难的。因此,根据这种形式的判断基准实际上不可能区分预备与未遂。"②再如,井田良教授认为,在判断着手时,基本上应当采取形式的客观说。但他同时指出:"为了使即将开始实施构成要件该当行为的意义明确化、具体化,为了从实质的见地将实行的着手仅限定为作为未遂犯处罚具有理由的场合,可能需要援用实质的客观说所称的'造成法益侵害或者构成要件实现的现实的危险性'这种限定的基准。"③

第四,在刑法分则条文对行为没有作具体描述的场合,形式的客观说具有使着手推迟的缺陷。正如平野龙一教授所言:"从实际上看,一旦采取形式的客观说或者定型说,在许多场合,实行的着手时期就有过于推迟的倾向。例如,杀人实行着手是扣动枪支的扳机之时,仅瞄准还不是着手;盗窃的实行着手是手伸向财物之时,仅接近财物或者仅物色盗窃之物时还不是着手。这便使未遂范围过于狭窄。"④这一点,行为无价值论者也不否认。如西原春夫教授指出:"即使从法条的文理角度出发,基于生活用语来解释符合构成要件的行为,形式的客观说也过于缩小了属于犯罪概念要素的行为的范围,导致在非常迟的时期里才能认定实行的着手,因而不妥当。"⑤

---

① 参见〔日〕平野龙一:《刑法总论Ⅱ》,有斐阁1975年版,第313页。
② 〔日〕大谷实:《刑法讲义总论》,成文堂2009年第3版,第369页。
③ 〔日〕井田良:《讲义刑法学·总论》,有斐阁2008年版,第397—398页。
④ 〔日〕平野龙一:《刑法总论Ⅱ》,有斐阁1975年版,第313页。
⑤ 〔日〕西原春夫:《刑法总论》,成文堂1977年版,第281页。

第五,在刑法分则条文对行为作具体描述的场合,形式的客观说具有可能使着手过于提前的缺陷。例如,甲为了达到与乙女(其夫外出打工)发生性关系的目的,书写了一封匿名恐吓信,信中要求乙于次日晚前往指定的地点,否则当心她本人及儿子的性命,并将信件投放到乙家中。第二天早晨,乙发现恐吓信后,向派出所报案。当天晚上,甲来到信中指定地点附近等待、观望时,被守候的民警抓获。根据形式的客观说,甲已经着手实施了强奸罪的实行行为,故应认定为强奸未遂。

正因为如此,部分行为无价值论者采取了实质的行为说。实质的行为说认为,开始实施具有实现犯罪的现实危险性的行为时就是实行的着手。例如,大谷实教授指出:"既然未遂犯的处罚根据在于构成要件的实现或者结果发生的现实的危险,那么,就应认为实行的着手也是引起这种现实的危险,故实质的客观说具有妥当性。应当认为,实行的着手是指开始实施具有引起构成要件结果发生的现实的危险性的行为。"① 显然,大谷实所采取的实质的客观说,其实是其中的实质的行为说。

与形式的客观说一样,实质的行为说基本上重视行为无价值,而不注重行为是否发生了侵害法益的具体危险。但是,其一,着手时期是未遂犯中的违法性问题,仅考虑行为本身的危险,而不考虑作为结果的危险,会导致着手过于提前。其二,实质的行为说并没有提出判断着手的具体标准。因为"危险"是一种具有程度或者幅度的概念,亦即,从结果发生的很小可能性到很大的盖然性之间,存在多种程度。实质的行为说既没有回答什么行为属于具有引起构成要件结果发生的现实危险性的行为,也没有回答具有何种程度的危险时才是着手。

结果无价值论者一般采取实质的客观说中的结果说。结果说认为,当行为发生了作为未遂犯的结果的危险性(危险结果)时,即发生了侵害法益的具体危险时,才是着手。因为犯罪的本质是侵犯法益,故没有侵犯法益的行为不可能构成犯罪,当然也不可能成立未遂犯。不仅如此,即使某种行为具有侵害法益的危险,但这种危险非常微小时,刑法也不可能给

---

① 〔日〕大谷实:《刑法讲义总论》,成文堂2009年第3版,第370页。

予处罚。另一方面,刑法处罚犯罪预备行为,而预备行为也具有侵害法益的危险。因此,犯罪未遂只能是具有侵害法益的紧迫危险的行为。故侵害法益的危险达到紧迫程度(发生危险结果)时,就是着手。换言之,只有当行为产生了侵害法益的具体危险状态时,才是着手。所以,未遂犯都是具体的危险犯。至于何种行为具有侵害法益的紧迫危险,则应根据不同犯罪、不同案件的具体情况综合判断。例如,保险诈骗中造成保险事故的行为,只是为诈骗保险金创造了前提条件;如果行为人造成保险事故后并未到保险公司索赔,保险金融秩序与保险公司的财产受侵害的危险性并不紧迫;行为人到保险公司索赔的行为或提出支付保险金的请求的行为,才是实行的着手。为了达到与被害妇女发生性交的目的,投放恐吓信的行为,尽管存在胁迫行为,但还不是强奸罪实行行为的着手;只有接触或者接近被害人并开始实施了暴力或者胁迫行为时,才可能认定为强奸罪的着手。为了诈骗公私财物而伪造文书的,伪造文书的行为本身不可能使财产处于紧迫的危险之中,因而是预备行为,开始使用所伪造的文书实施欺诈行为时,才是诈骗罪的着手。再如,甲令精神病患者乙窃取他人财物。只有当乙现实地开始盗窃时,才能认定甲着手实行盗窃(被利用行为说)。因为只有当乙现实地实施盗窃行为时,才产生了侵害财产的紧迫危险。基于同样的理由,在原因自由行为的场合,应当以行为人实施结果行为、造成了危险结果时为着手,而不是开始实施原因行为(如饮酒)时为着手。还如,在不真正不作为犯的场合,并不是只要行为人产生了不履行作为义务的意思就是着手,不履行义务的行为导致法益产生了紧迫危险(危险结果)时,才是不真正不作为犯的着手。

  结果说所面临的一个问题是,刑法分则规定了抽象的危险犯,而且抽象的危险犯也可能存在未遂犯,如果认为未遂犯是具体的危险犯,那么,无法解释抽象的危险犯的未遂犯。例如,大谷实教授指出:"诚然,在杀人罪、盗窃罪等实害犯中,其未遂犯当然是具体的危险犯,但是,未遂犯被广泛规定在对现住建筑物等放火罪等抽象的危险犯中,在这些场合,不允许将未遂犯解释为具体的危险犯。"①

大谷实教授之所以提出上述疑问,是因为其认为具体的危险犯与抽象的危险犯的区别在于危险程度的差异,亦即,具体的危险犯是指危险程度高的犯罪,抽象危险犯是指危险程度低的犯罪。② 于是,在危险程度低就成立既遂的场合,要求危险程度高才成立未遂,就是错误的。但是,大谷实教授的区分存在疑问。

如前所述,抽象的危险犯并不意味着危险程度低或者危险并不紧迫。换言之,抽象危险存在不同类型。难以采用实体标准区分抽象危险与具体危险,而应根据判断方法区分抽象危险与具体危险。具体的危险犯中的危险,是在"司法上"以行为当时的具体情况为根据,认定行为具有发生侵害结果的紧迫(高度)危险(例如,什么样的破坏行为具有足以使汽车发生倾覆、毁坏的具体危险,需要根据汽车所处的状态、破坏的部位、破坏的程度等得出判断结论);抽象危险犯中的危险,是"在司法上"以行为本身的一般情况为根据或者说以一般的社会生活经验为根据,认定行为具有发生侵害结果的危险性。如果这样认识,那么,大谷实教授的疑问就容易解决。

在抽象的危险犯的场合,刑法鉴于法益的重大性等原因,用另一种侵害结果替代了抽象危险的认定。只有发生替代的侵害结果时,才能认定为犯罪既遂;没有发生替代的侵害结果,但具有造成替代的侵害结果的具体危险时,才是抽象的危险犯的着手。例如,盗窃枪支、弹药罪是公共危险犯,也是抽象的危险犯。但是,只要发生了行为人控制枪支、弹药的侵害结果,就认为盗窃枪支、弹药罪已经既遂;行为具有控制枪支、弹药的具体危险时,就是抽象的危险犯的着手。

还有必要解释具体的危险犯的未遂问题。因为如果认为未遂犯是具体的危险犯,也会产生具体的危险犯是否存在未遂犯的问题。在本书看来,具体的危险犯可分为两种情况:第一,刑法分则条文将具体危险类型

---

① 〔日〕大谷实:《刑法讲义总论》,成文堂2009年第3版,第368页。
② 同上书,第127页。

化为替代的侵害结果,在这种情况下,具有发生侵害结果的具体危险时,就是着手。例如,我国《刑法》第 127 条第 1 款后段规定的"盗窃、抢夺毒害性、放射性、传染病病原体等物质,危害公共安全"的犯罪,一方面要通过考察行为方式、行为对象等是否具有危害公共安全的具体危险,另一方面,如果行为人控制了上述物质,则发生了替代的侵害结果。如果行为已经产生了控制上述物质的具体的危险,就是着手。第二,刑法分则条文对具体危险犯与加重结果规定了独立的法定刑,但没有将具体危险类型化为侵害结果。如放火罪、破坏交通工具罪等,刑法条文按行为是否造成了严重后果规定了不同的法定刑。在危害公共安全的放火行为、破坏交通工具的行为,没有造成严重后果时,由于刑法对其规定了独立的法定刑(参见第 114 条、第 116 条),故不能适用未遂犯的处罚规定。在此意义上说,这种具体的危险犯不存在犯罪未遂问题。① 从与侵害犯的比较来说,也可以认为,刑法对原本为未遂犯的具体的危险犯,规定了独立的法定刑,故不再适用总则关于未遂犯的处罚规定。

三、危险的判断

这里所讨论的危险的判断,是就未遂犯与不能犯的区别而言。未遂犯是具有造成法益侵害结果的紧迫危险的行为,而不能犯是不具有造成法益侵害的紧迫危险,因而不成立犯罪或者仅成立预备犯(或成立其他犯罪)的情形。②

---

① 例如,如果没有对公共安全产生具体危险,就不成立放火、破坏交通工具等罪。如果认为没有发生具体危险时,成立放火罪、破坏交通工具罪的未遂,必然扩大放火、破坏交通工具等罪的处罚范围。

② 为了杀人准备了砒霜之后,却误将白糖当作砒霜给他人食用的,相对于未遂犯而言是不能犯,但成立故意杀人罪的预备犯;为了杀人而将硫黄给他人食用,相对于故意杀人罪而言是不能犯(该行为不可能致人死亡),但如果造成或者足以造成他人身体伤害,则成立故意伤害罪或者故意伤害罪的未遂(故意伤害罪的未遂是否值得处罚是另一回事)。

行为无价值论一般采取具体的危险说①,亦即,以行为当时行为人特别认识到的事实以及一般人可能认识到的事实为基础,根据一般人的观点判断行为是否具有发生结果的危险。具体的危险说有三个特征:其一,判断资料是行为人特别认识到的事实以及一般人可能认识到的事实。即使是行为时客观存在的事实,但只要一般人不可能认识到、行为人没有特别认识到,就不能作为判断资料。其二,判断基准时是行为时。即使事后查明根本不可能造成结果,但只要行为时被认为可能造成结果,就认定具有危险。其三,判断基准是一般人,而不是因果法则。亦即,如果一般人认为有危险,即使根据因果法则判断完全没有危险,也应当认为有危险。例如,行为人以为硫黄可能致人死亡而使他人服用硫黄,或者以为向静脉注射少量空气可以致人死亡而注射少量空气。尽管从科学的观点来看没有发生死亡结果的危险,但由于一般人感到有危险,故应成立未遂犯,而非不能犯。在行为人以为手枪中有子弹而故意开枪,实际上手枪中没有子弹的情况下,要根据一般人是否感到有危险作为判断基准:如果行为人夺取执勤警察的手枪后开枪,即使手枪中没有子弹,一般人也会感到有危险,因而成立未遂犯;如果一般人一看便认为行为人所使用的手枪没有子弹,不会感到有危险,就属于不能犯。行为人意欲以毒药杀人,但因将药名弄错买回了营养药而非毒药,于是以杀人故意将该营养药给他人饮用时,由于一般人不会认为这种情况有危险,故成立不能犯。又如,在以为是活人而向尸体开枪时,如果在当时的情况下,一般人认为对方是活人即一般人认为有致人死亡的危险,则成立未遂犯;如果行为人认为是活人,而一般人在当时的情况下均认为是尸体,进而认为没有致人死亡的危险,则成立不能犯。以盗窃的故意扒窃没有财物的口袋时,如果一般人在当时的情况下认为口袋里没有财物,则属于不能犯;如果一般人认为口袋里可能有财物,就构成未遂犯。

---

① 结果无价值论者平野龙一教授也采取了具体的危险说,但是平野教授对具体的危险说作了修正。例如,平野教授不赞成将行为人特别认识到的事实作为判断资料,主张将事后判明的事实作为客体不能的判断资料(参见〔日〕平野龙一:《刑法总论 II》,有斐阁 1975 年版,第 325 页以下)。

与抽象的危险说相比,具体的危险说更加符合客观的未遂犯论的立场。但是,具体的危险说并不是十全十美的学说。

第一,具体的危险说具有不明确性。首先,具体的危险说主张以行为人特别认识到的事实与一般人可能认识到的事实作为判断资料决定行为是否具有危险性,但如果行为人特别认识到的内容与一般人可能认识到的内容不一致时,就不明确究竟以什么事实作为判断资料。① 例如,行为人甲将一种粉末投入乙所要喝的饮料中,并且以为该粉末是毒药。根据行为无价值论所主张的具体的危险说,行为人具有违反行为规范(禁止杀人规范)的意思发动,进行肯定其违反规范。在这种场合,有必要向具有规范违反意思的行为人传授和强化行为规范(禁止杀人规范)。此即行为无价值论反复强调的规范的一般预防。但是,倘若一般人都认为甲投放的是砂糖时,行为无价值论便否认行为无价值的存在,否认未遂犯的成立。② 其次,具体的危险说均主张以一般人的判断为基准决定行为是否具有危险性,但是,实际上并不明确"一般人的判断"基准是什么。"例如,白色粉末是毒药还是砂糖,只有事后对白色粉末进行科学的判断才能判明。在行为时,一般人看到白色粉末,是如何判断其危险性的,并不明确。"③

第二,具体的危险说主张以行为人特别认识到的事实及一般人可能认识到的事实为判断资料,因此在以行为人特别认识到的事实为判断资料这一点上,与抽象的危险说得出的结论相同,容易导致以行为人认识的有无来决定危险性的有无。④ 但抽象的危险说是主观主义的立场,存在理论根基的缺陷。

第三,具体的危险说主张以行为当时一般人的判断为基准决定是否存在危险性(事前判断),而完全不考虑事后判明的情况,这不科学。⑤ 刑

---

① 参见〔日〕木村龟二:《刑法总论》,有斐阁1978年增补版,第354页。
② 参见〔日〕山口厚:《コメント》,载〔日〕山口厚、井田良、佐伯仁志:《理论刑法学の最前线》,岩波书店2001年版,第78页以下。
③ 〔日〕佐伯仁志:《未遂犯论》,载《法学教室》第304号(2006年),第126页。
④ 参见〔日〕中山研一:《刑法の论争问题》,成文堂1991年版,第120页。
⑤ 参见〔日〕内藤谦:《不能犯》,载《法学教室》1989年第108号,第70页。

事诉讼法设立了鉴定制度,而鉴定都是在事后进行的,鉴定制度意味着应当考虑事后判明的情况。① 从审判实践上看,事后判明的情况必然影响危险的判断。例如,面对行为人向被害人的饮食中投放了不足致死量毒药的案件,法官在进行危险判断时,通常会考虑被害人的健康状况、行为人未能投放致死量毒药的经过、原因等事后判明的情况。这表明,具体的危险说不符合审判实践。有学者指出,具体的危险说与考虑事后判明的情况并不矛盾,因为考虑事后判明的事实并不意味着将所有客观事实作为判断资料,而是立足于行为当时来考虑一般人能否认识到案件事实。② 可是,事后鉴定制度并不是为了判断一般人能否认识到行为当时的事实而设立的。

第四,具体的危险说与刑法保护法益的目的相矛盾,而且导致对连科学上完全没有危险的行为也肯定其危险性,这便扩大了处罚范围。以一般人的判断为基准决定有无危险性,就意味着脱离客观事实进行判断。③ 不难看出,根据具体的危险说,刑法不是保护法益而在于保护一般人的安全感。例如,刑法规定故意杀人罪,不在于保护国民的生命,而在于保护国民对生命的安全感。这显然不合适。而且,只要一般人认为存在危险,即使科学上认为完全没有危险,也要以未遂犯论处,这不仅扩大了处罚范围,而且形成由于一般人不懂科学知识而使他人受刑罚处罚的局面。正因为如此,有的行为无价值论者在采取具体的危险说的同时,对具体的危险说也进行了修正,主张按照科学的法则性知识判断行为是否具有结果发生的危险。④ 但是,这一修正与行为无价值论的基本立场相冲突。因为行为无价值论之所以采取具体的危险说,是为了重视规范的引导功能,实现一般预防的效果。既然如此,在一般人认为某种行为具有发生结果的危险时,就应当将这种行为作为未遂犯处罚,否则就不能发挥规范的引导功能。但是,上述修正在此却放弃了规范的引导功能与一般预防。从

---

① 参见〔日〕木村龟二:《刑法总论》,有斐阁 1978 年增补版,第 375 页以下。
② 〔日〕奥村正雄:《未遂犯における危险概念》,载《刑法杂志》第 33 卷第 2 号(1989 年),第 229 页。
③ 参见〔日〕山口厚:《危险犯の研究》,东京大学出版会 1982 年版,第 69 页。
④ 参见〔日〕井田良:《讲义刑法学·总论》,有斐阁 2008 年版,第 418 页。

另一角度来说,这种修正的具体的危险说实际上是在向结果无价值论主张的客观的危险说(或修正的客观危险说)靠近。

另一方面,上述具体的危险说或者修正的具体危险说与关于判断资料的观点相结合时,不明确性的问题更为明显。"这是因为,具体的危险说首先设定了危险判断的资料,由于将危险判断的必要资料限定为行为人认识到的特殊事情与一般人可能认识到的事情,结局是,与其他学说相比,导致判断更为困难。例如,中学的社会科的教师甲,想杀害同事A,偷偷地从理科室内的药柜里盗出对人体有害的药品投入A的咖啡中,但由于其投入的不是具有致人死亡性质的药品,因而没有致人死亡。在这种场合,按照具体的危险说所表述的危险判断的公式,首先确定危险判断的资料,要追问行为时行人所认识到的事情与一般人可能认识到的事情是什么。在本案中,行为人从理科室的药柜里取出的瓶中所装的某种白色粉末投入A的咖啡中的行为、行为时的状态,以及'药柜是否上锁'、'是否写着剧毒物请注意'、'瓶上是否贴着标签、标签的记载内容'等事情,被纳入判断资料(有时也可能不能纳入)。然后,根据一般人的法则的知识或者科学的知识,判断该行为是否具有对生命的危险性。但是,基于这样限定的事情进行危险判断,即使是以科学知识为基准,有时也是困难的(以一般为基准时更为如此)。"①

第五,具体的危险说在某些情况下也可能导致缩小处罚范围。即根据科学的因果法则,某种行为具有侵害法益的危险性,而一般的社会通念还没有意识到这一点时,如果彻底坚持具体的危险说,则应认为这种行为没有危险性,不能作为未遂犯处罚,这便不当缩小了未遂犯的处罚范围。②

结果无价值论者一般采取客观的危险说(纯粹客观说)或者修正的客观危险说。客观的危险说主张,以行为时的一切客观的、具体的情况为基础,并考虑事后判明的事实,再根据科学的因果法则(科学的一般人)

---

① 〔日〕佐藤拓磨:《不能犯》,载〔日〕川端博等编:《理论刑法学の探究(4)》,成文堂2011年版,第49—50页。
② 参见〔日〕山口厚:《危险犯の研究》,东京大学出版会1982年版,第70页。

进行判断,如果具有危险,则成立未遂;否则,成立不能犯。

不可否认,客观的危险说的判断结局可能是,所有没有造成结果的行为都是绝对不能,因而所有的未遂犯都成为不能犯。因为对事物的经过进行事后的、科学的考虑时,一切都是必然的,没有发生结果也都是必然的。正因为如此,结果无价值论者进行了修正。如山口厚教授提出,在侵害结果没有发生的场合,根据科学的因果法则事后考虑假定存在什么事实(假定的事实)时才能发生侵害结果,再考虑这种假定的事实有无存在的可能性,进而认定有无具体危险。① 西田典之教授也采取了这种假定的盖然性说。②

不管是采取具体的危险说(修正的具体的危险说)还是采取修正的客观危险说,对多数具体案件得出的结论,是相同的。但是,"是选择具体的危险说,还是选择客观的危险说,取决于采取何种前提的违法论"。根据行为无价值论的观点,"即使客观上存在侵害法益的可能性,但如果缺乏行为无价值(行为不法),也不能肯定违法;反之,即使客观上没有侵害法益的可能性,但只要能够肯定行为无价值,就能肯定违法。所以,只要以这样的观点为前提,就不可能采取客观的危险说"③。不难看出,行为无价值论完全脱离客观的危险性判断行为是否成立未遂犯,这与其声称的客观的未遂犯论立场相矛盾。行为无价值论采取具体的危险说的理由之一是,在一般人认为行为是有危险的规范违反行为时,为了确保行为规范的妥当性,实现刑法的任务,必须将该行为作为未遂犯处罚。但是,如前所述,即使是采取二元的行为无价值论,认为行为无价值与结果无价值是违法性的根据,也应当认为未遂犯必须同时具有行为无价值与结果无价值,因为未遂犯同样是犯罪。行为无价值论采取具体的危险说的另一实质理由是,采取具体的危险说,可以将一般人认为有危险的行为认定为未遂犯,从而保障一般人的安全感。于是,未遂犯成为对社会安宁的犯罪,成为与既遂犯具有不同本质的犯罪。但是,这样的结论并不妥当。

---

① 〔日〕山口厚:《危险犯の研究》,东京大学出版会1982年版,第164页。
② 参见〔日〕西田典之:《刑法总论》,弘文堂2010年版,第310—311页。
③ 〔日〕井田良:《讲义刑法学·总论》,有斐阁2008年版,第416页。

"犯罪的发生使社会中的人们感到不安、受到冲击,是犯罪的副次的效果,而不是犯罪结果本身。"①

与之相反,在结果无价值论看来,未遂犯是危险犯,行为是否具有法益侵害的危险,必须以客观存在的事实为基础进行客观的判断。即使是采取修正的客观危险说,判明行为产生了侵害法益的危险时,这种危险也是一种客观存在的危险。所以,修正的客观危险说与结果无价值论的立场没有任何矛盾。本书采取修正的客观危险说。②

① 〔日〕佐伯仁志:《未遂犯论》,载《法学教室》第304号(2006年),第126页。
② 基本内容与具体判断,参见张明楷:《刑法学》,法律出版社2011年版,第334页以下。

第七章 共 犯 论

共犯论最能检验一种学说的妥当性。行为无价值论与结果无价值论在共犯论领域也存在明显的分歧,下面仅就几个重要问题发表看法。

一、共同犯罪的特点

我国《刑法》第 25 条第 1 款规定:"共同犯罪是指二人以上共同故意犯罪。"传统刑法理论认为,其中的"二人以上"都必须是达到法定年龄、具有责任能力的人,而且二人以上都必须有共同的犯罪故意,否则不成立共同犯罪。显然,这是在主客观相统一的意义上理解共同犯罪的,或者说是在整体(成立犯罪的全部条件)的意义上理解共同犯罪的。但是,这样的理解,存在许多理论上的难题,也不能解决司法实践中的具体问题。

共同犯罪是一种违法形态,所解决的问题是将违法事实归咎于哪些参与人的行为。就具体案件而言,司法机关认定二人以上的行为是否成立共同犯罪,只是解决二人以上的客观归责问题,并不解决二人以上的主观责任问题。换言之,认定共同犯罪,就是为了肯定二人以上的行为都是造成法益侵害结果(包括危险)的原因。反过来说,只要认定共同犯罪的成立,就要将法益侵害结果归咎于参与者的行为(而不论参与者是否具有主观责任)。在成立共同犯罪的前提下,即使查明法益侵害结果由其中一人直接造成,或者不能查明具体的法益侵害结果由谁的行为直接造成,也要肯定所有参与者的行为都是结果发生的原因。

在二人以上参与实施的犯罪中,当甲的行为直接造成了法益侵害结果时,即使不考察其他人的行为,也能认定甲的行为是结果发生的原因,如果甲具备有责性,则认定其行为构成犯罪。但是,对于没有直接造成法益侵害结果的参与者来说,就需要通过共同犯罪的立法与理论来解决其客观归责问题。例如,甲与乙基于意识联络共同向丙开枪,甲射中丙的胸部,致丙死亡,乙没有击中丙。即使不考察乙的行为,也能认定甲的行为造成了丙的死亡这一法益侵害结果。甲若具备杀人故意等责任要素,便成立故意杀人既遂。但是,倘若单独认定乙的行为,则不能将丙的死亡归咎于乙的行为。即使乙具备杀人故意等责任要素,也仅成立故意杀人未遂。这种结论明显不当。共同犯罪的立法与理论就是为了让乙对死亡结果负责。亦即,只要认定乙与甲是共同犯罪,那么,丙的死亡结果也要归咎于乙的行为。如果乙具备杀人故意等责任要素,便成立故意杀人既遂。再如,A入室盗窃了他人1万元现金,B应A之约为A实施望风行为。即使单独认定A的行为,A也要对他人1万元的财产损失承担盗窃罪的责任。但是,倘若单独认定B的行为,B的行为就不可能构成犯罪。显然,这种结论不可取。共同犯罪的立法与理论,为B对他人1万元的财产损失承担盗窃罪的责任提供了根据。因为B对A的盗窃提供了心理上的帮助,B的行为与结果之间具有心理的因果性,或者说,B通过A的行为使得自己的行为与结果之间具有因果关系,因而也是结果发生的原因,故应对结果承担责任。由上可见,在共同犯罪中,违法性原则上是连带的。

要论证共同犯罪是违法形态,只需说明责任不可能共同、不可能连带即可。如所周知,按照结果无价值论的观点,责任要素包括故意、过失、责任能力(含责任年龄)、违法性认识的可能性与期待可能性。在共同犯罪中,我们可以认定二人以上的行为,因为相互作用、相互补充,共同造成了法益侵害结果。但是,在二人以上共同实施某种法益侵害行为时,他们的故意、过失、责任能力等,既不可能完全相同,也不可能连带。故意、过失是一种心理状态,存在于行为人的内心,而每个人的内心不可能完全相同;责任能力的有无、行为人是否达到责任年龄,只能根据特定的行为人得出结论;违法性认识的可能性与期待可能性也是如此。当共同犯罪中的甲持杀人故意时,不意味着乙也有杀人故意;当共同犯罪中的甲具有责任能力时,不意味着也要认定乙具有责任能力。既然责任只能因人而异地作出判断,那么,成立共同犯罪就不能要求各行为人的责任相同。例如,甲向乙提议"报复"丙,乙同意,二人进而共同对丙实施暴力,造成丙死亡。事后查明,甲具有杀人的故意,而乙仅具有伤害的故意。在这种场合,甲与乙的责任并不相同,但不能据此否认甲、乙共同造成了丙的死亡,不能否认甲、乙成立共同犯罪。

如前所述,我国《刑法》第 25 条第 1 款规定:"共同犯罪是指二人以上共同故意犯罪。"这表面上是在违法与责任两个层面上规定了共同犯罪,实际上只是将共同犯罪限定在故意犯罪之内。倘若要在上述规定中加一个"去"字,就应当说"共同犯罪是指二人以上共同去故意犯罪",而不是说"共同犯罪是指二人以上共同故意去犯罪"。同样,倘若要在上述规定中加一个表示状语的"地"字,那么,就应当说"共同犯罪是指二人以上共同地故意犯罪",而不是说"共同犯罪是指二人以上共同故意地犯罪"。所以,该款规定并没有否认共同犯罪是一种违法形态。《刑法》第 25 条第 2 款规定:"二人以上共同过失犯罪,不以共同犯罪论处;应当负刑事责任的,按照他们所犯的罪分别处罚。"这一规定明显承认了共同过失犯罪的事实,只是对共同过失犯罪不按共同犯罪论处而已,也没有否认共同犯罪是一种违法形态。

由于共同犯罪是违法形态,所以,参与人的责任如何不影响共同犯罪的成立,有责任能力者与无责任能力者,也可能成立共同犯罪。但最终谁是否承担刑事责任,则不是共同犯罪理论所要解决的问题,而是责任层面的问题。例如,16 周岁的甲应邀为 13 周岁的乙的入室盗窃行为望风。按照传统的共同犯罪理论,甲与乙因为不符合共同犯罪的主体条件,所以不成立共同犯罪。然而,倘若不当共同犯罪处理,则不能认定甲的行为构成盗窃罪。这是因为,倘若单独考察甲的行为,那么,只有当甲本人实施了符合盗窃罪的实行行为时,才可能认定其行为构成盗窃罪。但是,甲只是望风,并没有实施盗窃的实行行为。人们习惯于说甲是间接正犯。可是,不管是采取犯罪事实支配理论,还是采取工具理论,甲应邀为乙望风的行为,都不可能成立间接正犯。只要意识到共同犯罪是一种违法形态,而不是责任形态,那么,各参与人的责任就不会影响共同犯罪的成立。据此,甲与乙成立盗窃罪的共同犯罪,乙是正犯(违法层面上的正犯),甲是从犯(共犯)。由于乙没有达到责任年龄,故不承担责任,但甲必须承担从犯的责任。再如,16 周岁的甲与 13 周岁的乙共同轮奸妇女丙。传统的共同犯罪理论也难以解决这样的问题。只要意识到共同犯罪是一种违法形态,就会得出二人成立共同正犯的结论,即属于轮奸(乙只是因为没有责任而不对其定罪量刑)。因此,对甲应当适用轮奸的法定刑,而不是适用一般强奸罪的法定刑。再如,15 周岁的甲谎报年龄而被"正式"录用为司法工作人员,在办案过程中,甲与不具有司法工作人员身份的联防队员乙共同使用暴力逼取证人证言。根据传统的共同犯罪理论,甲与乙不成立共同犯罪,对乙也不能单独追究暴力取证罪的责任。这显然不合适。但是,如果意识到共同犯罪是违法形态,认识到暴力取证罪中的司法工作人员是违法要素,而不是责任要素,就会得出以下合理结论:甲虽然没有达到责任年龄,却具有违法身份,故甲与乙均构成暴力取证罪,甲为正犯,乙为共犯。当然,甲因为存在责任阻却事由(没有达到法定年龄),而不能追究其刑事责任。

正因为共同犯罪是违法形态,而犯罪的实体是违法与责任,所以,完全没有必要提出和回答"共同犯罪犯的是什么罪"这样的问题。因为"犯什么罪"不只是取决于违法,还取决于责任,而共同犯罪只解决违法问题。如前所述,只要查明甲、乙共同对丙实施暴力导致丙死亡,就应认定二人成立共同犯罪,并将死亡结果客观归咎于二人的行为,二人在违法层面对死亡负责。至于甲与乙的责任(各自的故意内容、构成何罪),则需要各别认定。如果甲是杀人故意,则成立故意杀人罪既遂;如果乙仅有伤害故意并对死亡有过失,则成立故意伤害(致死)罪。所以,在二人成立共同犯罪时,对二人所认定的罪名可能并不相同。司法人员在处理共同犯罪案件时,应当首先从客观违法层面"连带地"判断是否成立共同犯罪,然后从责任层面"个别地"判断各参与人是否有责任以及具有何种责任。例如,A、B 散步时遇到女青年 C,二人共同对 C 实施暴力,导致 C 死亡,后双双逃离现场。事后查明,A以强奸的故意,B以抢劫的故意共同对C实施暴力,发现C死亡后便逃离。由于共同正犯是违法形态,A、B共同实施了暴力行为,所以,首先要从违法层面肯定A、B的行为成立共同正犯,得出应当将C的死亡结果归咎于A、B二人的行为的结论。① 然后,再根据A、B各自的责任内容,认定各自所应承担的责任。显然,如果具备其他责任要素,A承担强奸致死的责任,B承担抢劫致死的责任。再如,乙应邀为甲的入户盗窃望风,甲入户后抢劫他人现金2000元,并造成了被害人重伤。由于乙的望风行为至少对甲的抢劫行为产生了心理的帮助作用,其望风行为与结果之间具有心理的因果性,所以,在违法层面应当肯定乙与甲成立共同犯罪。在此前提下,再根据各自的责任内容定罪量刑。显而易见,对甲应认定为抢劫罪,适用入户抢劫致人重伤的法定刑。尽管乙的望风行为对甲的入户抢劫起到了帮助作用,但由于乙仅具有盗窃的故意,故对乙应认定为盗窃罪,并适用从犯的处罚规定。

二、共同正犯的本质

大体而言,共同正犯是指二人以上共同实行犯罪的情形。

在单个人犯罪的场合,行为人只对与自己的行为具有因果关系的结果承担责任(客观归责)。例如,甲与乙没有意思联络而同时故意向丙开枪,丙虽然身中一弹死亡,但不能查明所中一弹由谁射中时,甲与乙都只承担故意杀人未遂的责任。但是,在共同正犯的场合由于各正犯者的行为在客观上具有相互作用、相互补充的特点,即使只是分担了一部分实行行为的正犯者,也要对共同的实行行为所导致的全部结果承担正犯的责任。例如,甲、乙二人共同杀害丙,即使只是甲的一发子弹实际造成了丙死亡,乙也承担杀人既遂的责任。又如,甲、乙共同杀害丙,造成丙的死亡,但不能查清谁的行为导致了丙的死亡。由于成立共同正犯,甲、乙均

---

① 诚然,违法层面的共同正犯,也以双方具有共同实行的意思为前提。但这是对行为意志的判断,而不是对故意内容的判断。

对丙的死亡负责。这就是部分实行全部责任的原则。显然,其中的"全部责任"既不是指主观责任,也不是指作为法律后果的刑事责任,而是指因果责任或客观归责。

问题是,共同正犯的成立要求"什么是共同的"？这便是共同正犯的本质问题。对此,行为无价值论与结果无价值论存在分歧。这是因为,行为无价值论认为故意是违法要素,所以,即使认为共同正犯是违法形态,其中也不可缺少故意要素,于是,故意内容是否相同成为判断是否成立共同正犯的重要标准。显然,一旦参与人所实现的客观构成要件相同而且故意内容相同,那么,犯罪就会相同。于是,行为无价值论会采取犯罪共同说或者部分犯罪共同说。结果无价值论认为故意、过失是责任要素,于是采取行为共同说。①

犯罪共同说认为,共同犯罪必须是数人共同实行特定的犯罪,或者说二人以上只能就完全相同的犯罪成立共同犯罪。例如,甲以杀人的故意、乙以伤害的故意,共同对丙实施暴力行为导致了丙死亡。犯罪共同说的部分主张者认为,由于甲与乙都是正犯,但各自触犯的罪名不同,因而不成立共同正犯,只能分别以单独犯论处。根据这一观点,A以杀人故意、B以伤害的故意向X开枪射击,只能查明X因为中了A或者B射击的一发子弹死亡,但不能查明该子弹由谁的枪支所发时,A只成立故意杀人未遂,B也只能成立故意伤害未遂(如果刑法不处罚故意伤害未遂,则充其量成立暴行罪；如刑法没有规定暴行罪,则不成立犯罪)。这样的结论虽然严格限定了共同正犯的成立范围,但却没有考虑法益侵害的事实。于是,犯罪共同说一般主张,在上例的甲与乙共同实施暴力的案例中,甲与乙成立故意杀人罪的共同正犯,但对乙只能判处故意伤害致死的刑罚(因为不能超越行为人的责任科处刑罚)。但是,这种观点一方面导致没有杀

---

① 在刑法理论上,关于犯罪共同说与行为共同说的对立范围存在不同认识。部分学者认为,犯罪共同说与行为共同说只是共同正犯的问题(参见〔日〕木村龟二:《刑法总论》,有斐阁1978年增补版,第404页；〔日〕井田良:《讲义刑法学·总论》,成文堂2008年版,第465页)。部分学者认为,广义的共犯中也存在着是采取犯罪共同说还是采取行为共同说的问题(参见〔日〕大塚仁:《刑法概说(总论)》,有斐阁2008年版,第282页)。但可以肯定的是,只要采取共犯从属性,犯罪共同说与行为共同说就基本上只是针对共同正犯而言。

人故意的乙也成立故意杀人罪,另一方面导致刑罚与罪名分离。正因为如此,犯罪共同说基本上被淘汰。即使是行为无价值论者现在一般也不采取犯罪共同说。

部分犯罪共同说主张,二人以上虽然共同实施了不同的犯罪,但当这些不同的犯罪之间具有重合的性质时,则在重合的限度内成立共同犯罪。"例如,甲以杀人罪的故意、乙以伤害罪的故意,共同对 A 实施暴行,造成 A 死亡的结果。"根据部分犯罪共同说,"在此案中,肯定在伤害罪的范围(因而在伤害致死罪的限度)内适用部分实行全部责任的法理。甲与乙在伤害致死罪的限度内成立共同正犯,按照各自的故意,甲负杀人(既遂)罪的刑事责任,乙负伤害致死罪的刑事责任"①。

对共同正犯采取部分实行全部责任的原则,意味着即使参与人仅实施了部分行为,也要将结果归咎于其行为。由于其中的"全部责任"是指客观归责,所以,对共同正犯的判断,就相当于因果关系的判断,亦即,能否将结果归咎于其中的各参与人。然而,这种能否将结果归咎于参与人行为的判断,与各参与人的故意及其内容是没有关系的。如同故意的有无以及故意的内容不影响因果关系的判断一样,故意及其内容也不应当影响共同正犯成立与否的判断。但是,如前所述,行为无价值论将故意视为违法要素,不得不采取部分犯罪共同说。这是行为无价值论的缺陷在共犯的本质问题上的反映。

行为共同说(事实共同说)认为,共同犯罪是指数人共同实施了行为②,而不是共同实施特定的犯罪。或者说,各人以共同行为实施各人的犯罪时也成立共同正犯。换言之,在"行为"方面,不要求共同实施特定的犯罪,只要构成要件的行为具有共同性就可以成立共同正犯;在"意思联络"方面,也不要求数人必须具有共同实现犯罪的意思联络,只要就实施行为具有意思联络就可以成立共同正犯。

行为共同说是结果无价值论的逻辑结论。如前所述,共同犯罪是违

---

① 〔日〕井田良:《讲义刑法学·总论》,有斐阁 2008 年版,第 465 页、第 466 页。
② 以往的主观主义者的行为共同说所称的行为共同,是指构成要件的或前法律的自然的行为相同;当今的行为共同说所称的行为共同,是指违法的构成要件该当行为相同。

法形态,共同犯罪中的"犯罪"首先是指违法层面意义上的犯罪。根据结果无价值论的观点,故意、过失是责任要素,而不是违法要素,所以,共同正犯的成立不以具有共同故意为前提,只要构成要件的行为相同即可。所以,对共同正犯应当采取行为共同说。例如,只要查明甲、乙共同对丙实施暴力导致丙死亡,就应认定二人成立共同正犯,并将死亡结果归咎于二人的行为。至于甲与乙的责任(各自的故意内容、构成何罪),则需要各别认定;如果甲、乙的故意内容不同,各自会成立不同的犯罪。所以,在二人成立共同正犯时,对二人所认定的罪名可能并不相同。不难看出,部分犯罪共同说回答了"共同正犯犯的是什么罪"这样的并无实际意义的问题。例如,甲、乙共同对丙实施暴力,导致丙死亡。事后查明,甲具有杀人故意,乙仅具有伤害的故意。根据部分犯罪共同说,甲、乙在故意伤害罪的范围内成立共同正犯,但结局依然是对甲认定为故意杀人罪,对乙认定为故意伤害(致死)罪。显然,认定"甲、乙在故意伤害罪的范围内成立共同正犯"没有实际意义,只要认定"甲、乙成立共同正犯"即可得出最终的处理结论。

行为共同说能够合理地全面认定共同犯罪,而且没有扩大处罚范围。一方面,在认定共同正犯时,行为共同是指构成要件的重要部分共同;另一方面,即使承认成立共同犯罪,各共犯人也只能在自己故意、过失的限度内承担责任。正因为行为共同说要求构成要件的重要部分共同,所以,就具体案件而言,行为共同说与部分犯罪共同说得出的结论基本上是相同的。但是,考虑到共同犯罪是违法形态,以及后述狭义的共犯的处罚根据(惹起说),应当认为行为共同说比部分犯罪共同说更具有合理性。因为共同正犯以介入共同者实现符合构成要件的事实为必要,故关于符合构成要件的事实的因果性的检讨具有重要意义。即在与自己的行为具有因果性和介入其他共同者的因果性而实现了构成要件事实的范围内,在共同者的责任限度内追究共同正犯的罪责。[①] 因此,共同正犯的成立不需要故意的共同,也不要求罪名相同。

---

① 参见〔日〕山口厚:《刑法总论》,有斐阁 2007 年版,第 302—303 页。

采取行为共同说，并不违反我国刑法的规定。如前所述，虽然我国《刑法》第25条第1款将共同犯罪定义为"二人以上共同故意犯罪"，但对此规定完全可以解释为"二人以上共同去故意犯罪"。因此，第25条第1款只是限制了共同犯罪的成立范围，而不是否认了行为共同说。

根据行为共同说，成立共同正犯，要求参与人共同实施了符合构成要件的违法行为。至于共同实行的意思，并不是指共同的犯罪故意。例如，当甲向乙提议对丙实施暴力，乙同意并共同对丙实施暴力时，即使甲、乙的故意内容不同，也应认定二人有共同实行的意思。正因为共同正犯是违法形态、共同实行的意思不等于共同的犯罪故意，所以，共同正犯人对另一共同正犯人的责任能力、故意内容等产生认识错误时，不影响共同正犯的成立。

根据行为共同说，可以合理地肯定片面的共同正犯。例如，乙以抢劫的故意正在对丙实施暴力时，知情的甲也在乙的背后举枪威胁丙（乙不知情），二人的暴力、威胁压制了丙的反抗，丙被迫交付财物给乙。甲是片面的共同正犯，对丙的财产损失承担抢劫罪的责任。但是，由于乙并不知情，故不能认定乙是共同正犯。倘若甲的持枪威胁行为导致丙精神异常，乙对该结果并不承担责任。显然，如果知情者的行为与结果之间不具有因果性，则不能认定为片面的共同正犯。

三、间接正犯的范围

罗克信教授将支配犯的间接正犯归纳为三种情形："第一，幕后者能够通过迫使直接实施者实施符合构成要件的行为，从而达成自身对于犯罪事实的支配性（通过强制达成的意思支配）。第二，幕后者可以隐瞒犯罪事实，从而欺骗直接实施者并且诱使对真相缺乏认知的实施者实现幕后者的犯罪计划（通过错误达成的意思支配）。第三，幕后者可以通过有组织的权力机构将实施者作为可以随时替换的机器部件而操纵，并且据此不再将实施者视为个别的正犯而命令，进而达成对犯罪事实的关键支配（通过权力组织的支配）。除了上述三种基本支配情形之外，不可想象其他情形。利用无责任能力、减轻责任能力和未成年人的情形,在构造上只是强制性支配与错误性支配的结合而已。"①从这种一般性的分类中,可能难以看出行为无价值论与结果无价值论的差异。

问题在于,行为无价值论将故意作为违法要素,只要直接行为者没有故意,就可能认为所谓"幕后者"成立间接正犯,进而扩大了间接正犯的范围。例如,井田良教授认为,间接正犯大体分为两种类型,其一是意思支配型的间接正犯,其二是在直接行为者缺乏完全的违法性的场合予以利用的情形,如被利用者缺乏构成要件的故意的情形。② 罗克信教授举例说:"在 A 忘乎所以要向稻草人开枪时,B 虽然认识到 A 其实是将野宿者 L 误认为是稻草人,却仍然将自己的猎枪借给 A,导致 A 错误地杀死了 L 时,B 是故意杀人罪的间接正犯。"③得出这一结论,与德国刑法将被帮助者的故意作为帮助犯的成立前提有关,或者说与行为无价值论将故意作为违法要素相关。根据行为无价值论的观点,故意是违法要素,成立教唆犯、帮助犯以正犯具有故意为前提。由于被帮助者 A 没有杀人的故意,B 的行为不能成立故意杀人罪的帮助犯。于是,只好认定 B 的行为成立间接正犯。④ 诚然,在此案中,"B 是唯一知道行为将导致他人死亡的人"⑤。但是,B 并没有制造 A 的认识错误,所谓 B 对 A 的行为的"利用"充其量只是心理上的,而不是行为上的(B 只是借枪给 A)。不能因为 B 知道 A 在杀人,就当然地成立故意杀人罪的间接正犯。换言之,B 只是实施了帮助行为,并没有实施任何利用行为,因而并不符合罗克信教授所称的"幕后者可以隐瞒犯罪事实,从而欺骗直接实施者并且诱使对真相缺乏认知的实施者实现幕后者的犯罪计划"的情形。不难看出,行为无价值论将故意作为违法要素后,导致将部分帮助犯不当扩大为间接正犯,存在明

---

① Claus Roxin, Strafrecht Allgemeiner Teil, Band II, C. H. Beck 2003, S. 23.
② 〔日〕井田良:《讲义刑法学·总论》,有斐阁 2008 年版,第 446 页以下。
③ Claus Roxin, Strafrecht Allgemeiner Teil, Band II, C. H. Beck 2003, S. 30.
④ 罗克信教授认为 B 的行为构成间接正犯的另一理由是,将 B 的行为评价为见危不救罪(《德国刑法》第 323 条 c)是不充分的,而且在理论构造上也是不可能的(Claus Roxin, Strafrecht Allgemeiner Teil, Band II, C. H. Beck 2003, S. 30)。但是,B 不构成见危不救罪,并不是其构成故意杀人罪的间接正犯的理由。
⑤ Claus Roxin, Strafrecht Allgemeiner Teil, Band II, C. H. Beck 2003, S. 30.

显的缺陷。

按照故意不是违法要素的结果无价值论的观点与限制从属性说,只要正犯实施了符合构成要件的违法行为,即使没有故意与过失,也不影响共犯的成立。据此,B 不是故意杀人罪的间接正犯,而是故意杀人罪的帮助犯。亦即,A 实施了符合故意杀人罪构成要件的违法行为(只是缺乏故意杀人罪的责任要件),B 故意实施了帮助行为,因而成立故意杀人罪的帮助犯。A 仍然仅成立过失致人死亡罪。应当肯定这一结论的妥当性。

四、共犯的处罚根据

所谓共犯的处罚根据,是指教唆犯、帮助犯的处罚根据。

责任共犯说认为,由于共犯者将正犯者引诱至责任与刑罚中,或者说由于共犯使正犯者堕落,所以共犯者也应受处罚。其经典表述是,"正犯实行了杀人行为,教唆犯制造了杀人犯。"根据责任共犯论,共犯的成立以正犯具有构成要件符合性、违法性、有责性为前提(极端从属性说)。但是,极端从属性说并不可取。例如,X 明知 Y 要杀人,而向 Y 提供了杀人工具,Y 使用 X 提供的工具杀害了他人。但事后查明,Y 是缺乏责任能力的人。根据责任共犯论,由于 Y 不具备有责性,X 的行为不成立犯罪。这显然不妥当。再如,根据责任共犯论,甲唆使乙重伤甲的身体的,乙成立故意伤害罪,甲成立故意伤害罪的教唆犯。但这种观点显然不能被人接受。

不法共犯说(违法共犯论)认为,由于共犯者诱使正犯者实施了符合构成要件的违法行为,或者以某种援助行为促进了违法的正犯行为(行为无价值),因而应受处罚。根据不法共犯论,共犯的成立只要求正犯的行为具有构成要件符合性、违法性;如果正犯行为是违法的,共犯行为(只要不存在固有的违法阻却事由)也就是违法的,因而承认违法的连带性。不法共犯论容易说明对真正身份犯的共犯的处罚根据。例如,一般公民教唆国家工作人员受贿的,因为其导致国家工作人员实施了符合构成要件的违法行为,所以承担受贿罪的责任。但是,不法共犯论也会导致不当结论。例如,A 请求正犯 B 杀害自己(A),正犯 B 杀害 A 未遂。由于 A 使正犯 B 实施了杀人未遂的违法行为,因而成立杀人未遂的教唆犯。但这种结论不合理。

"不管是责任共犯论,还是不法共犯论,都认为正犯者由于侵害了法益而受处罚,共犯者只是由于制造了犯罪者或者违法行为者而受到处罚,所以,正犯与共犯在犯罪性质上存在本质的不同。"①但是,正犯与共犯的处罚根据应当是相同的,二者不可能是两种性质不同的犯罪。所以,现在的行为无价值论与结果无价值论,都不赞成责任共犯论,一般也不赞成不法共犯论。②

惹起说(因果共犯论)认为,共犯的处罚根据,在于通过介入正犯的行为引起了法益侵害(构成要件该当事实)。据此,直接引起法益侵害的是正犯,介入正犯行为间接引起法益侵害的是共犯,正犯与共犯的差异在于引起法益侵害的样态不同。据此,在上例中,由于刑法并不要求 A 保护自己的生命,故 A 没有引起法益侵害,因而不可罚。

惹起说内部又可以分为纯粹惹起说、混合惹起说、修正惹起说等不同学说。但是,国外刑法理论的归纳并不完全相同,本书的大体归纳如下:

纯粹惹起说(独立性志向惹起说)是原封不动地将惹起说与共犯的成立条件直接联系起来的观点,它将作为共犯处罚根据的法益侵害的间接惹起,理解为"从共犯的立场来看,通过正犯惹起了(违法的)法益侵害结果(构成要件该当事实)",以共犯行为自身的违法性为基础考虑共犯的违法性,认为共犯的成立不一定要求正犯的行为具有构成要件符合性,因而肯定"没有共犯的正犯"(如 A 按照被害人 X 的请求对 X 实施重大伤害行为,X 无罪,但 A 构成伤害罪)和"没有正犯的共犯"(如 B 唆使 Y 实施自伤行为,Y 无罪,但 B 构成伤害罪的教唆犯),也肯定对过失行为的共犯,还会否认间接正犯。纯粹惹起说虽然有利于说明共犯固有的犯罪性,但不一定符合刑法关于教唆犯、帮助犯的规定,也难以解决身份犯的

---

① 〔日〕井田良:《讲义刑法学·总论》,成文堂 2008 年版,第 481 页。
② 不过,应当承认的是,采取不法共犯论是与行为无价值论相吻合的。

共犯问题。①

修正惹起说(从属性志向惹起说)认为,共犯的违法性不是由来于共犯行为本身,而是由来于正犯行为的违法性。换言之,处罚共犯者,是因为其诱使、促成了正犯的行为,进而导致结果的发生,共犯的违法必然从属于正犯的违法性。据此,A 按照被害人 X 的请求对 X 实施重大伤害行为的,由于 A 的行为违法,故 X 的行为也违法(否认没有"没有共犯的正犯");B 唆使 Y 实施自伤行为的,由于 Y 的自伤行为合法,故 B 的唆使行为也合法(否认"没有正犯的共犯")。根据修正惹起说,教唆未遂是不可罚,但未遂的教唆则具有可罚性。根据其中部分学者的观点,对于非故意行为也能成立共犯。

混合惹起说(从属的法益侵害说)认为,共犯通过正犯者间接地侵害了法益,共犯的违法性由来于共犯行为自身的违法性和正犯行为的违法性。混合惹起说旨在通过要求"存在正犯的违法性"来制约共犯的处罚范围。据此,不存在"没有正犯的共犯",但 A 按照被害人 X 的请求对 X 实施重大伤害行为的,A 的行为违法,X 的教唆行为不违法;被害人教唆他人杀害自己的、犯人教唆他人窝藏自己的,都不可罚。

对于上述的介绍内容,需要说明以下三点:

其一,上述介绍内容,不一定完全是惹起说本身的问题,而是涉及了诸如被害人对伤害的承诺是否有效的内容。倘若将上述"A 按照被害人 X 的请求对 X 实施重大伤害行为"改为"A 按照被害人 X 的请求杀害了 X",那么,各种学说的结论未必会有明显的差异。

其二,不少学者认为,纯粹惹起说能够与行为无价值一元论或者二元论相结合,修正惹起说能够与结果无价值论相结合,混合惹起说能够最好地与二元论相结合。② 曾根威彦教授认为纯粹惹起说与混合惹起说是行为无价值论的立场,修正惹起说才是结果无价值论的立场。③ 但是,本书

---

① 参见〔日〕山口厚:《刑法总论》,有斐阁 2007 年版,第 298 页以下。
② 参见〔日〕高桥则夫:《共犯体系と共犯理论》,成文堂 1988 年版,第 165—166 页;陈子平:《刑法总论》,元照出版有限公司 2008 年版,第 484 页以下。
③ 参见〔日〕曾根威彦:《刑法学基础》,黎宏译,法律出版社 2005 年版,第 137 页以下。

对这种说法持怀疑态度。例如,德国的通说是二元论,但是,"通说都没有采取以共犯不法的独立性为前提的观点,而是认为共犯的可罚性来自对正犯行为的惹起,亦即,将他人的故意不法转用于共犯。根据判例的观点,'教唆的本质'在于'违法行为的惹起'(BGHSt 4,355,358);Jescheck 在'共犯参与正犯的规范侵害中'寻找共犯人的不法,'因此,共犯行为的不法根据与程度依赖于正犯行为的不法';Maurach/Gössel 认为,'共犯的本质在于诱使或助长他人的符合构成要件的不法';Lackner/Kühl 将通说归纳为,'教唆犯与帮助犯助长或者共同惹起由正犯实施的违法行为'"①。再如,纯粹惹起说也可能分为行为无价值型的见解与结果无价值型的见解。② 中山研一、浅田和茂教授是典型的结果无价值论者,都采取了结果无价值型的纯粹惹起说。③ 事实上,各种惹起说都可能与结果无价值论相吻合。结果无价值论者分别采取不同的惹起说,并不是因为结果无价值论本身存在缺陷,因而是因为论者考虑了其他层面的与结果无价值论没有必然联系的问题(如是否承认共犯中的违法的相对性)。

不可否认,的确有二元论者采取混合惹起说。如罗克信教授指出:"共犯的不法既有源于正犯不法的内容,也有不依赖于正犯不法的独立内容。就共犯不法具有从属性而言,共犯不法源于正犯不法。亦即,正犯所实施的故意不法,也被归属于共同参与的共犯。但是,只有对正犯行为的参与同时能够发现共犯独自的法益侵害时,才能承认这种归属。在这一点上,共犯不法具有独立的内容。"④在本书看来,人们之所以认为混合惹起说属于二元论的立场,是因为混合惹起说主张"共犯的违法性由来于共犯行为自身的违法性和正犯行为的违法性",而所谓"共犯自身行为的违法性"就是指行为无价值,"正犯行为的违法性"就是结果无价值论。于是,混合惹起说是行为无价值论与结果无价值论的混合。问题是,"共犯自身行为的违法性"究竟指什么?采取混合惹起说的学者未必有统一的

---

① Claus Roxin,Strafrecht Allgemeiner Teil,Band II,C. H. Beck,2003,S. 136.
② 参见〔日〕山中敬一:《刑法总论》,成文堂 2008 年版,第 807 页。
③ 参见〔日〕中山研一:《刑法总论》,成文堂 1982 年版,第 444 页;〔日〕浅田和茂:《刑法总论》,成文堂 2007 年补正版,第 438 页。
④ Claus Roxin,Strafrecht Allgemeiner Teil,Band II,C. H. Beck,2003,S. 130f.

回答。倘若认为"共犯自身行为的违法性"是指共犯自身行为的规范违反性(具有侵害法益的故意),那么,这种混合惹起说,就是二元论的观点。不仅如此,倘若离开语境进一步认为"正犯行为的违法性"是指违反规范性,混合惹起说则完全与一元的行为无价值论相吻合。然而,倘若认为"共犯行为自身的违法性"是指共犯不具有违法阻却事由(正犯侵害的法益也是共犯不得侵害的法益),则难以认为混合惹起说是二元论的观点。事实上,同样是采取混合惹起说的学者,其具体内容并不完全相同。

其三,就具体案件的处理而言,修正惹起说与混合惹起说可能只是表述不同。例如,A 按照被害人 X 的请求对 X 实施重大伤害行为。按照修正惹起说的观点,由于 A 的行为违法,X 的行为也违法,但是,X 的行为的违法性没有达到可罚的程度,而缺乏可罚的违法性也意味着缺乏刑法上的违法性。① 按照混合惹起说的观点,由于刑法规定故意伤害罪是为了保护被害人的身体,因此,虽然 A 的行为违法,但 X 的行为并不违法。在最终并不违反刑法即缺乏可罚的违法性意义上,修正惹起说与混合惹起说的结论完全相同,只是中间结论略有不同而已。

本书的看法如下:与单个人犯罪的本质一样,共同犯罪的本质也是侵害法益。单独正犯是直接引起法益侵害的犯罪类型,共同正犯是共同引起法益侵害的犯罪类型,间接正犯是通过支配他人的行为引起法益侵害的犯罪类型,教唆犯与帮助犯则是间接引起法益侵害的犯罪类型。换言之,共犯的处罚根据,在于共犯通过正犯间接地侵害了法益;处罚共犯,是因为其诱使、促成了正犯实施符合构成要件的法益侵害行为。共犯的违法性由来于共犯行为自身的违法性和正犯行为的违法性。共犯行为自身的违法性,并不是指共犯行为本身具有行为无价值,而是指共犯本身的行为间接地引起了法益侵害,而且不具有违法阻却事由(在此意义上承认违法的相对性)。其一,"正犯"必须实施了符合构成要件的违法行为,侵害或者威胁了法益,否则,不能处罚教唆者与帮助犯。所以,教唆未遂(教唆

---

① 事实上,也有不少学者认为,缺乏可罚的违法性(轻微的违法性)是实质的违法阻却事由(参见〔日〕山口厚:《刑法总论》,有斐阁 2007 年版,第 173 页以下)。

行为失败)是不可罚的,但未遂的教唆(被教唆者着手实行犯罪而未得逞)具有可罚性。其二,在正犯实施了符合构成要件的法益侵害行为时,只要共犯没有违法阻却事由,就必须肯定共犯的行为也是违法的。换言之,如果正犯侵犯的法益,不是教唆者、帮助者必须保护的法益(共犯具有违法阻却事由),则只有正犯的行为成立犯罪,教唆者、帮助者的行为不成立犯罪。例如,A 按照被害人 X 的请求对 X 实施重大伤害行为的,A 的行为违法,X 的教唆行为不违法。但是,B 唆使 Y 实施自伤行为的,由于 Y 的自伤行为不违法,故 B 的唆使行为也不违法。概言之,只有当共犯不具有违法阻却事由时,才能承认违法的连带性。附带说明的是,如果正犯的行为侵害了法益,但共犯对该法益侵害缺乏责任的,正犯与共犯虽然在违法层面属于共同犯罪,但共犯并不成立犯罪。

五、故意的从属性

按照共犯从属性说,只有当正犯已经着手实行犯罪后,教唆者与帮助者才成立共犯(教唆犯与帮助犯)。① 问题是,教唆犯的成立除了客观上必须引起被教唆者的实行行为外,是否还要求引起被教唆者的故意？帮助犯所帮助的正犯,是否仅限于有犯罪故意的正犯？例如,甲以教唆的故意唆使他人实行犯罪,他人虽然实施了符合客观构成要件的违法行为,但主观上并没有犯罪故意时,对甲应如何处理？乙以帮助的故意帮助他人实行犯罪,他人虽然实施了符合客观构成要件的违法行为,但主观上并没有犯罪故意时,对乙应当如何处理？与身份犯相关的问题是,没有身份的丙故意引起有身份的他人实施符合客观构成要件的违法行为,而有身份者并无犯罪故意时,对丙应当如何处理？上述问题的解决,取决于是否承认共犯对正犯故意的从属性。行为无价值论将故意作为违法要素,因此,不管是采取限制从属性说还是最小限制从属性说,只有当正犯具有故意

---

① 参见张明楷:《刑法学》,法律出版社 2011 年版,第 372 页以下。当然,在处罚预备犯的情况下,被教唆者已经开始实施可罚的犯罪预备行为的,对教唆犯、帮助犯也可以以犯罪预备论处。

时,教唆犯与帮助犯才得以成立。① 概言之,行为无价值论采用共犯对正犯故意具有从属性的观点(肯定说),据此,甲、乙、丙的行为不成立共犯。结果无价值论则认为,故意不是违法要素,所以,不管是采取限制从属性说还是最小限从属性说,即使正犯不具有故意,教唆犯与帮助犯也可能成立。换言之,结果无价值论的逻辑结论是共犯对正犯故意不具有从属性(否定说),据此,能够直接认定甲、丙成立教唆犯、乙成立帮助犯。以下旨在说明肯定说(行为无价值论)的缺陷,从而提倡否定说,进一步证明结果无价值论将故意、过失纳入责任要素的妥当性。

(一) 肯定说的缺陷

认为只有当被教唆者因为受教唆产生了实行犯罪的故意,并且着手实行犯罪,才成立教唆犯的观点,意味着要求共犯对正犯的故意具有从属性。这既是德国现行刑法的规定与当今判例的立场②,也是德国的通说③,日本也有不少学者持肯定说④。根据肯定说,如果被教唆者没有因为受教唆而产生故意,教唆者就不可能成立教唆犯。基于同样的理由,帮助犯对正犯的故意也具有从属性,亦即,只有正犯具有故意并实行了犯罪时,帮助犯才得以成立。

但是,肯定说形成了明显的处罚漏洞,导致了处罚的不公平。

> **案例一**

甲教唆乙说:"丙是坏人,你将这个毒药递给他喝。"乙却听成了"丙是病人,你将这个土药递给他喝",于是将毒药递给丙,丙喝下毒药后死

---

① 〔日〕井田良:《讲义刑法学·总论》,成文堂2008年版,第482页。

② 被告人以滥用药物为目的,使不知情的医生误以为其出于治疗目的而开处方。滥用药物罪是身份犯,主体必须是医生。德国联邦法院1956年的判决,以非身份者不能成为身份犯的间接正犯为前提,对被告人能否成立对没有故意的医生的教唆犯予以处罚的问题,采取了否定回答(BGHSt 9.370)(参见〔日〕松宫孝明:《刑事立法と犯罪体系》,成文堂2003年版,第259页)。

③ 参见〔德〕冈特·施特拉腾韦特、洛塔尔·库伦:《刑法总论I——犯罪论》,杨萌译,法律出版社2006年版,第329页以下。

④ 参见〔日〕团藤重光:《刑法纲要总论》,创文社1990年版,第383页。

亡,但乙并无杀人故意。按照肯定说的逻辑结论,由于被教唆者乙没有产生杀人故意,或者说,甲没有引起乙的杀人故意,甲不成立教唆犯。

然而,甲的行为不成立教唆犯的结论,明显不当。因为即使乙产生了犯罪故意,甲也要承担教唆犯的责任;在乙没有产生故意的情况下,甲的客观行为成为间接正犯,更应当受到刑罚处罚,怎么可能反而无罪呢?这不是一句"法无明文规定不为罪"可以敷衍的。于是,日本有部分学者利用认识错误理论来处理这一案件。亦即,案例一中的甲以教唆犯的故意,引起了间接正犯的客观事实,属于教唆犯与间接正犯之间的认识错误(共犯形式的认识错误)。由于甲没有间接正犯的故意,所以,对甲不能按故意杀人罪的间接正犯论处。但由于甲的客观行为与主观内容在教唆犯的范围内是重合的,故对甲以教唆犯论处。① 在本书看来,这种解释表面合理,实则不然。

首先,上述日本学者的论证过程表现为,甲的行为没有引起被教唆者的故意,原本不符合教唆犯的成立条件,但根据认识错误理论,甲又成立教唆犯。然而,问题的关键是:教唆犯的成立是否以引起被教唆者的故意为前提? 显然,日本学者的前提与其结论是自相矛盾的:前提是教唆犯的成立必须引起被教唆者的故意,结论是没有引起教唆犯的故意时也可能成立教唆犯。② 既然得出案例一中的甲成立教唆犯的结论,就表明教唆犯的成立不以引起被教唆者的故意为前提。

其次,认识错误理论所解决的是故意问题,不管是采取法定符合说还是具体符合说,都不得、也不能使不符合客观构成要件的事实演变为符合客观构成要件的事实。换言之,"刑法学中所讨论的错误,并非主观面与客观面之间存在不一致的所有情形,而是限于故意(犯)的成立与否成为问题的场合。客观面发生了某种重大的事项(如发生了人死亡的结果),主观面对一定的事态具有认识时,主观面的这种认识,可否认为是与该客

---

① 参见〔日〕团藤重光:《刑法纲要总论》,创文社1990年版,第429页;〔日〕大塚仁:《刑法概说(总论)》,有斐阁2008年版,第344页。

② 参见〔日〕松宫孝明:《刑事立法と犯罪体系》,成文堂2003年版,第259页。

观事实相对应的故意(如杀人罪的故意),才是刑法中的错误论的问题"[1]。认识错误与故意是表里关系,对认识错误的处理在于解决行为人对于发生的结果是否具有故意责任。所以,"必须维持'错误论是故意论的反面(Kehrseite)'这一命题。在故意成为问题的时候,不存在'不适用错误论'的情形;在根据故意论不认为有故意的场合,也不能根据错误论认定有故意"[2]。对共犯的认识错误的处理,也是如此。就案例一而言,认识错误理论所要解决的问题是,在甲的行为客观上属于间接正犯时,能否认为教唆犯的故意也符合间接正犯的故意。答案显然是否定的,故不能认定案例一中的甲成立间接正犯。至于反过来的问题,即案例一中的甲的客观事实是否符合教唆犯的客观条件,严格来说,是客观构成要件符合性的判断问题,而不是认识错误理论所要解决的问题。或者说,在客观构成要件符合性成为问题的时候,不可能通过适用认识错误理论,使不符合客观构成要件的事实成为符合客观构成要件的事实。按照肯定说,案例一中的甲的行为因为没有引起乙的犯罪故意,所以不符合教唆犯的客观条件。既然如此,就不成立教唆犯。但是,肯定说运用认识错误理论处理的结果是,甲依然符合了教唆犯的客观条件。这种做法的实质是,在不能根据客观事实认定行为成立教唆犯时,可能或者可以根据认识错误理论认定行为成立教唆犯。于是,认识错误理论成为认定客观事实的另一途径。这是难以令人赞成的做法。

  日本的行为无价值论者对这种处理提出的辩护意见是,作为抽象的事实认识错误问题,不仅包括一定范围内的"故意的抽象化或者转用",而且包括某种程度的"发生事实的抽象化或者转用"。例如,行为人以侵占遗忘物的故意实现了盗窃罪的客观事实时(如误将他人占有的财物当作遗忘物而据为己有),作为抽象的事实认识错误,结局以侵占(遗忘物)罪论处。尽管在这种场合,不存在符合侵占(遗忘物)罪构成要件的客观事实(客观上仅存在盗窃事实),但将发生的盗窃事实"转用"于此,进而

---

[1] 〔日〕井田良、丸山雅夫:《ケーススタディ刑法》,日本评论社2004年版,第112页。
[2] 〔日〕平野龙一:《刑事法研究最终卷》,有斐阁2005年版,第3页。

肯定侵占（遗忘物）罪的成立。如果这是被允许的，那么，就同一犯罪类型而言，将较重的间接正犯事实，"转用"为较轻的教唆犯的事实，也是被允许的。① 这种观点的根据是《日本刑法》第38条第2项。该项规定："实施了本应属于重罪的行为，但行为时不知属于重罪的事实的，不得以重罪处罚。"在甲以教唆的故意（罪轻）产生了间接正犯（罪重）效果的场合，实际上以较重罪的构成要件（间接正犯的客观要件）替代了较轻罪的构成要件（教唆犯的成立要件）。所以，对甲可以认定为教唆犯。②

但是，这种"转用论"（或"替代论"）存在疑问。因为罪刑法定原则决定了教唆犯的成立以符合教唆犯的成立条件为前提。既然要求教唆犯的成立以引起被教唆者的故意为条件，那么，当教唆行为并没有引起被教唆者的故意时，就并不符合教唆犯的成立条件。将较重的间接正犯"转用"到较轻的教唆犯的事实时，肯定说所要求的"引起被教唆者的故意"这一条件并没有充足。所以，"转用论"的论证过程并不符合罪刑法定原则。另一方面，间接正犯的成立并不要求被利用者具有故意，既然承认间接正犯的客观要件可以替代教唆犯的客观要件，就意味着教唆犯不要求被教唆者产生故意，意味着教唆犯对正犯故意并无从属性。显然，"转用论"也是自相矛盾的。

最后，即使利用认识错误理论，也不能解决下述身份犯的问题。

案例二

A为普通公民，B为国有公司出纳（国家工作人员），二人关系密切。A谎称购房需要首付，唆使B将公款挪给自己使用，并谎称两周后自己的定期存款到期，即可归还。B信以为真，便将公款50万元挪出交给A。A使用该公款贩卖毒品获利后，两周内将50万元归还给B所在的国有公司。

根据我国《刑法》第384条的规定，如果B知道A使用该公款贩卖毒

---

① 〔日〕井田良：《犯罪论の现在と目的的行为论》，成文堂1995年版，第189—190页。
② 〔日〕井田良：《讲义刑法学·总论》，成文堂2008年版，第188页、第502页。

品,那么,B不仅成立挪用公款罪,而且成立贩卖毒品罪的共犯。① 但是,B对于A使用50万元贩卖毒品的事实并不知情,且误以为A将公款用于购房,没有认识到A利用公款进行非法活动与营利活动,所以,A既不具有贩卖毒品的故意,也不具有挪用公款罪的故意。概言之,A的行为客观上引起了B实施挪用公款的行为,但没有引起B挪用公款罪的故意。反过来说,B的行为在客观上仍属于挪用公款进行非法活动,只不过其没有挪用公款进行非法活动的故意而已。②

按照肯定说,A不成立挪用公款罪的教唆犯,因为他没有引起B挪用公款罪的故意。或许有人认为,A成立挪用公款罪的间接正犯。但是,这种观点并不成立。挪用公款罪是真正身份犯,在真正身份犯的场合,只有具备身份的人才可能成为正犯。间接正犯是正犯的一种,具有身份的人才可能成为间接正犯。如果认为间接正犯可以不需要特殊身份,就必然使构成要件丧失定型性,违反罪刑法定原则。③ 例如,国家工作人员甲外出时,让非国家工作人员的妻子乙收受贿赂,国家工作人员是受贿罪的正犯,其妻子为帮助犯;而非妻子是正犯、国家工作人员是帮助犯。④ 反之,即使妻子乙胁迫甲索取贿赂,并由乙亲手接受财物,乙也不可能成立受贿罪的间接正犯。另一方面,不能因为存在利用与被利用关系,就认定利用者为间接正犯。例如,一般主体甲向国有金融机构工作人员乙使用伪造的票据骗取财物。乙没有犯罪故意,也可谓被利用者,但其职务行为(交付行为)造成了国有财产的损失。甲具有非法占有国有金融机构财产的故意与目的,也可谓利用者。但是,不能因为甲与乙之间存在利用与被利用关系,就认定甲的行为成立贪污罪的间接正犯。概言之,案例二中的A虽然有间接正犯的故意与利用行为,但因为缺乏间接正犯的身份,而不可

---

① 最高人民法院1998年4月29日《关于审理挪用公款案件具体应用法律若干问题的解释》第7条第2款规定:"挪用公款进行非法活动构成其他犯罪的,依照数罪并罚的规定处罚"。
② 在A于3个月内将公款归还给B所在的国有公司的前提下,B挪用公款给A用于购房首付的"故意",并不是真正意义上的挪用公款罪的故意。
③ 参见〔日〕团藤重光:《刑法纲要总论》,创文社1990年版,第155页。
④ 同上书,第159页;〔日〕大塚仁:《刑法概说(总论)》,有斐阁2008年版,第162页;〔日〕山口厚:《刑法总论》,有斐阁2007年版,第72页。

能成立间接正犯。

由上可见,倘若否认了案例二中的 A 成立教唆犯与间接正犯,便意味着 A 的行为不构成犯罪。然而,即使在日本,也不可能通过认识错误理论使 A 成立间接正犯。因为认识错误理论解决的是行为人对特定违法事实是否具有故意的问题,而不可能解决身份问题。换言之,认识错误理论的运用,不可能使不具有身份的人成立身份犯的间接正犯。

正因为利用认识错误理论处理客观构成要件符合性存在明显缺陷,所以,德国刑法理论并没有利用认识错误理论处理案例一与案例二。

首先,就案例一而言,《德国刑法》第 26 条规定:"故意唆使他人故意实施违法行为的,是教唆犯;对教唆犯的处罚与正犯相同。"根据德国刑法理论的主流观点,首先,对于案例一中的甲,不能按其客观上所起的作用认定为间接正犯,因为共犯不能为其所起到的超乎预料的作用而承担责任。其次,也不能根据共犯的意愿的强弱,将客观事实归责于共犯,即不能将甲认定为教唆犯,因为被教唆者乙缺乏《德国刑法》第 26 条所要求的故意。最后,对于甲只能认定为教唆未遂。根据《德国刑法》第 30 条第 1 款的规定,教唆重罪未遂的,亦处罚;教唆轻罪未遂的不处罚。于是,形成了明显的处罚漏洞。① 具体表现在两个方面:其一,倘若案例一中的甲所教唆的是轻罪,即使乙没有故意地完成了轻罪,甲客观上虽然是间接正犯,但由于不具有间接正犯的故意,因而不成立任何犯罪。可是,与倘若乙产生故意进而完成了轻罪,甲便成立教唆犯相比,这显然不公平。其二,倘若案例一中的甲所教唆的是重罪,即使乙的行为造成了法益侵害结果,对甲也只能以未遂犯论处。可是,甲的行为明显通过正犯行为造成了法益侵害结果,对甲以未遂犯论处明显违反了常理。

其次,就案例二而言,德国刑法理论与审判实践也只能认定 A 无罪。一方面,根据《德国刑法》第 26 条的规定,B 没有产生犯罪故意,所以,A 不成立教唆犯。另一方面,A 虽然在客观行为上表现为"间接正犯",也

---

① 参见〔德〕冈特·施特拉腾韦特、洛塔尔·库伦:《刑法总论 I——犯罪论》,杨萌译,法律出版社 2005 年版,第 354 页;Hans-Heinrich Jesheck /Thomas Weigend, Lehrbuch des Strafrechts. Allgemeiner Teil, 5. Aufl., Duncker & Humblot 1996, S. 656。

可谓具有间接正犯的故意,但间接正犯是正犯的一种,在身份犯的场合,间接正犯也必须具有身份。① 所以,根据《德国刑法》第 26 条的规定,案例二中的 A 也是无罪的。这也形成了明显的处罚漏洞与处罚的不公平。因为就挪用公款而言,如果 A 讲明真相,则 B 支配犯罪事实,且具有挪用公款罪的故意;A 在客观上是教唆行为,主观上有教唆故意,成立教唆犯。反之,如果 A 掩盖真相,B 不具有挪用公款罪的故意;A 在客观上支配了犯罪事实,主观上也具有支配犯罪事实的故意时,反而不成立任何犯罪。对于这种处罚漏洞与处罚的不公平性,德国学者也存在异议。罗克信教授指出:"例如,当一个并非事故参与人的乘车者,通过说他'检查了外面的情况,什么都没有发生'而促使司机离开事故现场时(第 142 条)②,尽管他利用了一个欠缺故意的行为作为工具,但由于他缺乏等待义务,对他不能以间接正犯处罚。由于不存在有故意的正犯,也不能以第 142 条的教唆犯处罚。尽管促使者使得事故制造者离开行为地点,但他最终仍然无罪。与正犯具有故意时没有争议地以教唆犯论处的情形相比,促使者甚至应当承担更大的责任,因为与教唆犯相比,有故意的正犯至少应当对犯罪承担主要责任,而在对事故存否有认识错误时,促使者应当单独承担故意的责任。给予其不罚的待遇,让人费解。"③

在行为人以帮助的故意造成了间接正犯的事态时,肯定说也同样造成处罚漏洞。

案例三

咖啡店店主李四某日突生杀害王五之念,并将有毒饮料交给店员张三保管,对张三说:"王五下次来店时,你就将此有毒饮料递给我。"时隔多日,王五来到咖啡店,张三以帮助的故意将有毒饮料递给李四,但李四此时完全忘了饮料有毒的事情,在缺乏杀人故意的情况下将有毒饮料递

---

① Vgl. ,Claus Roxin,Strafrecht Allgemeiner Teil,Band II,C. H. Beck,2003,S. 109,138.
② 《德国刑法》第 142 条规定了未经允许离开事故地点罪,即事故参与人在道路交通中发生事故后擅自离开事故地点的,成立犯罪。
③ Claus Roxin,Strafrecht Allgemeiner Teil,Band II,C. H. Beck,2003,S. 141.

给王五喝,导致王五死亡。这是以帮助的故意实现了间接正犯的客观事实的情形。

肯定说要求教唆犯的成立以引起被教唆者的故意为前提,同时必然要求帮助犯的成立以帮助有故意的正犯为前提。《德国刑法》第27条第2款规定:"故意地为他人故意实施的违法行为提供帮助的,是帮助犯。"于是,在德国,张三的行为便不可罚。可是,倘若李四当时具有故意,张三的行为在客观上属于帮助行为,主观上具有帮助故意时,仍成立帮助犯。然而,当李四当时并无杀人故意,张三的行为在客观上属于间接正犯,主观上具有帮助故意时,反而不成立任何犯罪。这明显不均衡,违反最基本的公平正义观念。正因为如此,日本的部分学者会运用认识错误理论认定张三成立帮助犯,即张三主观上只有帮助的故意,但客观上的间接正犯可以评价为帮助行为,二者在帮助犯的限度内是重合的,故张三成立帮助犯。① 但是,这种做法存在与对案例一运用认识错误理论相同的问题。

德国并不运用认识错误理论解决以帮助的故意造成间接正犯效果的案件,因而形成了处罚漏洞。罗克信教授指出:德国刑法要求共犯对正犯故意具有从属性的规定,"造成了让人难以理解的处罚漏洞。这首先适用于错误地认为正犯有故意的场合。如果某人误以为一位妻子想杀死其丈夫,便将毒药给她。妻子虽然给丈夫喂了毒药并且造成了丈夫死亡的结果,但她在行为时却错误地认为,她喂的是一种治病的药物。对于提供毒药的行为人不能作为谋杀或者故意杀人的帮助犯处罚。因为帮助行为的未遂不可罚。然而,如果要认定为过失致人死亡,则又与提供毒药的行为乃是故意的相矛盾。因此,尽管行为人故意地导致了一个人的死亡,而且客观上他对此所作的贡献甚至比他自己所想象的还要大,对他也必须以无罪论处。这样的结论显然不妥当"②。

总之,肯定共犯对正犯故意具有从属性的观点与立法,形成了明显的

---

① 参见〔日〕大塚仁:《刑法概说(总论)》,有斐阁2008年版,第342页;〔日〕大谷实:《刑法讲义总论》,成文堂2009年第3版,第470页。
② Claus Roxin, Strafrecht Allgemeiner Teil, Band II, C. H. Beck, 2003, S. 139f.

处罚漏洞,导致处罚的不公平。而共犯对正犯故意具有从属性的观点与立法的理论根基是将故意作为违法要素的行为无价值论,由此也可以看到行为无价值论的缺陷。

(二)否定说的优点

正因为肯定说存在缺陷,所以,日本有学者明确否认共犯对正犯故意的从属性说。① 本书也提倡否定说。亦即,教唆犯的成立不以被教唆者产生故意为条件、帮助犯的成立也不以被帮助者具有故意为前提。据此,上述案例一中的甲与案例二中的A,分别成立故意杀人罪的教唆犯与挪用公款罪的教唆犯;案例三中的张三则成立故意杀人罪的帮助犯。不难看出,否定说的最大优点,在于填补了处罚漏洞,维护了刑法的公平正义性。

如前所述,关于共犯的处罚根据,刑法理论的通说是因果共犯论。德国的通说是修正惹起。日本学者普遍认为,共犯的处罚根据,在于通过介入正犯的行为引起了法益侵害(构成要件该当事实)。② 根据结果无价值论的观点,故意不是违法要素,而是责任要素,所以,采取共犯从属性说,不以正犯具有故意为前提。概言之,直接引起法益侵害的是正犯,介入正犯行为间接引起法益侵害的是共犯,正犯与共犯的差异在于引起法益侵害的样态不同。在通过介入正犯的行为间接引起法益侵害这一点上,教唆犯与帮助犯是相同的。教唆犯与帮助犯的区别在于,前者使原本不实施法益侵害行为的人实施了符合构成要件的法益侵害行为,或者说,前者使他人实施了正犯行为;后者只是使正犯行为更为容易。但是,正犯行为只是就符合客观构成要件的违法行为而言,因此,只要使他人实施了正犯行为,即使他人没有产生犯罪的故意,也具备了教唆犯的处罚根据。同样,只要使符合构成要件的正犯行为更为容易,就具备了帮助犯的处罚

---

① 参见〔日〕松宫孝明:《共犯の"从属性"について》,载《立命馆法学》1995年第5、6合并号,第302页以下。

② 〔日〕大谷实:《刑法讲义总论》,成文堂2009年第3版,第404页;〔日〕前田雅英:《刑法总论讲义》,东京大学出版会2011年版,第459页;〔日〕山口厚:《刑法总论》,有斐阁2007年版,第296页以下;〔日〕井田良:《讲义刑法学·总论》,成文堂2008年版,第481页。

根据。因此,就教唆犯的成立而言,没有理由要求被教唆者产生故意;就帮助犯的成立而言,没有理由要求被帮助者具有故意。

否认共犯对正犯故意的从属性,只是放弃了肯定说要求被教唆、被帮助的正犯必须有故意这一个条件,而没有缓和其他条件,因而不会违反罪刑法定原则。例如,就客观方面而言,教唆犯的成立,要求教唆行为引起被教唆者实施了符合客观构成要件的违法行为;帮助犯的成立,依然要求客观上帮助了符合客观构成要件的违法行为。就主观方面而言,依然要求教唆犯与帮助犯分别具有教唆的故意与帮助的故意。

否认共犯对正犯故意的从属性,依然采取的是限制的正犯概念。即只有以自己的身体动静直接实现构成要件的,才是直接正犯;与此同时,也承认间接正犯。教唆犯与帮助犯原本就不是正犯。所以,参与者不成立教唆犯、帮助犯时,并不当然成立正犯。正因为如此,在案例一、案例二与案例三中,即使否认甲、A与张三是教唆犯与帮助犯,他们也并非当然是正犯。

否认共犯对正犯故意的从属性,能够顺利地维持限制从属性说。根据限制从属性说,正犯的行为符合客观构成要件并且违法时,共犯才得以成立。换言之,正犯是否有责任,以及是故意责任还是过失责任,则是另一回事。这是因为,共同犯罪是违法形态,所解决的问题是将违法事实归属于哪些参与人的行为。就具体案件而言,司法机关认定二人以上的行为是否成立共同犯罪,只是解决二人以上的客观归责问题,并不解决二人以上的责任问题。反过来说,只要认定共同犯罪的成立,就要将法益侵害结果归咎于参与者的行为(而不论参与者是否具有责任)。所以,在共同犯罪中,违法原则上是连带的,而责任是个别的。至于行为人是正犯还是共犯,有其客观的区分标准,而不取决于主观上有无责任。如在案例一中,乙以自己的身体动作造成了丙的死亡,即使乙没有过失或者可能有过失,也不影响乙在客观构成要件与违法性阶段成立正犯。在案例二中,B客观上实施了符合挪用公款罪构成要件的违法行为(具体表现为挪用公款进行非法活动),在构成要件符合性与违法性阶段,B就是挪用公款罪的正犯。只是因为没有责任(具体表现为没有故意),才不成立挪用公款罪。但是,既然 A 导致(引起) B 实施了符合构成要件的违法行为,根据限制从属性说,A 当然成立共犯(教唆犯)。在案例三中,李四亲手将毒药递给王五喝的行为,也在构成要件与违法性阶段成立正犯。根据限制从属性说,张三成立帮助犯。由此可见,否认共犯对正犯故意的从属性,并不意味着承认没有正犯的教唆犯与没有正犯的帮助犯,只不过正犯只是客观构成要件符合性与违法性意义上的正犯,而不要求是有责性意义上的正犯。①

其实,在德国,"从 1943 年起直至战后,尽管已经存在限制从属性原则,但判例仍然公开表明,正犯没有故意时,共犯仍然可能成立,原因在于判例不是将故意视为构成要件的要素,而是视为责任的要素"②。现行《德国刑法》第 26 条规定之所以肯定共犯对正犯故意具有从属性,是因为自目的行为论产生以来,德国刑法理论采取了二元论,将故意作为构成要件要素看待。由于故意是构成要件要素,因而也是违法要素(因为故意表明行为人对规范的违反更为严重)。所以,即使采取最小限制从属性说,共犯对正犯故意也具有从属性。但容忍如此明显的处罚漏洞,并不合适。所以,即使在普遍将故意作为构成要件要素的德国,为了填补行为无价值论导致的处罚漏洞,也有学者提出,对限制从属性说只能作如下理解:共犯的成立"除了要求正犯行为的违法性之外,便只要求其符合客观

---

① 日本有学者在"间接正犯与教唆犯的错误"的标题下,以间接正犯的实行行为包含了教唆为由,肯定案例一中的甲成立教唆犯。其具体论述如下:"例如,在打算教唆杀人而实施教唆行为,但在客观上发生了间接正犯的事实的场合,成立教唆犯。……那么,这是否承认了'没有正犯的教唆'呢?不过,在这种案件中,问题在于,客观上不存在教唆犯的事实时,能否评价为教唆犯?如果变换表述,问题则是,在利用可以支配行为的人导致结果发生的客观行为中,是否包含唆使他人使之产生犯意以实现犯罪的行为?在此,如果强调教唆犯中'使之产生犯意具有重要性'这一点,就可以看出,被利用者欠缺犯意的间接正犯与教唆完全没有重合之处。然而,多数学说之所以认为有'重合',是因为'都同样是利用他人实现犯罪的情形,既然间接正犯的类型性的行为支配性更强,那么,就可以评价为间接正犯的实行行为包含了教唆'。诚然,对这样的评价也可以有异议。然而,就这样的案件而言,虽然认定教唆犯的成立,但显然并不认可没有正犯的教唆。因为存在可以评价为教唆的客观事实,即存在可以评价为使正犯者实行的事实,故作为教唆予以处罚。"([日]前田雅英:《刑法总论讲义》,东京大学出版会 2011 年版,第 540—541 页)但是,这种观点似乎混淆了"没有正犯故意的教唆"与"没有正犯的教唆"两个不同问题。根据限制从属性原理,如果没有客观构成要件符合性与违法性阶段的正犯,就不可能有教唆犯与帮助犯。但是,正犯是否具有故意,则是另一回事。

② Claus Roxin, Strafrecht Allgemeiner Teil, Band II, C. H. Beck, 2003, S. 139.

的构成要件"①。按照结果无价值论的观点,违法性的本质不是规范违反,而是法益侵害;故意不是违法要素,而是责任要素。所以,即使采取限制从属性说,教唆犯与帮助犯的成立,也仅要求正犯的行为具备客观构成要件符合性与违法性,而不要求正犯具有故意。

由于《德国刑法》第26条与第27条明文肯定了共犯对正犯故意的从属性,所以,由此形成的处罚漏洞,便不可能通过学理解释填补。正如德国学者所言:"填补可罚性漏洞的所有需要也就彻底改造了'法无明文规定不为罪'的原则。"②换言之,"唯一明晰的解决方案在于,一般性地不要求所参与的正犯行为具备故意性,但只有立法者才能创造这样一种可能性,根据现行法,只能忍受这样一种令人目瞪口呆的处罚漏洞"③。但是,只要其他国家(包括我国)的刑法规定不同于德国,就完全有可能否认教唆犯与帮助犯对正犯故意具有从属性。

事实上,除了德国刑法之外,其他国家都没有明文将正犯的故意作为教唆犯、帮助犯的成立条件。例如,《日本刑法》第61条第1项规定:"教唆他人使之实行犯罪的,判处正犯的刑罚。"第62条第1项规定:"帮助正犯的,是从犯。"被教唆者是否实行了犯罪,与其主观上是否具有故意没有关系。过失犯也有实行行为,没有过失时,其符合构成要件的违法行为也是实行行为。正犯概念并非限于故意犯罪,过失犯罪也有正犯概念。所以,《日本刑法》的规定并没有肯定共犯对正犯故意的从属性。再如,《瑞士刑法》第24条第1款与第25条的规定④、《法国刑法》第121-7条的规定⑤、

---

① Claus Roxin, Strafrecht Allgemeiner Teil, Band II, C. H. Beck, 2003, S. 139.
② 〔德〕冈特·施特拉腾韦特、洛塔尔·库伦:《刑法总论 I——犯罪论》,杨萌译,法律出版社2006年版,第330页。
③ Claus Roxin, Strafrecht Allgemeiner Teil, Band II, C. H. Beck, 2003, S. 141.
④ 第24条第1款规定:"故意教唆他人犯重罪或轻罪的,是教唆犯。对教唆犯的处罚与正犯相同。"第25条规定:"故意帮助他人实施重罪或轻罪的,可减轻处罚。"(徐久生、庄敬华译:《瑞士联邦刑法典》,中国方正出版社2004年版,第8页)。
⑤ 该条规定:"知情而故意给予帮助或协助,为准备或完成重罪或轻罪提供方便者,是重罪或轻罪之共犯。以赠礼、许诺、威胁、命令、滥用权势或者权力,挑动犯罪或教唆实行犯罪者,亦为共犯。"(罗结珍译:《法国新刑法典》,中国法制出版社2003年版,第9页)。

现行《俄罗斯联邦刑法》第 33 条第 4 款、第 5 款的规定①,都没有明文要求教唆犯必须使他人产生犯罪故意,也没有要求帮助犯的成立以正犯具有故意为前提。

旧中国 1928 年《刑法》第 43 条第 1 款规定:"教唆他人使之实施犯罪之行为者为教唆犯,教唆教唆犯者亦同。"第 44 条第 1 款规定:"帮助正犯者为从犯。"1935 年《刑法》第 29 条第 1 款规定:"教唆他人犯罪者,为教唆犯。"第 30 条第 1 款规定:"帮助他人犯罪者,为从犯。虽他人不知帮助之情者,亦同。"显然,这些规定也没有肯定教唆犯、帮助犯(从犯)对正犯故意的从属性。

我国现行《刑法》第 29 条以及旧《刑法》第 26 条都只是规定"教唆他人犯罪的,应当按照他在共同犯罪中所起的作用处罚"。现行《刑法》第 27 条与旧《刑法》第 24 条都仅规定"在共同犯罪中起次要或者辅助作用的,是从犯"。这些规定同样没有肯定教唆犯、帮助犯对正犯故意的从属性。

(三) 正犯故意的作用

既然我国刑法没有肯定共犯对正犯故意的从属性,为什么刑法理论将引起被教唆者的故意或者使被教唆者产生犯罪决意,作为教唆犯的成立条件,将正犯故意作为帮助犯的成立条件呢?② 在笔者看来,如果撇开行为无价值论与结果无价值论的理论根基,提出这样的要求,只是为了区分教唆犯与间接正犯、帮助犯与间接正犯的界限。在此意义上说,"引起被教唆者的故意"以及"正犯故意"只是界限要素,因而是表面的要素或者虚假的要素。

---

① 两款的规定分别为:"劝诱、收买、威胁或者以其他方法怂恿他人实施犯罪的人,是教唆犯。""以建议、指点、提供信息、提供犯罪手段或工具或者排除障碍从而帮助实施犯罪的人,以及事先许诺藏匿犯罪人、犯罪手段或工具、湮灭犯罪痕迹或藏匿犯罪赃物的人,以及事先许诺购买或者销售赃物的人,是帮助犯。"(黄道秀译:《俄罗斯联邦刑事法典》,北京大学出版社 2008 年版,第 13 页)。

② 我国刑法理论的传统观点认为,"所谓教唆,就是唆使具有刑事责任能力没有犯罪故意的他人产生犯罪故意"(高铭暄、马克昌主编:《刑法学》,北京大学出版社、高等教育出版社 2010 年版,第 191 页)。

如所周知,如果认为构成要件是违法类型,那么,构成要件要素就必须是表明违法性的要素;如果认为构成要件是违法有责类型,构成要件要素要么必须是表明违法性的要素,要么必须是表明非难可能性的要素。但是,仔细研究刑法关于构成要件要素的规定,就会发现,刑法明文规定的某些要素并不是为了给违法性、有责性提供根据,只是为了区分相关犯罪(包括同一犯罪的不同处罚标准)的界限。这种构成要件要素称为"表面的构成要件要素"或"虚假的构成要件要素",也可以称为分界要素。从实体法的角度而言,表面的构成要件要素不是成立犯罪必须具备的要素;从诉讼法的角度而言,表面的构成要件要素是不需要证明的要素。①

以前面提到的行为人以侵占遗忘物的故意实现了盗窃罪的客观事实的案件为例。这种行为之所以成立侵占罪,并非因为盗窃罪的客观事实可以转用于侵占罪,也不是单纯地因为对重的违法事实可以评价为轻的违法事实,而是因为重的违法事实也符合轻的违法事实的构成要件。唯有如此,才不违反罪刑法定原则。不可否认,从法条的字面含义来看,侵占罪与盗窃罪是一种对立关系,即侵占罪没有侵害他人的占有,而盗窃罪必须侵害了他人的占有。但是,侵占罪中的"他人的……物"是表明违法性的要素,而"遗忘"、"埋藏"并不是表明违法性的要素,相反只是表面的构成要件要素。我国《刑法》第270条第1款规定了委托物侵占的构成要件与法定刑,第2款规定:"将他人的遗忘物或者埋藏物非法占为己有,数额较大,拒不交出的,依照前款的规定处罚。"倘若将该款所规定的构成要件改写为"将他人的物非法占为己有,数额较大,拒不交出",其违法性、有责性不仅没有减少,反而会增加。那么,《刑法》第270条第2款为什么要将行为对象限定为遗忘物与埋藏物呢?这是因为盗窃罪的对象必须是他人占有的财物,委托物侵占的对象是受委托而占有的他人财物,剩下的便是侵占脱离占有物了。换言之,《刑法》第270条第2款之所以将行为对象限定为遗忘物与埋藏物,一方面是为了与盗窃罪相区别,另一方面也

---

① 参见张明楷:《犯罪构成体系与构成要件要素》,北京大学出版社2010年版,第255页以下。

是为了与委托物侵占相区分。"遗忘"、"埋藏"这一构成要件要素,便是表面的构成要件要素或虚假的构成要件要素,也可以称为分界要素。

基于同样的理由,就教唆犯与帮助犯而言,"引起被教唆者的故意"以及"正犯故意"并不是刑法明文规定的要素,只是刑法理论提出的一个分界要素。换言之,"正犯故意"并不是教唆犯、帮助犯的真正成立条件,只是在需要区分教唆犯与间接正犯、帮助犯与间接正犯时才起作用。

首先,就教唆犯与间接正犯的区别而言。诚然,对于已经产生了特定犯罪故意的人,不可能就该特定犯罪再实施教唆行为。换言之,成立教唆犯,要求教唆行为引起被教唆者产生实施符合客观构成要件的违法行为的意思,进而实施该行为。① 但是,"实施符合客观构成要件的违法行为的意思"并不等于犯罪故意。在案例一中,甲的确使乙产生了将药给丙喝的意思,乙的行为客观上也是符合故意杀人罪客观构成要件的违法行为,但乙并没有杀人故意。所以,只要使被教唆者产生了实施客观构成要件的违法行为的意思,就可以成立教唆犯。但是,在被教唆者或被利用者缺乏故意时,只要利用者的确是犯罪事实的支配者,主观上具有间接正犯的故意,就成立间接正犯。因此,正犯是否具有故意,只是在违法且有责的层面区分教唆犯与间接正犯的一个要素(不是唯一要素),而不意味着正犯产生犯罪故意是教唆犯的成立条件。

由此可见,否认共犯对正犯故意的从属性,将正犯故意作为界限要素,仍然能够维持教唆犯与间接正犯的区别,而不意味着将部分间接正犯归入教唆犯。而且,依然可以采取通行的标准区分教唆犯与间接正犯。例如,甲与乙一起狩猎,甲明知前方是人却对乙说"前面有只熊",乙信以为真,没有确认就开枪,导致被害人死亡。甲利用了不知情的乙的行为造成被害人死亡的结果,且具有间接正犯的故意,因而成立间接正犯。再如,甲明知屏风后面有人而唆使不知情的乙开枪打坏屏风,导致屏风后的被害人死亡。甲虽然对故意毁坏财产而言是教唆犯,乙也成立故意毁坏财物罪,但是,甲利用了乙对屏风后面有人的不知情,且具有间接正犯的

---

① 参见〔日〕山口厚:《刑法总论》,有斐阁2007年版,第317页。

故意,也应认定为间接正犯。概言之,否认教唆犯对正犯故意的从属性,也只是填补了前述案例一、案例二的处罚空隙,并没有不当扩张处罚范围。详言之,否认教唆犯对正犯故意的从属性,一方面,使得仅有教唆故意,但客观上造成了间接正犯事态的人,可以合理地成立教唆犯(案例一);另一方面,在真正身份犯中,使得既有间接正犯的故意,也造成了"间接正犯"事态,但缺乏特殊身份的人,可以合理成立教唆犯(案例二)。

其次,就帮助犯与间接正犯的区别而言。只要故意帮助他人实施了符合客观构成要件的违法行为,就符合帮助犯的客观要件。在此前提下,倘若正犯具有故意,帮助者也具有帮助的故意,就成立帮助犯;倘若正犯没有犯罪的故意,帮助者客观上造成了间接正犯的效果,但只要帮助者没有间接正犯的故意,就只能认定为帮助犯。案例三就是如此。所以,正犯是否具有故意,只是在违法且有责的层面区分帮助犯与间接正犯的一个要素(不是唯一要素),而不意味着正犯具有犯罪故意是帮助犯的成立条件。

显而易见,否认共犯对正犯故意的从属性,只是意味着教唆犯、帮助犯与间接正犯不是对立关系,而是包容关系。

就一般犯罪而言,客观上引起他人实施了符合客观构成要件的违法行为这一条件,对于教唆犯与间接正犯来说是相同的。或者说,只要客观上引起他人实施了符合客观构成要件的违法行为,就既有可能成立教唆犯,也有可能成立间接正犯:(1)正犯具有故意时,引起者成立教唆犯;(2)正犯没有故意时,引起者具有间接正犯故意的,成立间接正犯;(3)正犯没有故意时,引起者不具有间接正犯故意的,仅成立教唆犯。概言之,在正犯没有故意的情况下,引起者既可能是教唆犯,也可能是间接正犯。帮助犯与间接正犯的关系,也按这一原理解决。

就身份犯而言,直接行为者有无故意,不是区分教唆犯与间接正犯的唯一标准。在这种场合,需要同时考虑直接行为者与引起者的身份和故意:(1)直接行为者具有特殊身份,并实施了符合其他客观构成要件的违法行为,且具有犯罪故意时,引起者仅成立教唆犯;(2)直接行为者具有特殊身份,并实施了符合其他客观构成要件的违法行为,但没有故意时,没有身份的引起者仅成立教唆犯,而不成立间接正犯;(3)直接行为者具有特殊身份,并实施了符合其他客观构成要件的违法行为,但没有故意时,具有身份的引起者成立间接正犯;(4)直接行为者不具有特殊身份,但实施了符合其他客观构成要件的违法行为,不管有无故意,具有身份的引起者成立间接正犯。

总之,根据结果无价值论的观点,教唆犯、帮助犯的成立不以正犯具有故意为前提,共犯对正犯故意不具有从属性。这样的观点有利于使具体案件得出妥当结论,有利于实现刑法的公平正义,并且符合罪刑法定原则。这表明,主张故意不是违法要素而是责任要素的结果无价值论,具有妥当性。

第八章 刑 罚 论

犯罪是值得科处刑罚的行为,所以,刑罚的正当化根据直接影响犯罪的成立条件。换言之,对犯罪论的讨论应当与刑罚论相对应。

一、刑罚的正当化根据

如所周知,关于刑罚的正当化根据,存在报应刑论、目的刑论与相对报应刑论之争。

报应刑论(绝对主义)将刑罚理解为对犯罪的报应,即刑罚是针对恶行的恶报,恶报的内容必须是恶害,恶报必须与恶行相均衡。恶有恶报、善有善报是古老的、朴素的正义观念,基于报应的原理对恶害的犯罪以痛苦的刑罚进行报应,就体现了正义,这便是刑罚的正当化根据。"因为有犯罪而科处刑罚"(Punitur quia peccatum est),是报应刑论的经典表述。

目的刑论(相对主义)认为,刑罚本身并没有什么意义,只有在为了实现一定目的即预防犯罪的意义上才具有价值,因此,在预防犯罪所必要而且有效的限度内,刑罚才是正当的。由于目的刑论所提倡的目的基本上是预防犯罪,故目的刑论的内容主要是预防论。预防论分为一般预防论与特殊预防论。一般预防论又分为通过刑罚预告的一般预防论与通过刑罚执行的一般预防论,以及消极的一般预防论与积极的一般预防论;特殊预防论中的惩罚论或威慑论,主张通过惩罚或者威慑犯罪人使其不再犯罪;特殊预防论中的教育刑论或改善刑论,主张通过教育或者改善犯罪人使其不再犯罪。根据目的刑论的观点,刑罚的正当化根据在于刑罚目的的正当性与有效性。"为了没有犯罪而科处刑罚"(Punitur ne peccetur)是目的刑论的经典表述。

相对报应刑论(并合主义、综合理论)认为,刑罚的正当化根据一方面是为了满足恶有恶报、善有善报的正义要求,同时也必须是防止犯罪所必需且有效的,应当在报应刑的范围内实现一般预防与特殊预防的目的。如果进一步区分,还可以将相对报应刑论分为报应型相对报应刑论与预防型相对报应刑论:前者认为报应是刑罚正当化的主要根据,预防犯罪只是次要根据;后者则认为,预防犯罪是刑罚正当化的主要根据,报应虽然是刑罚的本质,但它只是预防犯罪的手段,因而只是次要根据。"因为有犯罪并为了没有犯罪而科处刑罚"(Punitur, quia peccatum est, ne peccetur)是相对报应刑论的经典表述。

不难看出,报应刑论、目的刑论与相对报应刑论并不是关于刑罚目的本身的争论,而是针对刑罚的正当化根据所形成的理论。虽然人类文化从初民社会时代,便以刑罚制裁代表正义理念的实现,并将刑罚发展为国家的一种权力行使的手段,但由于刑罚并不像边境军事防卫措施等直接的公共秩序控制措施一样的单纯,而是关系世界观、价值观的问题,故一直为法律学尚无圆满答案的问题。① 尤其重要的是,刑罚是以剥夺性痛苦为内容的强制措施,中世纪的刑罚极为泛滥和残酷,表现出极大的不合理性,专制政权一方面利用刑法规定的刑罚,另一方面也在刑法之外滥施刑罚。虽然前一种做法能够使人民在一定范围内预见刑罚后果,但由于后一种现象的存在,使得人民的预见化为泡影。换言之,由于专制政权在没有法律根据时,也使用实际上属于刑罚的措施侵犯人民权利,所以,滥施刑罚便成为典型的暴君形象。正因为如此,前期旧派学者认为刑罚一概是恶害。另一方面,启蒙思想家极力主张天赋人权,而刑罚与侵害权利的犯罪一样,以剥夺人的权利为内容,这便与天赋人权的观念相对立。但是,这些思想家们所处的国家并没有因此而放弃刑罚,事实上也没有任何

---

① 参见苏俊雄:《刑法总论 I》,作者发行 1998 年修订再版,第 137 页。

国家废除刑罚,这便形成了以犯罪克服犯罪的局面(因为刑罚与犯罪一样,都以侵害权利为内容)。但是,"绝不能用犯罪克服犯罪"(Numquam scelus scelere vincendum est)的法律格言千真万确,于是人们不能不讨论,为什么国家可以对国民适用以剥夺权利为内容的刑罚?即为什么适用刑罚是正当的?这便是刑罚的正当化根据问题。如上所述,报应刑论从刑罚报应的正义性①、目的刑论从刑罚目的的正当性与有效性角度②、相对报应刑论从报应的正义性与目的的正当性及有效性方面③,分别作出了回答。

报应刑论与目的刑论都是为了说明刑罚的正当化根据,事实上也都可以从某一角度说明刑罚的正当化根据,那么,为什么前期旧派采取报应刑论,新派采取目的刑论,而不是相反呢?这是因为,前期旧派以个人为本位,反对将个人作为社会的手段,报应刑论正是从犯罪人的个人角度说明刑罚的正当化根据的。根据黑格尔的说法,报应刑论实际上是尊重了犯罪人。因为等价的报应刑是对犯罪人理性的荣誉待遇,报应是恢复理性的平衡过程。④ 新派则以社会为本位,主张为了防卫社会而适用刑罚,

---

① 所谓从刑罚报应的正义性进行回答,实质上是从刑罚的功能或本质的妥当性方面进行回答。不过,报应究竟是刑罚的功能、本质还是内容,尚需研究。正如平野龙一所说:"要回答刑罚的正当化根据问题,其前提是必须明确刑罚具有什么内容。但遗憾的是,历来的刑罚理论之争,是在没有区分刑罚的内容问题与刑罚的正当化根据问题的情况下进行讨论的。当人们说'刑罚的本质是报应'或'刑罚的目的是使犯罪人重返社会'时,究竟是回答刑罚的内容是什么的问题,还是回答刑罚正当化根据是什么的问题,大多并不明确。诚然,这两个问题实际上是相互联系的,但应注意,在论理上它们是不同的问题。"([日]平野龙一:《刑法总论Ⅰ》,有斐阁1972年版,第19页)。

② 凡是从刑罚目的的正当性角度说明刑罚正当化根据的,就被称为目的刑论。如果认为报应刑论主张报应是刑罚的唯一目的,便可以将报应刑论归入目的刑论。但这是不可能的。

③ 李斯特是目的刑论的倡导者,他在《刑法中的目的观念》一文中对报应刑论与目的刑论进行了分析,明确指出这两种观点都是为了说明刑罚的正当化根据。他说:"刑罚,是作为报应、是犯罪概念的必然结果呢?还是作为保护法益的形式、是有目的意识的国家组织的创造物乃至机能呢?是排除其他某种正当根据,从对过去的赎罪就足以说明其正当根据呢?还是不需要其他某些根据,着眼于未来寻求其正当根据呢?对这个问题的回答,有必要回顾历史。"经过历史的分析后,他认为不能形而上学地给刑罚提出正当根据,自有原始的刑罚以来,"刑罚就是被作为防卫法秩序的手段来认识的,刑罚不能不为防卫法益服务。因此,说刑罚的历史是人类法益的历史也不过分"。于是他得出结论:"由目的观念完全约束刑罚权力,正是刑罚的正义的理想。"(转引自[日]木村龟二编:《刑法学入门》,有斐阁1957年版,第88页、第96页)。很清楚,李斯特告诉我们,报应刑论与目的刑论是在刑罚的正当化根据问题上展开的争论。

④ 参见[德]黑格尔:《法哲学原理》,范扬、张企泰译,商务印书馆1961年版,第103页。

目的刑论正是从社会角度说明刑罚的正当化根据的。正如前田雅英教授所言:"报应刑论主张'刑罚是作为对犯罪的正式报应而科处的'……是从个人(犯人)方面来谈刑罚正当化的……认为'刑罚在广义上为了防止犯罪的目的而科处'的目的刑论,是从社会方面来谈刑罚正当化的。"①此外,报应刑论以意志自由为前提,具有自由意志的人根据其自由意志选择了反道义的行为,故应当作为道义上的非难而追究责任,刑罚正是作为对这种具有道义责任的行为的报应而对犯罪人科处的恶害。而目的刑论则否认意志自由,认为犯罪是由犯罪人的性格与环境所导致的必然现象,犯罪行为是行为人反社会性格的征表,具有反社会性格的人必须甘心接受社会出于自我防卫所采取的一定措施,刑罚正是改善、教育行为人的反社会性格的一种手段。② 因此,新派不可能仅采取绝对报应刑论,前期旧派也不可能仅采取目的刑论。

但是,由于报应刑论与目的刑论是从不同角度说明刑罚正当化根据的,故二者并不完全排斥,而可以结合成为相对报应刑论。因为承认刑罚功能或本质(报应)的人,也可能承认刑罚的目的(预防),反之亦然。事实上,旧派学者也并不否认刑罚目的。如贝卡里亚、费尔巴哈等人就积极倡导刑罚目的是预防犯罪。贝卡里亚说:"刑罚的目的仅仅在于:阻止罪犯再重新侵害公民,并规诫其他人不要做同等的事情。"③费尔巴哈的心理强制说,则清楚地表明他主张刑罚目的是一般预防。目的刑论者也有不反对报应的。如李斯特虽然是目的刑论的倡导者,但他并不一概否认刑罚的报应功能,他只是认为报应刑与犯罪人的人格相分离,只是考虑犯罪人的行为,因而不能准确决定刑罚的量。他指出,目的刑与报应刑不是对立的,"认为'因为'与'为了'(quia 与 ne)之间存在对立,是幻想的产物。换言之,镇压与预防没有任何对立。因此,既可以说刑罚是以镇压来预防,也可以说以预防来镇压"④。

---

① 〔日〕前田雅英:《刑法总论讲义》,东京大学出版会1988年版,第47页。
② 参见〔日〕内藤谦:《刑法讲义总论》(上),有斐阁1983年版,第60页以下。
③ 转引自黄风:《贝卡里亚及其刑法思想》,中国政法大学出版社1987年版,第85页。
④ 转引自〔日〕木村龟二编:《刑法学入门》,有斐阁1957年版,第98页。

既然报应刑论与目的刑论都可以说明刑罚的正当化根据,为什么现在一定要将二者结合起来形成并合主义,而不承认各自本身的完全合理性呢？这是因为对刑罚的正当化根据的回答,不仅是为了从总体上回答国家为什么能够以刑法规定刑罚、司法机关为什么可以对犯罪人适用和执行刑罚,而且也是为了回答对具体犯罪的量刑根据以及具体刑罚制度的取舍,以便对刑罚的适用起限制作用,以免侵害公民的正当权利。换言之,对具体犯罪的量刑以及具体刑罚制度的取舍,都取决于对刑罚功能、本质与目的的认识。例如,如果采取报应刑论,刑罚的程度就应当与犯罪本身的危害程度相适应,尤其应与客观的犯罪结果相适应；如果采取目的刑论,刑罚的程度则必须与犯罪人的反社会性格相适应。再如,倘若主张报应刑论,就会反对不定期刑论；倘若主张目的刑论,就会赞成不定期刑论。可见,关于刑罚的正当化根据的争论,实际上是关于刑罚本质的争论。而一旦具体到量刑根据以及刑罚制度的取舍问题上来,就会发现报应刑论与目的刑论各有利弊,并合主义则可以使二者优势互补、弊害互克。目的刑论往往导致刑罚过重,报应刑论正好给刑罚划定了上限,使得刑罚不得超出报应的范围；但报应刑论导致从预防角度而言不需要判处刑罚时也必须科处刑罚,目的刑论正好解决了这一问题：如果没有预防犯罪的效果或者从预防犯罪的角度而言不需要判处刑罚,就不应当判处刑罚,这为免除刑罚处罚找到了根据。从刑罚制度来说,缓刑、减刑、假释制度都是目的刑论的产物,而对这些制度适用条件的限定,在很大程度上取决于报应刑观念。可见,目的刑论的缺陷正好需要报应刑论的优点来克服,报应刑论的缺陷恰好需要目的刑论的优点来弥补。于是,并合主义成为理想的刑罚观念。应当注意的是,"综合理论(Vereinigungstheorie)试图调和绝对主义与相对主义,当然不是将互相矛盾的基本思想简单综合,而是就刑罚在适用的现实中,对受刑者和一般人所具有的全部机能进行思考而形成的"[①]。

[①] Hans-Heinrich Jescheck/Thomas Weigend, Lehrbuch des Strafrecht Allgemeiner Teil, 5. Aufl., duncker & Humblot 1996, S. 75f.

二、刑罚论与犯罪论

井田良教授指出:"倘若用图式来说明,那么,如果采取绝对的报应刑论这种一元的刑罚论,则会采取一元的结果无价值论;如若纯粹采取一般预防论这种一元的刑罚论,则会采取一元的行为无价值论。而以罪刑法定主义和一般预防论为基础的相对的报应刑论,所对应的则是违法二元论。"①言下之意,只要采取相对的报应刑论,就必须采取二元论。但是,本书对此归纳持怀疑态度。

首先,违法二元论者,也完全可能采取目的刑论,而反对相对报应刑论。例如,罗克信教授主张放弃各种报应理论,并没有采取相对报应刑论。② 事实上,即使是古典学派的绝对报应刑论者,也没有忽视和否认一般预防目的。

其次,二元论者普遍认为,既遂犯不仅具有行为无价值,而且具有结果无价值,未遂犯则仅具有行为无价值。倘若认为结果无价值与报应刑相对应,行为无价值与目的刑相对应,那么,对于既遂犯就应当采取相对的报应刑论,对于未遂犯就只能采取目的刑论。于是,既遂犯与未遂犯的刑罚的正当根据便不同。但事实上并非如此,也不可能如此。

再次,上述有关行为无价值论、结果无价值论与刑罚论关系的归纳,是以违法性是为犯罪提供根据的要件、有责性是限制犯罪成立的要件的观点为前提的。亦即,科处刑罚的根据,必须全部置于违法性论:如果认为故意、过失是责任要素,那么,仅将客观的法益侵害或者危险作为违法性的实质,就只能采取报应刑论;如果认为故意、过失是违法要素,则客观的法益侵害或者危险与报应刑相对应,主观的故意、过失与目的刑相对应(因为故意、过失表明行为对规范违反的程度不同,因而预防的必要性不同)。但是,其一,如前所述,认为违法性提供处罚根据、有责性仅限制处

---

① 〔日〕井田良:《変革の時代における理論刑法学》,庆应义塾大学出版会 2007 年版,第 117—118 页。

② Vgl. , Claus Roxin, Strafrecht Allgemeiner Teil, Band I, 4. Aufl. , C. H. Beck, 2006, S. 88 ff.

罚范围的观点，只是行为无价值论者根据自己的立场所做的设定。这种设定并不具有必然性。其二，行为无价值论认为，责任与行为规范违反是两个不同的问题，责任并不向国民设定行动基准，故责任与犯罪预防没有关系。① 这显然是将故意、过失排除在责任之外所得出的结论。倘若将故意、过失归入有责性而非违法性，意味着责任与犯罪预防也有关联。因为故意责任重，特殊预防的必要性大，处罚更严重。反之，过失责任轻，特殊预防的必要性小，处罚更轻缓。即使是一般预防的必要性，也可能在责任中予以考虑。② 更为重要的是，行为无价值论所承认的作为责任要素的违法性认识可能性与期待可能性，也是与犯罪预防密切相关的。其三，既然犯罪的实体是违法与责任，科处刑罚的根据，就应当与违法性、有责性相对应；即使责任是对违法的责任，也不意味着只能将科处刑罚的根据仅与违法性相对应。

最后，井田良教授指出："行为无价值论与结果无价值论的……分道扬镳之处在于：是否认可将'事前向国民告知行为的允许性的机能'作为违法论的指导原理，与此同时，是否尽可能地使罪刑法定主义的原则以及刑法规范的一般预防的要求浸透到犯罪论中。"③ 就具体层面来说，行为无价值论与结果无价值论的最大分歧在于，既遂犯的故意是违法要素还是责任要素。既然行为无价值论将故意作为违法要素时，可以将一般预防的要求浸透到违法性中，那么，结果无价值论将故意作为责任要素时，当然也可以将一般预防的要求浸透到有责性中。既然如此，就不能认为结果无价值论只能采取报应刑论。

概言之，坚持结果无价值论，也完全可以采取相对报应刑论。可以肯定的是，坚持结果无价值论能够与报应刑论相吻合。需要进一步讨论的是，坚持结果无价值论能否与一般预防相吻合。本书对此持肯定回答。

---

① 参见〔日〕井田良：《结果无价值と行为无价值》，载《现代刑事法》第1卷第1号（1999年），第86页。
② 〔日〕佐伯仁志：《故意·错误论》，载〔日〕山口厚、井田良、佐伯仁志：《理论刑法学の最前线》，岩波书店2001年版，第101页。
③ 参见〔日〕井田良：《变革の时代における理论刑法学》，庆应义塾大学出版会2007年版，第113页。不过，井田教授实际上是仅将刑法规范的一般预防的要求浸透到违法论中。

根据结果无价值论的观点,违法评价以结果无价值为必要,故理当以结果回避可能性为前提。结果回避可能性,意味着这样的关系:如果行为人按照法的期待行事,结果就不会发生。换言之,倘若即使行为人按照法的期待行事,结果仍然会发生,那么,就不能将结果归咎于行为人的行为。"在即使没有行为也依然发生结果的场合,该结果便不可能回避;从抑制法益侵害的观点来看,即使将这样的行为作为处罚的对象,也不能收到抑制的效果。因此,对这种行为的处罚不能正当化。"① 换言之,在行为人通过行为使结果发生的场合,刑法规范是为了防止将来在相同状况下发生这种结果而予以处罚的。在这种状况下,倘若行为人履行义务也不能回避结果时,通过刑罚处罚来强制这种义务的履行就完全没有意义。例如,甲从公寓窗外看到了火灾,他考虑报警,但出于某种考虑并没有报警。其实,他的电话线已被切断,即使甲拨打电话报警,也不会成功。在这种情况下,要求甲实施报警行为,是完全没有意义的。② 只有当甲能够成功报警时,要求甲实施报警行为,才具有意义。

结果无价值论也并不必然否认刑法规范是行为规范,也知道只有通过约束行为才能约束结果。如前所述,结果无价值论并非不讲规则。在遵守规则就意味着保护法益时,结果无价值论必然也主张遵守规则。所以,结果无价值论主张遵守规则,是因为遵守规则才能保护法益,而不是为了遵守规则而遵守规则。在遵守一般规则就导致法益侵害时,结果无价值论强调人们行动境遇的当下特殊性,以当下特殊的具体境遇中对法益的保护作为行为的基本规则,所以,就特殊的具体境遇而言,无需人为地事先设定"规则"这个中介。对于具体的特殊境遇下的行为选择来说,普遍性的规则既无必要,也不可能。概言之,结果无价值论提供了一个基本的行为标准:不能侵害或者威胁法益。这个基本的行为标准,比行为无价值提供的不得违反规范的行为标准,更为直接、更为有效。

周光权教授指出:"坚持结果无价值论,又认为刑法能够达到预防的

---

① 〔日〕山口厚:《问题探究 刑法总论》,有斐阁1998年版,第9页。
② 根据行为无价值论,行为人也必须对自己没有报警的行为负责,因为这样可以预防其他人遇到火灾时不报警。不能不认为,这是将人作为一般预防的工具了。

目的,应当是一种相互矛盾的观点。事实上,从结果无价值论的立场出发,会得出刑罚报应以及特别预防的结论。根据结果无价值论,无法实现一般预防的刑罚目的,因为在其违法论内部,以及在犯罪论内部,'根据一般人的基准或者公众的认同程度来确定行为准则是否被违反'这样的判断的理论位置缺乏,规范的一般预防自然难以实现。"①其实,刑法的颁布与适用就会产生一般预防的效果。况且,处罚过失致人死亡罪,并不只是预防此罪,完全也有利于预防故意杀人罪;处罚盗窃罪,也有利于预防抢劫罪;如此等等。所以,结果无价值论可以与一般预防相结合,同样有利于实现一般预防目的。此外,结果无价值论主张对违法性进行事后判断,也只是指法官对行为人的行为是否具有违法性进行事后判断;当行为人在行为时认识到或可能认识到行为发生法益侵害结果时,就能够产生反对动机,从而抑制行为。因此,结果无价值论与刑法的告知机能、提示机能并不冲突。

周光权教授指出:"如果刑法不发挥其积极作用,只在等到有法益侵害或者危险事实的发生才去实施消极救济,日常生活就无法进行。在有的情况下,用法益侵害说来惩罚犯罪,明显具有'马后炮'的味道。例如,对环境犯罪,一旦造成后果就难以挽回。如果也按照法益侵害说进行处理,就会不顾及人类的生活及其质量。"②其一,刑法对犯罪的预防有两个途径:一方面,刑法的颁布本身,就是对法益的一种许诺性的保护,因而是对犯罪的一种预防。例如,刑法规定故意杀人罪及其法定刑,就意味着要保护人的生命,这一规定本身就能预防很多故意杀人行为。另一方面,在犯罪发生之后,通过对犯罪的惩罚以实现预防犯罪的目的。刑法对某个犯罪的处罚,并不是消极救济该犯罪已经侵害的法益,而是保护类似法益不被其他行为侵害。没有后者,前者也会落空。显然不能认为后者只是马后炮。其二,环境犯罪的保护法益是环境本身,对环境的破坏本身就是对法益的侵害,因此,不存在周光权教授所称的结果无价值论不顾及人类

---

① 周光权:《违法性判断的基准与行为无价值论》,载《中国社会科学》2008 年第 4 期,第 129 页。
② 周光权:《行为无价值论的法益观》,载《中外法学》2011 年第 5 期,第 951 页。

的生活及其质量的问题。相反,正是因为对环境的破坏会危及人类的生活及其质量,所以,结果无价值论认为环境本身就是法益。

周光权教授指出:"仅仅从法益侵害角度看问题,不仅仅对新型的行政犯的惩罚显得没有意义,对几乎所有的犯罪的解释力也都有限。例如,一个杀人行为,在被害人死亡的场合,具体法益已然受到侵害,此时,再讨论对当前的、特定的法益的保护,已经没有实际意义。"①可是,在乙已经被甲杀害的场合,对甲的处罚当然不是为了保护乙的生命,而是为了保护其他人的生命。按照行为无价值论或者规范违反说的观点,在乙已经被甲杀害的场合,对甲的处罚可以保护被甲破坏的规范。其实,规范是不可能被破坏的,也不需要所谓的修复。规范一经制度化,在其存续期间,只存在是否有人违反规范的问题。只要规范没有被废止,规范就是有效的,对犯罪人的惩罚不可能是为了保护规范本身。所谓维护规范效力,也不过是"违法必究"的另一种表述而已。但是,之所以"违法必究",也是因为违法的行为侵害了法益,所以,维护规范效力只是一种表面现象,真正的目的仍然是保护法益。即使按照行为无价值论的观点,在乙已经被甲杀害的场合,也要处罚甲。如果说甲的行为已经破坏了规范,那么,规范曾经被破坏的事实也是无法弥补的。在这一点上,行为无价值论与结果无价值论没有任何差别。

三、规范预防论

行为无价值论以积极的一般预防为中心,提倡与行为无价值论相匹配的积极的一般预防理论(规范预防论)。②

首先,关于规范预防论,本书指出以下几点:(1)规范预防论反对威慑预防论,主张通过唤醒和强化国民对法的忠诚、对法秩序的存在力与贯彻力的信赖,从而预防犯罪。但是,第一,规范预防论与威慑预防论一样,

---

① 周光权:《行为无价值论的法益观》,载《中外法学》2011年第5期,第951页。
② 参见周光权:《违法性判断的基准与行为无价值论》,载《中国社会科学》2008年第4期,第129页。

会导致重罚的倾向。第二,根据这一理论,刑罚的目的指向与犯罪行为无关的其他人对"法的忠诚",这与威慑预防论一样,是将犯罪人作为实现其他利益或目的的工具了。第三,即使是支持规范预防论的人也认为,这种理论还没有经验科学的基础。① 换言之,能否通过禁止行为时违反规范的行为,唤醒和强化国民对法的忠诚、对法秩序的存在力与贯彻力的信赖,存在疑问。(2)即使承认规范预防论,也可以认为,威慑预防论与规范预防论并不是对立的。威慑预防论旨在使一般人不敢犯罪(有的人可能想犯罪但担心受刑罚处罚而不敢犯罪),而规范预防论则旨在使一般人不愿犯罪。从不敢犯罪到不愿犯罪,当然是一种递进的效果,后者比前者理想。但是,刑罚是一种具有消极作用的制裁,而非教育人彬彬有礼、举止端庄的手段,况且社会上确实存在一些意欲犯罪而需要威慑的人。因此,完全否认威慑预防论并不合适。(3)规范预防论轻视特殊预防,导致量刑基本上只能取决于违法性,而不取决于责任,这也是不符合行刑目的与司法实践的。(4)规范的一般预防仅重视故意犯罪,轻视过失犯罪。例如井田良教授指出:"故意的行为规范与过失的行为规范,'是对人的个别的内部的、外部的态度的要求,本来是作为个别的社会规范规律人的社会生活的。这从以下生活经验中就可以得知:前者的规范不妨向在日常生活中大体意识到的角落推进;后者的规范必须常常置于身边。'此外,即使取消关于过失行为的刑法规范,对社会秩序也不是致命性的,但要废止抑制故意侵害法益的刑法规范,则是完全不现实的。这样来考虑,两种行为规范的区别是明显的。"②根据这种观点,故意犯罪是需要规范强化的问题,过失犯罪只是强化注意义务的问题,刑法可以就规范进行教育,但对事实的不知是无能为力的。亦即,刑法只是可以教育人们遵守规范,但不能教会人们认识事实。于是,刑罚对于过失犯罪就不能起到预防作用。但是,这种观点不能说明过失犯的刑罚正当化根据,也不符合客观事实。

---

① 参见〔日〕城下裕二:《量刑基准の研究》,成文堂1995年版,第132页。
② 〔日〕井田良:《变革の时代における理论刑法学》,庆应义塾大学出版会2007年版,第120页。

其次，近年来，报应刑论受到了批判，并合主义的刑罚观念也随之面临着诘难。本书就此发表如下看法：

第一，不能将报应与报复相等同，故不能将报复的缺陷强加于报应。"报应主义完全不同于那种因为大多数公民认为违法者应受惩罚所以要求惩罚具有公正性的观点……民众认为或感觉应怎么报复违法者是一回事，违法者应受何种惩罚是另一回事。"①当今的报应刑论已经排除了报复的消极内容。(1) 报复的基准是单一的、几乎没有变化的（"以眼还眼、以牙还牙"）。报应的基准是随着时代而发展的。近代以来，"出现了一种粗略的、现成的'函数(function)'，或者更直接地说，是相对适切的惩罚性回应的'尺度'"②。(2) 报复不以行为人具有责任为前提，仅与实害相对应。报应以行为人具有责任为前提，只能针对有责的违法进行报应。(3) 报复不具有限制刑罚的意义，但如后所述，当今的报应刑观念具有限定刑罚的意义。(4) 报复使得被害人所经历的痛苦（罪行）与报复者所造成的痛苦（惩罚）之间没有距离，在加害者与被害人之间没有距离。报应在罪行与惩罚之间、加害人与被害人之间存在恰当距离，这种距离正是公正所需要的。报应由第三者完成，而不是由被害人一方完成。(5) 报复是情绪化的，报复者出于愤怒，因而与宽恕之间没有相容性。报应是理性化的，报应者基于正义，因而与宽恕之间具有相容性。(6) 报复并不以建立和平关系为目的，只是为了单纯给对方造成痛苦。报应总是以建立和平关系为目的。

第二，将绝对的报应刑论作为刑罚的正当化根据，明显不妥当。因为如果单纯以报应为根据制定和科处刑罚，就只是满足国民的报应乃至报复感情，犯罪人受到不恰当的处罚，减刑、假释制度便没有存在的余地。但是，并合主义并不等同于绝对的报应刑论，只是汲取了报应刑论中限制刑罚适用的合理成分，并且剔除了其糟粕（必罚主义）。所以，不能因为

---

① 转引自〔美〕路易斯·卡普洛、斯蒂文·沙维尔：《公平与福利》，冯玉军、涂永前译，法律出版社 2007 年版，第 404 页。
② 〔美〕约翰·菲尼斯：《自然法与自然权利》，董娇娇、杨奕、梁晓晖译，中国政法大学出版社 2005 年版，第 212 页。

绝对报应刑存在缺陷，就否认并合主义。

第三，罗克信教授认为，报应刑论并没有追求任何对社会有用的目的，只是通过给予痛苦使行为人对自己的行为承担责任的方法，实现正义的报应、清算与赎罪。这种绝对的报应刑独立于社会效果，从社会效果中分离出来了，因而不能成为刑罚的目的。① 本书的观点是，报应刑论与目的刑论是关于刑罚正当化根据的理论，而不只是关于刑罚目的的理论。在讨论刑罚的正当化根据时，"因为"与"为了"不是对立的，而是并存的。主张并合主义，并不意味着将报应本身当作刑罚的目的，而是意味着以报应限定目的的追求（如同以罪刑法定原则限定对保护法益目的的追求一样）。其实，预防犯罪目的的正当性，还不能完全为刑罚提供正当化根据。例如，在某种犯罪的一般预防必要性大，但又没有查明具体犯罪人时，通过对无辜者适用刑罚，也会产生一般预防的效果。但是，这种刑罚并不具有正当性。况且，刑罚的正当化根据，不仅涉及量刑的正当化根据，还涉及法定刑的正当化根据。由于刑法是普遍适用的规范，所以，针对各种犯罪所设置的法定刑，不可能着眼于特殊预防，只能着眼于一般预防。在着眼于一般预防时，不可能单纯按照一般预防的需要设置法定刑，而是必须考虑报应的合理性。

第四，罗克信教授还认为，报应思想不能与预防思想融为一体。因为刑法的任务是保护法益，既然如此，就不允许使用明显不考虑法益保护目的的刑罚；不为刑法任务服务的刑罚，丧失了其在社会中的合理根据。刑法是为特殊预防和一般预防服务的，刑罚的严厉程度不是由报应思想限制，而是由责任程度限制。而且，只要从特殊预防的角度考虑认为是必要的，也不违反一般预防的最小限度要求，刑罚就可以不达到责任的程度。② 但联系罗克信教授主张的积极的一般预防来看，所谓的"不违反一般预防的最小限度要求"，实际上是考虑了国民的报应感情。而且，罗克信教授也不得不承认："尽管放弃了所有的报应，但预防性的综合理论必

---

① Claus Roxin, Strafrecht Allgemeiner Teil, Band I, 4. Aufl., C. H. Beck 2006, S. 70.
② Ebenda, S. 88f.

须纳入报应论中的决定性因素:将责任原则作为设定刑罚界限的手段。"①既然不能否认报应刑论的积极作用,也就难以否认并合主义的合理性。如所周知,报应是由第三方完成的。就对犯罪的报应来说,国民都期待这个第三方很中立,但这种中立只是相对于加害人与被害人而言,实现报应的第三方在科处刑罚时,当然会考虑刑罚的目的。于是,报应与预防犯罪能够相结合。也正因为如此,绝大多数报应刑论者都赞成预防犯罪的目的,尤其赞成一般预防目的。

第五,抛弃报应刑论的目的刑论,会导致犯罪人成为预防犯罪的工具,侵犯了犯罪人的尊严。"应得的概念是处罚和正义之间的唯一连接。只有当一个刑罚是应得或不应得时,我们才能说它是正义的或不正义的……因此,如果我们不再考虑罪犯应得什么,而仅仅考虑什么可以治疗他或威慑别人,我们就默认地把他从整个正义领域中排除出去了;我们现在面对的不再是一个人,一个权利主体,而是一个纯粹的对象,一个病人,一个'病例'。"②显然,如果我们离开了犯罪人"应得"的概念,必然导致刑罚缺乏正义性。概言之,当今社会的报应刑观念,并不是为了使惩罚与罪行具有"等同性",而是为了限制惩罚程度。

第六,报应作为刑罚的正当化根据之一,至少以下方面发挥作用:(1)禁止处罚没有实施违法行为的无辜者,即使处罚无辜者能够实现一般预防目的,也不例外。(2)禁止处罚没有责任的行为。报应与责任主义具有亲和性,要求实行没有责任就没有刑罚的消极责任主义。③(3)刑罚的上限不能超出报应的需要,亦即,不能超过责任的程度(当然可以低于责任的程度)。(4)实施报应的第三者(法官),不能将充满报复情绪的被害人及其家属的刑罚要求当作刑罚的正当化根据。

最后需要说明的是,我国刑法没有系统地规定保安处分,但可以肯定的是,保安处分的系统化、法典化的趋势不可阻挡。保安处分的适用对象

---

① Claus Roxin, Strafrecht Allgemeiner Teil, Band I, 4. Aufl., C. H. Beck 2006, S. 91.
② 〔美〕詹姆斯·P. 斯特巴:《实践中的道德》,李曦、蔡蓁等译,北京大学出版社 2006 年版,第 518 页。
③ 参见〔日〕西田典之:《刑法总论》,弘文堂 2010 年版,第 15 页以下。

是具有构成要件符合性、违法性的行为,对此已无异议。但是,像行为无价值论那样,将故意、过失纳入构成要件要素之后,对于不能形成故意、过失的精神病人等人便不能实行保安处分,这便违背了保安处分的初衷。所以,将保安处分与违法性相联系,也是行为无价值论与结果无价值论在争论中必须正视的问题。

结　语

行为无价值论与结果无价值论的争论,并不是发生在一国之内,而是成为世界范围内的争论。于是,此国的通说可能是行为无价值论,彼国的通说则可能是结果无价值论。在此需要回答一个问题:为什么德国的通说采取二元的行为无价值论,而日本的通说基本上是结果无价值论?

二元论者井田良教授指出:"诚然,不可否认的是,结果无价值论与我国以往的法的存在方式是整合的。法的内容,对于并非专家的国民是'不可视的东西'即可,作为行为规范的性格稀薄即可,莫如说,法的内容是针对法官解决事例的规范。这样的思考方法,是与在国家机关拥有较大的裁量性判断的余地的基础上,期待其作出适正的判断的'官僚主义'倾向相整合的。换言之,结果无价值论之所以变得有力,并不是与不使国民知法,依赖上层、依赖官僚的日本社会的性质没有关系的。但是,决不能满足于这样的法的存在方式。从官僚的裁量型规制,转换到基于个人的自我责任,提高可视性的'规则型规制',可谓时代的要求。现在,为了克服'日本的官僚主义',法的规则的可视化、行动基准的可视化也应成为指导原理。"①

但是,本书对井田良教授的回答持有疑问。其一,日本在第二次世界大战前以及第二次世界大战后直至20世纪70年代,基本上是行为无价

---

① 〔日〕井田良:《変革の時代における理論刑法学》,庆应义塾大学出版会2007年版,第121—122页。

值论的天下,20世纪70年代结果无价值论才有力化。但是,难以认为日本在20世纪70年代后反而更为官僚化。其二,以前,法的内容是国民不可视的东西,是因为媒体不发达,国民知道法的内容的确很困难。正因为如此,历来的统治者都想方设法让国民知道法。现在,媒体发达,使得国民能够迅速知道法的内容。其三,规则的可视性,与费尔巴哈的心理强制说具有相同的内容,其经验效果没有得到实证,而且是一种"虚构",因为国民并不是知道每个刑罚法规后才实施行为的。①

行为无价值论强调对国民行为的规制、约束,侧重整体主义、国家主义;结果无价值论强调对司法活动的规制、约束,侧重个人主义、自由主义。或许应当认为,后者是日本的结果无价值论有力化的实质原因。

德国的通说采取二元的行为无价值论,从形式上与其刑事立法有关,实质上与其"德国精神"相关。杜威"选择了康德的两个世界的理论——'一个是外部世界,即物质与必然的世界,另一个则是理念与自由的世界……其中首要的是内心世界'——作为理解德国民族特征最重要的因素。乔治·桑塔亚纳则认为德国人践行超验哲学,即德国人更喜欢'从自己的内心寻找真',并且附加了一句'德国人的内心不再是洛克意欲探寻的解剖学意义上的内心,而是纯粹形而上意义上的引申'。二人的论述异曲同工。对于桑塔亚纳而言,德国的政治行动只不过是德国思想的必然结论。德国思想最重的特点便是执拗、顽固的精神内省,对自我中心格外赞赏,而其他民族则视自我中心为一种阻碍,巴不得尽快摆脱。而杜威则认为,德国人'对事物的内在意义极度推崇……对外部造成的优势与劣势则漠然视之'。正是这种特征使德国精神与拉丁民族的凡心俗气和盎格鲁—撒克逊民族的功利主义区分开来,甚至一些德国作家也嘲讽这种'德国精神'"②。或许,也正是这种"从内心寻找真"的"德国精神",使其刑法理论采取了行为无价值论。

我国现行的犯罪论体系存在诸多问题,不少学者主张重构犯罪论体

---

① 参见〔日〕生田胜义:《行为原理と刑事违法论》,信山社2002年版,第79—80页。
② 〔德〕沃尔夫·勒佩尼斯:《德国历史中的文化诱惑》,刘春芳、高新华译,译林出版社2010年版,第4—5页。

系。行为无价值论与结果无价值论的争论,主要是在三阶层体系下展开的。例如,是否将故意(尤其是既遂犯的故意)作为违法要素纳入构成要件,是行为无价值论与结果无价值论的分水岭。显然,在我国四要件体系下,无法就此展开充分争论。所以,在我国,行为无价值论与结果无价值论的争论,应当与犯罪体系的重构相联系。我国现行的犯罪论体系的重大缺陷之一,是难以避免从主观到客观认定犯罪,从而导致认定犯罪的恣意性。但正如周光权教授所言:"行为无价值论思考问题的路径是:从对行为的考察出发,结合考虑行为的相关样态,沿着行为发展的轨迹进一步分析结果的存否、大小。这和结果无价值论思考问题的方法是恰好相反的。结果无价值论采用逆向思维方法,从业已被发现的结果倒推,考察该结果是否存在,以及结果的大小;同时,要分析引起结果的原因是否存在,原因和结果之间是否存在条件关系。"①所以,行为无价值论所构造的犯罪论体系,是否依然存在我国现行犯罪论体系的缺陷,是值得关注的问题。

  作为犯罪论支柱的违法性与有责性,与刑法规范是什么关系?这也是行为无价值论与结果无价值论的分歧所在。结果无价值论认为,违法性意味着评价规范的违反,评价规范先于决定规范,故违法性是客观的。行为无价值论则认为,评价规范与决定规范既共同决定违法性,也共同决定有责性,决定规范的违反为行为无价值奠定基础。显然,如何从刑法规范层面上理解违法性、有责性的关系,以及如何处理违法性与有责性的关系,也值得我国学者深思。但像行为无价值论那样,认为决定规范也指向无责任能力者,认为刑法规范对于无责任能力者也具有意思决定机能,恐怕是不符合事实的。

  犯罪是适合判处刑罚的行为,犯罪论必然是刑罚论的反映。将刑罚论与犯罪论相分离,既不利于刑罚目的的实现,也不利于犯罪论的发展。行为无价值论对违法性与刑罚关系的强调,值得充分肯定。但能否因此

---

① 周光权:《违法性判断的基准与行为无价值论》,载《中国社会科学》2008年第4期,第131页。

而否定责任与刑罚的关系,还值得深入研究。此外,规范预防论究竟是令人兴奋的目标,还是美丽动人的神话,抑或是改头换面的报应,不仅需要论证,而且应当实证。

二元论不仅受到了结果无价值论的批判,且而受到了一元的行为无价值论的批判。因为行为无价值与结果无价值是两种异质的存在,而二元论却将二者统合在违法或者不法概念中;二元论原本旨在通过要求行为违反规范限制处罚范围,但却同时将保护规范效力当作了刑法目的。所以,二元论是否存在方法论的缺陷,也是值得注意的。"二元的人的不法论,因为大多具有折中的性格,与其说其以积极的且理论性的理由提供了根据,不如说是它以指出其他立场(一元的人的不法论与客观的评价规范论)的问题性这种消极的方法,通过援用实际的妥当性,而得到支持的。但是,仅有对其他学说的批判,作为对自己学说的正当性的论证,是不充分的。"①

如同规则功利主义在哲学上占有重要地位一样,行为无价值论不可能是没有根据的理论。任何结果无价值论者,都需要以尊重、慎重的态度对待行为无价值论。但笔者认为,采取行为无价值论的学者,无论如何也不应当将维护伦理秩序作为刑法的目的与任务,不能采取道德主义立场,也不宜采取极为模糊的"社会的相当性"概念。在当今的国外,行为无价值论之所以能够立足,重要原因之一是抛弃了道德主义与社会的相当性概念。

可以肯定,任何学者都不能因为别国采取了什么学说,就照搬别国的学说;也不能因为留德或者懂德语,就采取德国的通说,因为留日或懂日语就采取日本的通说。所采取的观点与立场,是否符合中国国情与刑事立法,是否有利于解决中国的问题,是最重要的。周光权教授指出:"行为无价值论和结果无价值论……背后是价值观、国家观、政策观的对立。行为无价值论认为个人必须依照国家确立的行为规范去行动,才能有效地参与社会生活,才能使自己的生活有意义,因此,其尊崇整体主义和社会

---

① 〔日〕松原芳博:《犯罪概念と可罚性》,成文堂1997年版,第203—209页。

连带主义的价值理念,并试图发挥刑法在规范秩序形成、社会治理过程中的作用。结果无价值论则站在个人主义的立场,强调对国家权力的制约。"①在本书看来,中国当今最需要的是对国家权力的制约。在人权保障已经写进宪法的时代,学者们应当时刻铭记心头的是,防止学说成为侵害人权的理论依据,避免国民成为国家权威的忠实奴仆。诚然,我国的国民缺乏规范意识,但是,一方面,国家权力不能受到制约,是国民缺陷规范意识的根本原因。在违反规范的行为,既可能受到制裁也可能不受到制裁的背景下,只能增强人们的侥幸心理,不可能强化人们的规范意识。另一方面,结果无价值论并非不讲规范、不讲规则;只是认为,由于规则的例外并没有固定化、成文化,更没有全面地显示在国民面前,在违反规则的行为保护了法益的场合,应当阻却违法性。"因为,我们发觉到,在所有的生活关系里,死板的规则并不能取代人类;世界并不是被抽象的规则统治,而是被人格统治。"②

---

① 周光权:《行为无价值论的法益观》,载《中外法学》2011年第5期,第957页。
② 〔德〕鲁道夫·冯·耶林:《法学是一门科学吗?》,李君韬译,法律出版社2010年版,第81页。